平城京成立史論

北村優季著

吉川弘文館

目次

第二部　平城京の成立

第三部　国家と社会

図表目次

序章　古代都市史研究の特質

はしがき

表題のとおり、本章の課題は日本古代における都市史の研究整理である。周知のとおり、このような分野の研究は都城を中心として、実に多くの数にのぼるが、加えて近年では考古学的調査の例が増加し、発掘成果を的確に整理するだけでも、重厚な研究史がまとまるはずである。しかしそうした業績のうち、「都市史」の観点を意識した研究は必ずしも多くないのが実情ではなかろうか。その一方で都市を緩やかな意味で捉えれば、古代の地方国府はもとより、佐賀県吉野ヶ里遺跡や大和王権の纒向遺跡なども、古代都市史の対象となるべき性格を備えている。古代都市史というテーマは、時間的にも地域的にも、際限のない広がりをもっているともいえよう。

このような中で、本章では都城に関連する研究に焦点を絞ることにしたい。それは一つには筆者の専門に近いという事情もあるが、なによりも古代都市の基本的性格が都城に集約されていると考えるからである。このような研究は、以下に紹介する岸俊男、鬼頭清明、狩野久、仁藤敦史、京樂真帆子などの諸氏の研究の中で、それぞれある程度の研究史整理がなされ、また古代史研究に目配りした『岩波講座　日本通史』第5巻古代4（岩波書店、一九九五年）にも、寺崎保広「古代都市論」が収録されている。本章はこれらに依拠している部分も大きいが、自分の関心に即して改めて見直してみたのが以下の記述である。

一　都城制

日本の都城研究に関しては、幕末の北浦定政が著した「平城宮大内裏坪割図」や明治四十年（一九〇七）に刊行された関野貞『平城京及大内裏考』を先駆けとして、平城宮・京を中心とする数多くの業績が蓄積されてきた。持統八年（六九四）に遷都のなった藤原京についても、昭和九年（一九三四）に日本古文化研究所が設立され、以後一〇年に及ぶ緻密な調査がなされるとともに、その間足立康や喜田貞吉が中心となり、相次いで藤原京の復原研究が発表されている。

戦後になってからも、大井重二郎『平城京と条坊制度の研究』（初音書房、一九七四年）などの刊行をみたほか、昭和二十八年には平城宮、翌二十九年には難波宮の調査が開始され、さらに昭和四十一年には藤原宮の調査も再開されて、ここに研究資料はいっきょに増加することになった。また一九七〇年代には村井康彦『古京年代記』（角川書店、一九七三年）、八木充『古代日本の都――歴代遷都の謎』（講談社、一九七四年）などのすぐれた概説書も公刊される。両書はいずれも、中国風の都城をもたない大化前代から、九、十世紀にわたる平安京までの長い期間を視野に入れ、都城を軸として日本古代史を再構成したものといえようか。このうち『古京年代記』は豊富な写真や図版を用いて平易な記述が試みられており、諸司厨町をはじめとして、平安京に関する詳細な内容が大きな特徴となっている。また後者の『古代日本の都』では、豪族の私邸に分散していた大和王権の諸機能が都城の成立によって大極殿・朝堂院・曹司に収斂していくという、その後の研究に大きな影響を与えた見解が提示されている。

こうして一九七〇年代になると、都城研究は古代史研究の一分野を形成するまでに至ったが、そのような中でたえず主導的役割を果たしたのは岸俊男氏の研究であった。氏の一連の業績は、のち『日本古代宮都の研究』(岩波書店、一九八八年)として刊行され、また同『NHK大学講座　日本の古代宮都』(日本放送出版協会、一九八一年)にはそのエッセンスが集約されているが、特筆すべきはやはり、日本に都城が出現してくる一連の過程の研究であろう。藤原京の復原やそれと関わりの深い大和の古道を扱った論考がそれである。

岸俊男氏は七世紀半ばには大和の古道が計画的に配置されていたことを明らかにし、さらに発掘調査で判明した藤原宮(大極殿)が中ツ道・下ツ道の中央に位置することに着目して、十二条八坊にわたる藤原京条坊の復原案を提示する。その規模は東西四里(約二・一キロ)、南北六里(約三・二キロ)に及び、横大路、上ツ道、中ツ道、下ツ道がそれぞれ京の四周を区画するという、まことに特徴的な復原案であった。一方、下ツ道を北上すると、それは次の平城京朱雀大路として使用されていた。平城京もまた伝統的な古道を基準として造営されたのである。そしてこのような点から、岸氏は日本の都城の原型が、平城京ではなく、藤原京の時点で成立したことを強く主張していく。私事になるが、筆者がこうした古道の配置や復原案の内容を初めて知ったのは、大学入学後間もない教養課程の授業においてであった。そのときには実証手法の鮮やかさに驚くとともに、漠然として捉えどころのない古代国家の姿が、初めて明確な「かたち」を現したように感じたものである。

ところで、『日本書紀』によれば、太政大臣高市皇子を宮地視察に派遣したのは持統四年(六九〇)十月のことであった。時の天皇持統はこのとき以降京・宮地の鎮祭や官人への宅地班給を実施し、持統八年十二月、浄御原宮から新宮藤原宮に遷御する。藤原京が同年に成立したとする通説はこのような記述を根拠としていた。ところが岸氏の復原案によれば、藤原京の中軸線を南に延長すると天武・持統天皇の檜隈大内陵を通ることになり、したがって天武陵の位置は藤原京を基準にして決定された可能性が高い。また天武末年には完成していたとみられる大官大寺や薬師寺の位置も、復原条坊を基準にしたものと理解される。こうした点から、岸氏は藤原京の計画・造営が天武朝にまで遡ることを指摘し、あわせて、藤原京の祖型が北魏洛陽城にあることを主張した。それは日本の都城が隋唐長安城をモデルに計画されたとする、関野貞『平城京及大内裏考』以来の通説に再考を迫る論考でもあった（同「律令国家と都城」、同前掲書所収、初出は一九七六年）。

これ以降、都城の形成をめぐるまとまった研究が相次いで公刊されるが、それらもまた岸氏の理解に大きな影響を受けたものであった。たとえば狩野久「律令国家と都市」（同『日本古代の国家と都城』所収、東京大学出版会、一九九〇年、初出は一九七五年）は、条坊を備えた京は藤原京が最初であったとし、孝徳朝の難波宮にすでに条坊・京が付随していたとする沢村仁「難波京について」（『難波宮址の研究』六所収、一九七〇年）、藤岡謙二郎「古代の難波京域を中心とした若干の歴史地理的考察」（『織田武雄先生退官記念　人文地理学論叢』所収、柳原書店、一九七一年）などの見解に懐疑的である。そして朝堂に対応する天皇の空間が内裏と分離し、大極殿として確立するのも藤原宮のこととし、条坊制の京の成立と大極殿の成立が「相即の関係」にあることを指摘する。その九年後に発表された今泉隆雄「律令制都城の成立と展開」（同『古代宮都の研究』所収、吉川弘文館、一九九三年、初出は一九八四年）では、天智・天武朝に先行する斉明朝の段階に、すでに方格地割を施行しかつ一定の領域をもつ京、すなわち「倭京」が成立していたことに言及するが、藤原京を条坊を備えた最初の都城とし、平城京をその完成形態とみる点では大きな変更はない。むしろ、都城制と国家体制が相互に関連するものと理解し、両者の対応関係をより厳密なかたちで提示したことに大きな特徴が見出せる。

岸説による藤原京復原案が発表された後も、発掘調査によっていくつかの条坊道路が調査され、その配置が復原案と一致することが確認された。このことによって岸案は広く受け入れられていったが、その反対にそれに合致しない事例も知られるようになる。たとえば橿原市四条遺跡は、藤原京復原案西京極大路（下ッ道）の西側に当たる遺跡であるが、そこからも道路遺構が発見され、しかもそれは京内四条大路の延長線上に位置していた。同様の例は耳成山の北側など二〇ヵ所以上に及ぶというが、こうした事例を根拠として、藤原京は岸案の範囲を越えてさらに大規模であったとする考えが示されるに至る。いわゆる大藤原京案である。

その先駆となった秋山日出男「藤原京の京域考―内城と外京の想定―」（『考古学論攷』橿原考古学研究所紀要第四冊、一九八一年）では、岸説の藤原京を内城と解し、それをほぼ中央におくかたちで南北九里、東西八里の京域（外城）を復原している（氏はまたその祖型として、六世紀の東魏鄴城説を提示する。同「日本古代都城制の源流」〈『歴史研究』（大阪教育大学）一九号、一九八一年〉）。七二平方里の面積は、外京を除いた平城京の規模に等しいが、これに対して阿部義平「新益京について」（『千葉史学』九号、一九八六年）、押部佳周「飛鳥京・新益京」（直木孝次郎先生古稀記念会編『古代史論集』上巻所収、塙書房、一九八八年）では、それを上回る南北一二里、東西八里の京域を復原しており、容易に決着をみない（大脇潔「新益京の建設」〈『新版 古代の日本』第六巻近畿Ⅱ所収、角川書店、一九九一年〉）。このような復原案は、新たな発掘成果を取り入れてはいるものの、それに対応する都城の機能や歴史的背景はまだ十分な説明がなされておらず、なお仮説の域を出ていないように思われる。

岸案にふれたものはこのほかにもいくつかあるが、たとえば西本昌弘「天武朝の新城と藤原京」（『信濃』四二巻七号、一九九〇年）は天武紀の記載を通じて、藤原京造営が天武十一年（六八二）に開始されたとの説を提示している。一方、北村「藤原京と平城京」（加藤稔先生還暦記念会編『東北文化論のための先史学歴史学論集』所収、一九九二年。本書第一部第三章）では、地形から判断して岸案ではのちの羅城門や朱雀大路に相当する施設が設置されたかが疑わしく、平城京と藤原京の両者には原理的な差異があることを述べた。また仁藤敦史「倭京から藤原京へ―律令国家と都城制―」

(『国立歴史民俗博物館研究報告』四五集、一九九二年)は、発掘成果を集成したうえで、都城制の発展を⑴倭京、⑵天武朝の「新城」、⑶持統朝の新益京、⑷大宝令制下の「藤原京」、以上の四つの段階に分けて整理し、岸案の藤原京成立が最終的に慶雲元年(七〇四)の時点まで遅れることを主張する。

二　都市論

以上のような研究によって、平城京や藤原京、あるいはそれ以前の飛鳥に対する知見が飛躍的に豊かになったことは事実である。しかし反面、それがそのまま「都市史」としての理解を深めることになったかといえば、なお慎重にならざるをえないのではなかろうか。これらの焦点はあくまで「都城制」の解明にあって、必ずしも「都市史」には直結していないといえる。都市がどのように計画され、またどのように実現したのかは、それ自体「都市史」の中で重要な課題であるが、しかしそのことだけが都市の性格を決定するわけではなかろう。都市が人々の集合である以上、住民のあり方を通じて都市の性格を捉えることも、また重要でかつ普遍性をもつ視点であるように思われるからである。そして、都城を普遍的な都市の視点からみたときその性格がどのように理解できるかという問題は、近年に至るまで比較的等閑視されてきたのが実情であった。

多くの論者が言及するように、このような視角からの研究としてまずあげなければならないのは狩野久「古代都城研究の視角」(原題「日本古代の都市と農村」、同『日本古代の国家と都城』〈前掲〉所収、初出は一九六二年)であろう。そこで採用されたのは、社会的分業を指標とする視点であった。

狩野氏はその中で⑴ギリシャ・ローマの諸都市が自由民を主体にしたフラットな構成をとったのに比べ、日本の都城では階層性が顕著であること、(2)古代中国の都市に比べて規模が小さいこと、(3)日本の都城が調庸収取機構に依存するだけで独自の経済基盤をもたないこと、(4)九世紀には畿内富豪層の経済活動が活発になるが、その活動も結局「帝都経済」に寄生するかたちでしかなしえなかったこと、などを指摘する。そして日本の都城は、「農村から生まれた自立的な中世都市」とはおよそ異質な存在であったと断じている。氏の主張はこの後「律令国家と都市」（前掲）においてさらに具体化されていくが、そこでも「日本の都城はしかし、どのような意味でも独自の経済基盤をもつ都市ではなかった」、「そのような支配が成立しえなくなり、社会的分業が進展することによって、都城はかたちをかえて都市に転換を遂げていくのである」などと書かれるように、日本の都城に対する評価は一貫して変わらなかった。

一九七七年に刊行された鬼頭清明『日本古代都市論序説』（法政大学出版局）もまた同様に、社会分業史の視点から平城京の分析を行ったものであった。鬼頭氏は時期が異なる三人の下級官人を取り上げ、その活動を通じて当時の平城京経済を浮き彫りにする手法をとったが、それは狩野氏が提示した視点をいっそう徹底したものでもあった。

三人の官人のうち最初に登場するのは、八世紀前半すなわち天平年間に活動した高屋赤麻呂である。そこでは流通経済との接点を保ちつつも、独自の経済基盤に依拠して組織運営がなされる皇后宮職写経所の様子が描写される。二人目は安都雄足。雄足は天平勝宝年間以降、越前国史生や造東大寺司の下級官人として活躍する一方で、「宅」を拠点として出挙運営を行い、私的な経済活動をさえ行っていた点に大きな特色があった。これに対して、最後に取り上げた写経所の下級官人上馬養の場合には、もはやそのような活力はみられない。馬養が活動した宝亀年間は、月借銭の出現や貨幣の改鋳に象徴されるように、物価騰貴によって下級官人の困窮が際立つようになる。それは天平宝字年間以降の寺院・宮殿の造営によって、平城京の経済が大きく動揺する姿でもあった、とする。

鬼頭氏はこのような下級官人の活動に着目することで、平城京の経済構造の推移を描き出した。こうした流通経済の実態は、表面的には後世の経済活動とほとんど違いがないようにみえるが、しかし平城京の経済が諸国からの「実物貢納経済」に依存している以上、それは都市まがいの現象にすぎないという。鬼頭氏はその序章で、マルクスやウェーバーの延長線上にみずからの都市概念を析出しているが、平城京はそうした都市概念に含めることはできず、「都市史の前史」ということばでその評価を行った。繰り返すまでもなくそれは、帝都経済に寄生した平城京はいかなる意味でも都市ではないとした狩野氏の見通しとも、基本的に変わるところはなかった。

本書に対しては、大町健氏がマルクスの都市概念に対する理解を中心に（『歴史学研究』四七一号、一九七九年）、櫛木謙周氏が「実物貢納経済」の概念について（『史林』六二巻五号、一九七九年）、それぞれ書評において批判を加えている。また近年では浅野充「古代日本・朝鮮における国家形成と都市」（『朝鮮史研究会論文集』三〇、一九九二年）が、小谷汪之氏の研究を援用してマルクスのアジア社会認識自体に問題があることを指摘し、マルクスの都市理論をアジア古代の都市に適用することの危うさを説く一方、自治と商人の共同体という中世都市像に対しても、近年の西欧研究はむしろ批判的であることを紹介する。こうした点から氏は、なぜ都市が作られたのか、その問題を当該国家・社会との関わりから解明することこそ、古代都市研究の課題となることを力説している。

こうした批判にみられるように、狩野久、鬼頭清明両氏が前提とした都市論の枠組みは、必ずしも絶対的な地位を占めるものではないが、マルクス主義の立場を離れても、なお次のような問題を指摘することができる。

一つは中世都市論との関係についてである。平城京に都市的要素を見出しながらそれを都市ではないとしたことは、結果的に、中世ひいては近世都市論との対話の窓口を遮断することになった。京樂真帆子「平安京研究の現状と課題ノート」（『新しい歴史学のために』二一七号、一九九四年）が述べるように、都城が都市史の前史にとどまる以上、中世都市研究の側が古代を振り返っても、ほとんど得るものがないことになる。一方、両氏が典型とされる「農村から生まれた自立的な中世都市」が日本の中世以降の社会に実在したのかも、疑問なしとしない。平安京はもとより、鎌倉や平泉、戦国時代から近世にかけての城下町など、後世の都市の多くは行政府の拠点に立脚した都市であり、そこに生じた経済活動その他も、行政府の存在を抜きにしては成り立ちがたいからである。両氏の想定する中世都市は抽象的議論の中では意味をもちえても、日本の実情にはうまく適合しないのではなかろうか。加えて近年では、網野善彦『無縁・公界・楽』(平凡社、一九七八年)に象徴されるごとく、境界や周縁の場が中世都市論の焦点となり、自治や共同体論にとらわれない広範な展開を示すようにもなった。マルクスの都市観を前提とする議論はこうした新たな中世都市論の中でも、しだいに有効性を失いつつあるように思われる。

もう一つの問題は都城制との関連についてである。鬼頭氏は平城京住民を代表するものとして六位以下の下級官人を選んだ。それには史料的制約という事情もあったであろうが、基本的には流通経済に接する機会の多かった彼らの性格を重視したものといえる。しかし鬼頭氏も認めるように、平城京の住民の主体は下級官人ではなく、支配層を形成した五位以上の官人であったことは疑いない。だとすれば、住民の分析は第一に上級官人に、あるいは五位以上を含んだ官人全体に及ぶべきではなかったか。国家権力によって形成された都城制の議論と、国家権力の末端に位置する下級官人に焦点を合わせた都市論。二つの議論は同じ都城を扱いながら、視点が微妙に異なったために、結局平行線をたどらざるをえない。これまでの研究史を振り返るならば、現在求められているのはむしろ両者の議論を統合する視点ではなかろうか。

さて、これまで狩野・鬼頭両氏の論考における問題点をいくつかあげてきたが、だからといって、そうした研究の意義を否定するつもりはまったくない。京の住民に対する社会経済史的研究は京内の住宅を発掘するのにも似て、小さな成果の集積である。しかしそれだけに、揺るぎない基礎データを提供してきたともいえる。近年のそうした研究としては、まず吉田孝「律令制と交易」（同『律令国家と古代の社会』所収、岩波書店、一九八三年、初出は一九六五年）があるほか、鬼頭氏の著書が刊行されてからも、栄原永遠男「平城京住民の生活誌」（岸俊男編『日本の古代』九所収、中央公論社、一九八七年）、同「東西市と律令制」（原題「都城の経済機構」、同『奈良時代流通経済史の研究』所収、塙書房、一九九二年、初出は一九八七年）、中村順昭「平城京――その市民生活」（『歴史地理』三三四号、一九八三年）、同「律令制下における農民の官人化」（土田直鎮先生還暦記念会編『奈良平安時代史論集』上巻所収、吉川弘文館、一九八四年）、勝浦令子「行基の活動における民衆参加の特質―都市住民と女性の参加をめぐって―」（『史学雑誌』九一編三号、一九八二年）などが相次いで刊行された。また櫛木謙周「都城における支配と住民―都市権門・賤民形成の歴史的前提―」（岸俊男教授退官記念会編『日本政治社会史研究』中所収、塙書房、一九八四年）、同「平安時代京都における力役」（『ヒストリア』一〇八号、一九八四年）、寺内浩「京進米と都城」（『史林』七二巻六号、一九八九年）なども、同様の指向性をもつものといえる。これらの多くは正面から都市・都市論を論じているわけではないが、都城住民の基礎的理解において寄与するところが少なくない。

筆者もまた鬼頭氏の著書に影響を受けて同種の論考をかたちにしたことがある（「京戸について―都市としての平城京―」〈『史学雑誌』九三編六号、一九八四年〉本書第二部第一章）。そこでは京外の農村地帯と密接な関係を保ちつづけた京戸の実態にふれ、さらに官司や寺院に属して、官人身分でないにもかかわらず、すでに農業から離脱して活動する人々が平城京の時代に存在したことを述べた。今思えばそれは、鬼頭氏が念頭においた中世共同体の存在を、古代社会の中で検証しようとした自分なりの試みでもあった。もちろんそこでは「共同体」の姿は見出せなかったが、しかし同時に、都城が単なる平面プラン以上の存在であることは、十分に実感することができた。

ところで、鬼頭氏は『日本古代都市論序説』以後も、みずからの都市論を中心に据えながら、その関心をさらに他の時代にまで広げている。「都市の概念と国府」(『国立歴史民俗博物館研究報告』二集、一九八三年)では奈良時代の国府が、「初期平安京についての一試論」(『国立歴史民俗博物館研究報告』第二集、一九八三年)、「平安初期の銭貨について」(土田直鎮先生還暦記念会編『奈良平安時代史論集』下巻所収、吉川弘文館、一九八四年)では九、十世紀の平安京が扱われている。またこれとは対照的に、「磐余の諸宮とその前後」(『新版 古代の日本』第五巻近畿Ⅰ所収、角川書店、一九九二年)では五、六世紀の、いわば都城形成の前史が扱われ、さらに「六世紀までの日本列島——倭国の成立」(『岩波講座 日本通史2』古代1所収、岩波書店、一九九三年)では古墳時代の豪族居館の性格にまで言及がなされている。氏の中ではすでに、「序説」の域を越え、弥生から平安までを見据えた新たな古代都市史が構築されているように見受けられる。

三 都市史の形成に向けて

これまで二節にわたって近年の都城をめぐる種々の研究を紹介してきた。本章ではそれを都城制研究の系譜を引くもの、および都市論の範疇に入るものに整理してみたが、ここでは視点を換え、都城の本質をどのように理解しているかという点を中心に、先行研究を回顧しておきたい。それは当時の人々がなぜ都城を作ったのかという、単純だがなかなかやっかいな課題である。都城研究の内容は多岐にわたり、また理解も一様ではないが、ただこの問題に関しては、大きく分けて二つの傾向を指摘できるように思われる。

その一つは、都城造営の目的を国家権威の象徴に結びつける見解である。たとえば今泉隆雄氏は「律令制都城・宮室は天皇と国家の支配の威厳を誇示するための装置であり、そのことは国家の支配の根幹にかかわるものであるがゆえに、その建造には莫大な国費が費やされたのである」として、みずからの論文を締めくくっている(前掲「律令制都城の成立と展開」二八四頁)。一方、鬼頭清明氏は、戦争のさなかでありながら人心の安定を図るために未央宮などの造営を中止しなかった漢高祖の故事を引用し、都城のような施設造営が社会を安定させるための方策でもあったことを、周到に指摘している(前掲『日本古代都市論序説』二三九頁)。このような性格は、都城に限らず多くの歴史的都市や個々の建築にも見出すことができようが、それは表現こそ違え、平城京の原型が中国都城にあることが通説になって以来の、もっとも代表的な理解であったといえる。

一方、狩野久氏の表現は、これとはややニュアンスを異にしている。

端的にいうならば、都城は、国家権力機構のあり方を、防備的施設のなかに、ある形をとって表現したものにほかならないのであるから……(同「律令国家と都市」二二六頁)

こちらの方は「なぜ」という問ではなく、都城とは何かという問いかけにふさわしい。近世の城下町が幕藩制下の身分制を反映し、あるいは平城京の規模が律令国家の巨大さを象徴するように、権力によって計画・造営された都市がその権力のあり方を反映するという点は、きわめて理解しやすい。山中敏史氏が「律令国家の中央権力機構や人民統治の理念が、官衙や居宅などの具体的な建造物や地割として具現化されたもの、それが日本の都城である」(同「律令国家の成立」二六二頁、『岩波講座　日本考古学』6所収、一九八六年。なお傍点は筆者が加えたもの。以下すべて同じ)と記すのも、また同じ観点からの記述であろうし、だからこそ、宮内殿舎や都城の復原によって権力関係を知ることができるのである。このような考えは、先の「誇示装置」の理解と相反するものではなく、視点の相違を反映しているにすぎない。

ただし、山中氏が別の箇所で「京は……彼らの身分や位階の序列を視覚的に表現する場でもあった」(「国府の実態」三一六頁、同『古代地方官衙遺跡の研究』所収、塙書房、一九九四年)と書くとき、それが都城はなんらかの理念を表現するために作られた、という意味だとするならば、かなり内容が違ってくることになる。同様の観点は浅野充氏の一連の業績にもみることができるが、そこでは律令国家の本質を首長制の支配構造をとったものとし、律令制下の都城・宮城を作ったのは、そのような首長制的構造を「体現」するためであったとの主張が展開されている（「律令国家における京戸支配の特質」〈『日本史研究』二八七号、一九八六年〉、「律令国家と宮都の成立」〈『ヒストリア』一二二号、一九八九年〉、「古代国家の成立と宮都の門」〈『日本史研究』三三八号、一九九〇年〉ほか）。両者には細部の相違はあるものの、都市のプランや人的配置が特定の権力のあり方を反映するという理解をさらにおし進め、逆に、権力が自身の構造を表すために都市を作った、という点では同じ原理に立っているものといえる。このような考え方は都市を造営した側の理念を重視した視点でもあるが、しかし同時にはなはだわかりにくい議論なのではなかろうか。たとえばそれは、「兵農分離政策が採られたために、城下町の構造は一定の形式を備えるようになった」あるいは「城下町の構造は近世大名の兵農分離政策を反映する」というのに対して、「城下町は兵農分離の理念を表現するために作られた」と記述するのに等しい。後者のようなことが実際にあったのかどうか、筆者は素朴な疑問を抱いてしまうが、そこにはある種の論理の混乱が介在しているように思われる。

ところで、都城に限らずとも、都市を「作る」ということには、そもそもどのような意義があるのだろうか。日本史研究は関心が緻密な部分にまで及ぶ反面、このような単純な問いかけには案外冷淡なようである。この点に関して筆者の印象に残ったのは、ヨーロッパの近代都市を論じた福井憲彦氏の研究の一節であった。氏はフーコーによる権力の議論をふまえ、十八世紀に行われたパリの都市改造について次のように述べている。

たとえば一八世紀に現実にうつされはじめた都市の改造や諸制度の配置の施行は、現実には局部的で不十分なものであったとはいえ、新たな権力の仕組みを表現するものではなかったか。その試行は、まず都市について強調された社会衛生的な言動、空間や制度の再編と配置が端的に示すように、公共の福祉や安全、快適さの実現として打ちだされる。しかし社会的に組織されることによって、だれもがその所有者とも最終的指令者とも同定しがたいように組みたてられた機能的な制度や機構、空間と、それらを媒介に創出されてゆく匿名的社会関係の網の目とは、まさに支配にとっての闇の部分であった都市民衆の生活世界を、可視化してゆくことではなかったか。そして、日常性のなかにミクロ化され拡散された、新たな権力の仕組を形成してゆくことを、まず都市において可能にしてゆくものではなかったか。（『「新しい歴史学」とは何か』二三三〜二三四頁、中央公論社、一九九五年、初出は一九八四年）

このような都市と支配との関係は、現代都市にも引き継がれるとともに、また都城においても機能したに違いない。もとよりパリの雑踏と七世紀末の日本とでは、事情はかなり異なったはずである。しかし壮大な敷地に条坊を施行して住民を移配したとき、彼らに対しても新たな支配が静かに進行していったのではなかったか。都城が出現する過程に即していえば、制度を通じてしか保証されない支配関係が、都城という一定の場所で彼らを編成することでいっそう強固で安定したものになる、ということである。筆者が以前拙稿で都城を「権力集中の場」と表現したのは、都城のこのような働きに着目してのことであった（北村「わが国における都城の成立とその意義」〈『比較都市史研究』四巻二号、一九八五年。本書第二部第二章〉、同『平安京――その歴史と構造』第五章「平安京都城論」〈吉川弘文館、一九九五年〉）。

このような点で、都城は単に壮麗さを国の内外に示しただけではなく、実質的な支配の手段でもあった。日本の律令国家が都城を作ったのも事実だが、ある意味では、都城が律令国家を作り上げたのである。

おわりに

福井憲彦氏の記述にもみられるように、都市が権力と密接な関係にあることは、なにも都城に限定されるわけではない。そのような観点からすれば、都城は「都市史の前史」ではなく、逆に、国家権力との関わりがもっとも鮮明に反映された都市であったことになろう。

このような都城の性格は、藤田弘夫『都市と権力―飢餓と飽食の歴史社会学―』（創文社、一九九一年）の議論とも共通する一面をもつ。藤田氏は同書で、「大きな権力が形成されたところでは、どこでもその拠点として、都市が建設されてきた。都市が歴史貫通的・通文化的に存在するのは、その存立基盤が『権力』にあったからである」（同書二九三〜二九四頁。傍点は原文のまま）とし、古代に限らず、古今東西の都市の本質を権力との関係で捉えている。社会学者の手になるこのような理解は、都城研究に関わる者にとって、案外納得しやすいのではなかろうか。

ただし、ここでいう権力とは、支配と保障の二面性を備える存在であったことに注意する必要もあろう。「その時、権力とは、人々がより安全で快適で幸福な生活を営むなかで、生み出してきたものである。したがって、権力とは人びとの生活を『保障』するものであると同時に『支配』するものであった」（同書「まえがき」）とあるのが、氏の「権力」観である。これに対して、古代史研究の中で展開される「権力」は、支配層の結集した形態であり、通常一般の「人びと」は支配の対象としか認識されない。また家族・夫婦関係にまで「権力」が見出されるのに対して、古代史研究では往々にして「国家」に関心が偏りがちである。

このように考えると、両者の権力観の間には、なお埋めがたい懸隔があるように思われる。あるいはそれは、「人間観」の相違にまでたどり着くのかもしれない。

第一部　都城の前史

第一章　政治空間としての飛鳥

はしがき

今日、飛鳥には多くの観光客が訪れるようになったが、丘陵があちこちに広がって平坦地が少ないためか、大半の人は一目見ただけではなかなか全体的な位置関係がつかみにくいのではなかろうか。しかし、飛鳥の地は、大きく西側の高取川流域の地域、東側の飛鳥川流域の平坦部に分けてみると、理解しやすい。二つの川を基準とすれば、両者の相違がはっきりと浮かび上がってくる（図1）。

このうち、高取川流域の地域は古くから檜隈（檜前）と呼ばれた地である。『日本書紀』（以下では単に『書紀』と記すことにする）雄略十四年三月条には、中国南朝からの渡来人である呉人を檜隈野に安置し、そこが呉原と呼ばれるようになったことが書かれている。呉原は、現在の明日香村栗原にその名を伝えているが、一方、宝亀三年（七七二）四月に出された坂上苅田麻呂の奏言によると、応神天皇の時代に一七県の人夫を率いて来朝した阿知使主がこの「檜前野」に安置され、その後子孫が繁栄したため、高市郡では他姓の者は「十にして一、二」を数えるだけであったという（『続日本紀』同年四月庚午条）。周知のように、この阿智使主は倭漢氏の祖として知られる人物であるが（『書紀』応神二十年九月条）、檜隈は古くから倭漢氏の本拠となった土地であった。檜隈大内陵と呼ばれた天武・持統合葬陵、高松塚古墳や中尾山古墳などもまた檜隈に含まれている。

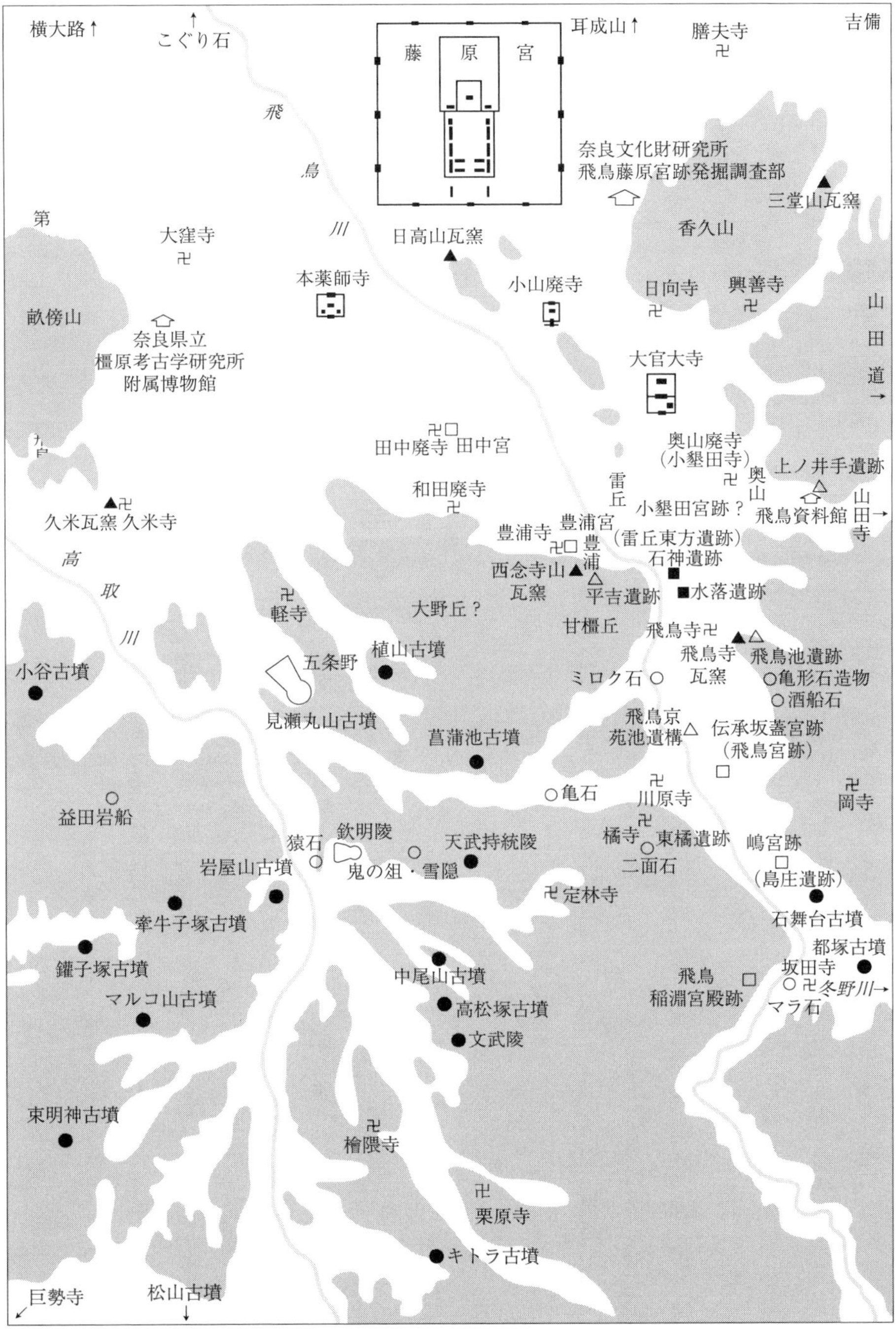

図1　飛鳥周辺の地形（河上邦彦『飛鳥を掘る』より）

一方で、飛鳥川流域に広がる平坦面は、古来より飛鳥の名で呼ばれていた。飛鳥寺、飛鳥浄御原宮など、古代には飛鳥の名を冠した著名な施設が多く、とくに七世紀には政治史の主要な舞台となった場所である。もっとも、その下流部に当たる藤原京該当地域や推古朝の豊浦宮・小墾田宮は、いずれも飛鳥を冠して呼ばれることはなかった。また上流部すなわち南方の島庄地区や橘寺一帯の施設も同様で、「橘の嶋宮」（『万葉集』巻2、一八九番）という用例に見えるように、そこは橘と呼ばれていたらしい。したがって当時の用例に従えば、飛鳥とは香具山南麓の阿倍山田道のあたりから橘寺の北方に至る、主に飛鳥川右岸の平坦面を指す地名であった。(1) 以下では、明日香村の中でもとくにこの「飛鳥」を中心に、その空間的変遷をたどり、その作業を通じて、広い意味での飛鳥の歴史を概観していきたい。

一　飛鳥寺

崇峻元年（五八八）、百済から僧や寺工が遣わされたことをきっかけとして法興寺が造営された。法興寺は飛鳥衣縫造の祖樹葉の家を壊して造られたものという（『書紀』同年是歳条）。この飛鳥衣縫造については、『書紀』雄略十四年三月条に、衣縫の兄媛・弟媛が来朝しそれが飛鳥衣縫および伊勢衣縫の祖となったことが見えるので、飛鳥衣縫造であった「樹葉」とは、すぐれた衣服縫製の技術をもつ渡来人を率いた伴造であったことがわかる。檜隈と同じように、飛鳥もまた渡来系の人々と関わりの深い地域だったのである。

しかし六世紀後半から七世紀の時期に限っていえば、飛鳥との関わりで注目されるのは第一に蘇我氏の存在である。まず六世紀にあっては、宣化・欽明の二代にわたって大臣に任じられた蘇我稲目が小墾田、軽にみずからの家を構えていた。欽明十三年（五五二）、百済から仏像や経論が伝えられると、稲目は仏像を「小墾田家」に安置し、さらに向原の家を寺となした（『書紀』同年十月条）。また欽明二十三年には、高句麗征討から帰還した大伴狭手彦が稲目に宝物と女性二人を献上したが、稲目はその二人を妻とし、「軽曲殿」においたという（『書紀』同年八月条）。

小墾田家、向原家（のちに豊浦寺になったと想定される）は、狭義の飛鳥のすぐ北方に当たる地域であり、また「軽」は飛鳥の西方、下ツ道と山田道が交わる一帯に相当し、小墾田とは山田道で結ばれた地域になる。いずれも飛鳥とは隣接する位置関係になるが、これに対して、稲目の子の馬子の時代になると、飛鳥との関わりは本格的になった。

蘇我馬子が亡くなったことを伝える『書紀』推古三十四年（六二六）五月丁未条には「飛鳥河の傍に家せり。乃ち庭中に小池を開く。仍りて小島を池の中に興す。故、時の人島大臣と曰ふ」（原文は漢文。以下すべて同じ）とあって、馬子の邸宅には小島を備えた苑池があり、そのために「島大臣」の名で呼ばれたという。昭和四十七年（一九七二）にはその地名を残す明日香村大字島庄で、一辺四〇㍍の方形の池の跡が発見されているが、この遺構は右の記事と関連する可能性が高い。また同じ記事には、馬子を「桃原墓」に葬ったことが記されているが、それが現在の石舞台古墳を指すこともまず間違いない。馬子には別に「槻曲家」（『書紀』用明二年四月丙午条）のあったことも知られるが、七世紀前半、馬子の拠点となったのはこの島庄一帯の地域であった（図2）。

馬子の島大臣に対して、その子蝦夷は豊浦臣と、また入鹿は林臣、林太郎（『上宮聖徳法王帝説』）と呼ばれた。いずれも居地に因んだ通称とみられるが、豊浦が飛鳥北方の、蘇我稲目と関わりの深い場所であるのに対し、「林」の方は意味が今一つ判然としない。

林と対になることばに「森」があるが、古代の文献でモリは、木高く茂った樹木を意味した。その姿は霊威を感じさせるために、モリはしばしば神の依代ともなった。そのことを反映して、「山科の石田の社に幣置かば」（『万葉集』巻9、一七三一番）、「泣沢の神社に神酒据ゑ祈れども」（同巻2、二〇二番）などの用例があるように、『万葉集』ではモ

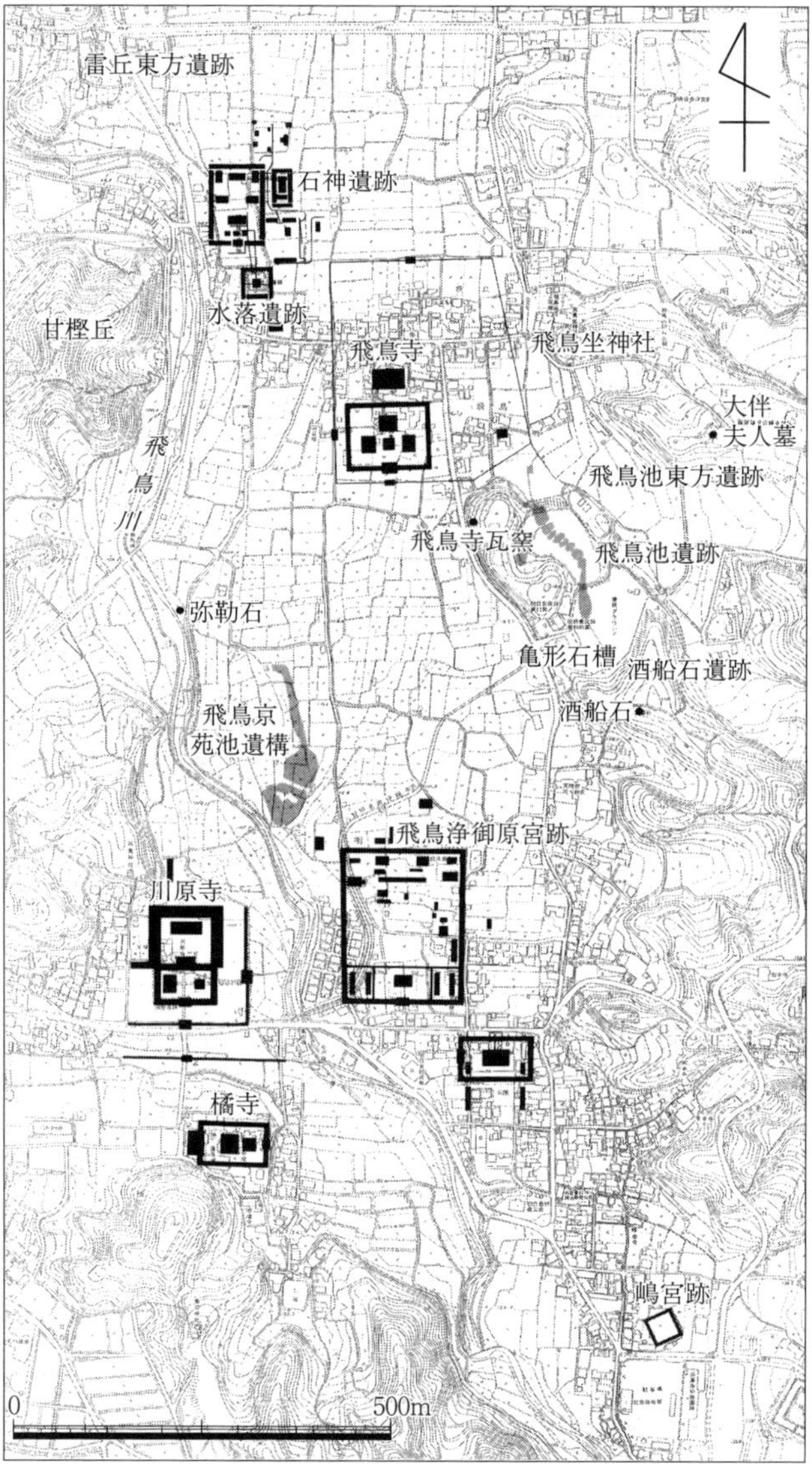

図2　飛鳥主要遺構図（『飛鳥・藤原京展』より）

リが社、神社とも表記されたのである。

これに対し、林は『万葉集』の中で次のように見える。「橘の林を植えむ霍公鳥」（巻10、一九五八番）、「我が園の竹の林に」（巻5、八二四番）の用例がそれで、橘や竹のように、林とは人工的に育てられた樹木を意味する特徴的なことばであった。森が神威を感じさせる自然の象徴であるのと対照的に、林は人手によって植えられた木々を示したのである。[2]そしてこのことからすると、「林臣」は、その庭園の見事さに因んで名付けられた名称であったことが推測される。現在、入鹿の邸宅がどこにあったのかはよくわからないが、飛鳥から遠く離れた場所にあったわけではなかっただろう。

蘇我氏との関係でいえば、飛鳥寺の存在も重要な意味をもっている。『書紀』や『元興寺伽藍縁起并流記資財帳』の記載を総合して判断すると、飛鳥寺は崇峻元年（五八八）、百済から僧と仏舎利が伝えられたことを契機として、蘇我馬子によって造営が開始され、八年後の推古四年（五九六）十一月に完成すると、その年来朝した二人の僧を同寺に住まわせ、あわせて馬子の男善徳を寺司に任じた（『書紀』同年十一月条）。天皇家が篤く仏教を庇護したのは事実であったにせよ、飛鳥寺は当初から一貫して蘇我氏の寺として運営されていったのである。ところが、いわゆる乙巳の変のクーデターによって蝦夷・入鹿らの蘇我本宗家が滅亡すると、飛鳥寺はただちに天皇家に接収されたらしく、この後天武九年（六八〇）四月には諸寺に対する国家の援助・介入を停止するなかで、飛鳥寺はとくに「元より大寺として、官恒に治めき」として、例外的に天皇家の管理が維持されていった。[3]なお天武八年には「諸寺の名を定む」（『書紀』同年四月乙卯条）とあるが、天武六年に高市大寺が大官大寺に改名されたことが知られるので（『大安寺伽藍縁起并流記資財帳』）、飛鳥寺の名もこの時点で法興寺に改名されたものと考えられる。

飛鳥寺はすでに詳細な発掘調査がなされ、現在の安居院境内を中心に、一塔三金堂からなる独特の伽藍配置をもっていたことが判明している。その形式は高句麗の清岩里廃寺と共通するといわれるが、瓦の文様などは明らかに百済の影響を受けている。したがって、たとえ高句麗文化の影響はあったとしても、百済から遣わされた寺工や瓦博士が造営に当たったとする文献の記述は、基本的に正しいものと判断せざるをえない。そしてそのような「国」の枠組みを超えた技術者を馬子が私的に使役できた点にこそ、馬子の特別な地位を見出すことができるのではなかろうか。

ところで、天皇家をはじめとする日本古代の社会集団は、父系あるいは母系による単系集団を構成せず、一般に双系的な関係として表現される。ある個人がいたとすれば、その人物は父方・母方双方の集団から影響ないしは支援を受け、父からその男子へ財産や地位が連続して継承される父系集団は、まだ成立していなかったらしい(4)。そして、そのような場合には、たとえば邸宅のような特定の資財を代々継承していくことは生じにくかったものと想定される。事実、蘇我氏の場合でも馬子や蝦夷・入鹿はそれぞれ別の家を保持していた。日本では歴代遷宮と称されるように、天皇は代替わりごとに新たな宮を営んだが、それも同様の現象の一端とみることができよう。

ところが、飛鳥寺のような寺は、たとえ発願の主が亡くなっても僧尼の活動が続く限り永遠の生命を保つことができる。寺院を造営することは当時の人々にとって、世代を超えた永続性を保持することを意味した。蘇我氏は天皇家よりも先に、日本で初めてそうした施設をもったのである。

文献史料から判断する限りでは、飛鳥寺は飛鳥に造られた最初の本格的な建造物でもある。こうして馬子の時代には、飛鳥寺を中心として、南方には馬子の家が、北方の豊浦には蝦夷の家と向原の家に起源をもつ尼寺豊浦寺が立地した。この時期の飛鳥が、実は蘇我氏の影響力がきわめて強い地域であったことが、あらためて浮かび上がってこよう。

二　小墾田宮と岡本宮

六世紀の宮室は三輪山山麓から天香具山にかけての地域に集中したが、飛鳥に宮を営んだのは推古朝以降のことである。崇峻天皇が殺害されたのち、群臣の推挙を受けた推古は、崇峻五年（五九二）に豊浦宮で皇位につき、さらに推古十一年（六〇三）十月に小墾田宮に遷った。宮の南方には当時としては異例の庭園があったらしく、同二十年には百済の人「路子工」をして「南庭」に須弥山の形と呉橋を築かせている（『書紀』同年是歳条）。同三十六年に天皇が亡くなったさい、殯が挙行されたのもこの「南庭」である。詳細な位置は判明していないが、『日本霊異記』（上巻第一）では「雷岡」について「古京の少治田宮の北に在り」という説明を加えているので、現甘樫岡にほど近い雷岡一帯に存在したことは間違いない。

小墾田宮は推古の外祖父にあたる蘇我稲目の「小墾田家」との関係が想起されるが、先にも述べたように、狭義の飛鳥の北方に位置していた。宮が初めて「飛鳥」に造られたのは、舒明天皇の岡本宮であった。

小墾田宮と同様に、七世紀の諸宮についても、これまでは詳細な位置は不明な点が多かったが、近年、岡本宮をはじめとする四つの宮が実は同じ場所に建てられたものであることがほぼ確実になった（5）。すなわち、岡本宮（舒明朝）、飛鳥板蓋宮（皇極朝）、後飛鳥岡本宮（斉明朝）、飛鳥浄御原宮（天武朝）の四つの宮がそれである。現在「伝飛鳥板蓋宮跡」として井戸を含む敷石遺構が史跡として整備されているが、四つの宮はこの場所から飛鳥川にかけての平坦部に広がっていたのである。

田村皇子のちの舒明天皇は舒明元年（六二九）正月に即位し、同二年十月、この岡本宮に遷った。一方、島庄に家をもっていた馬子はすでに推古三十四年（六二六）に亡くなっており、このとき蘇我氏を率いたのは子の蝦夷であったから、馬子の家はその主人を失っていたことになる。ただ、「この時に適りて、蘇我氏の諸族等悉に集ひて、島大臣の為に墓を造りて、墓所に次れり」（『書紀』舒明即位前紀）と記されているように、推古の死後皇位が決定しない状況のなかで、蘇我氏は総力を挙げて馬子の墓を造営したという。これが現在の石舞台古墳に相当することは先にふれたが、そこに隣接した馬子の家も、墳墓と同様に蘇我氏にとって重要な意味をもったに違いない。

岡本宮と飛鳥寺・馬子の家は指呼の間に位置し、蘇我氏を象徴する二つの建造物に挟まれた場所に、宮は造られたことになろう。それは、天皇家と蘇我氏とが政治的に一体となった関係を表すようにもみえるが、むしろ、蘇我氏の拠点のなかに天皇家が吸収されたと解する方が正確ではなかろうか。舒明の即位にあたっては、山背大兄皇子を推す境部摩理勢を死に至らしめるなど、蘇我蝦夷が強力に舒明を支持したからである。

両者のこうした関係に変化が現れるのは舒明十一年のことである。この年舒明は「今年、大宮と大寺を造作らむ。則ち百済川の側を以ちて宮処とせむ」（『書紀』同年七月条）として、新たに百済大寺と百済宮の造営を開始し、同年十二月には「九重塔」の建設にも着手した。百済大寺は天皇家が発願した最初の寺であったが、その位置についてはやはりはっきりとは判明していなかった。しかし平成九年（一九九七）、桜井市吉備にある吉備池廃寺の調査が実施されると、それまでに例のない規模の塔と金堂の基壇が発見され、それが百済大寺にほかならないことが明らかとなった(6)。同寺は塔と金堂が東西に並ぶ配置をとり、塔の基壇は一辺三二㍍で、「九重塔」の記述にふさわしい規模を備えている。伽藍全体の規模も飛鳥寺を大きく上回っていた（図3）。

現地は香具山の北東に位置し、飛鳥寺からは直線距離で約三㌔も離れている。調査を担当した小澤毅氏が「はじめて天皇家の寺として創立された百済大寺は、蘇我氏の氏寺である飛鳥寺に対する対抗意識の産物であった(7)」と述べているように、六世紀に天皇の宮がおかれた磐余に近接する、飛鳥から大きく逸脱した場所を選んだことは、両者の関係がしだいに対立する傾向にあったことを反映しているのであろう。加えて、「大寺」と「大宮」を一体として造営したことも、馬子の家と飛鳥寺の関係を意識したものに違いない。舒明天皇は、蘇我氏と対抗すべきものとして、自己の存在を主張したのではなかろうか。

岡本宮を営んだ舒明は、その後田中宮に移り、さらに十二年十月にこの百済宮に遷ったが、翌年十月に亡くなり、

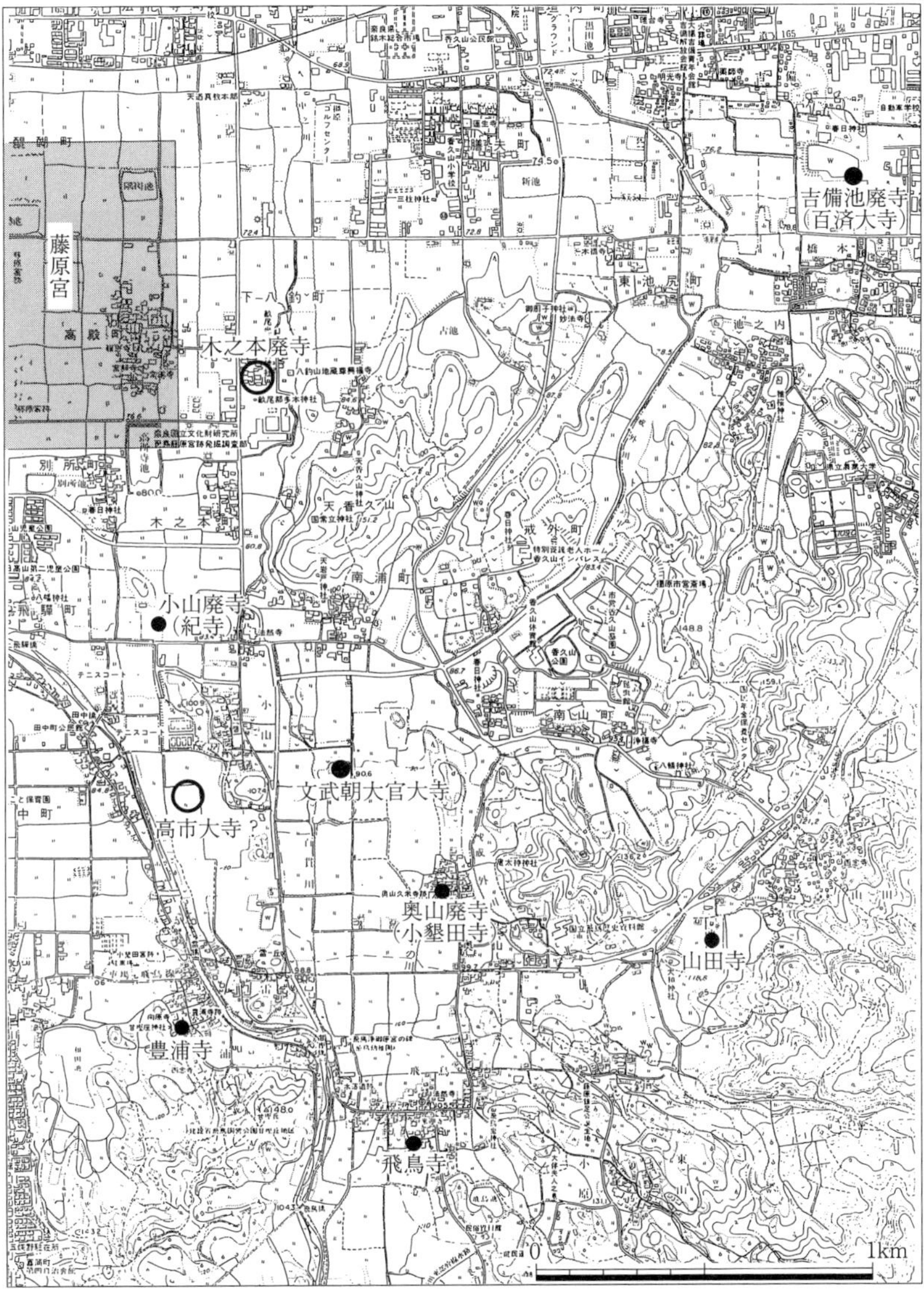

図3　吉備池廃寺（百済大寺）（『大和吉備池廃寺』より）

結局その「意識」は実現しなかった。しかしそのときの殯の儀は「宮の北」で行われ、開別皇子（中大兄皇子）が誄を奉ったという（『書紀』舒明十三年十月丁酉条）。

三　斉明・天武朝の展開

皇極四年（六四五）六月十二日、中大兄皇子らは飛鳥板蓋宮で蘇我入鹿を斬殺し、翌日には父蝦夷を討って、ここに蘇我本宗家は滅亡した。いわゆる乙巳の変（大化改新）であるが、これによって飛鳥の様相も一変することになった。

まず、蘇我氏結集の象徴となった飛鳥寺については、先にふれたように、事件の直後に天皇家に接収された。天武六年（六七七）八月には、天皇による大規模な斎会が行われ、さらに藤原京への遷都がなったのちにも、大安・薬師・弘福の諸寺とともに四大寺の一つとして扱われた（『続日本紀』大宝三年正月丁卯条）。よく知られるように、飛鳥寺は天皇家の寺として、古代国家の代表的な寺院の一つとなったのである。

一方で、「島大臣」の呼称のもとになった馬子の家がどうなったのかは、必ずしも判然としない。ただ、同じく「島」の名を冠する「島宮」が、天武朝には確実に存在していた。天武五年正月に天武はこの島宮で宴を催したことが知られ、のちには草壁皇子の居所「島宮」となった。また書紀には皇極の母である吉備姫王（『書紀』皇極二年九月丁亥条、大化二年三月辛巳条）、舒明の母である糠手姫皇女（同、天智三年六月条）がともに「島皇祖母」と記されているので（二人は天智・天武の祖母でもあった）、早くから皇族のための重要な施設となったことも推測される。馬子の家が事件以降史料に一切見えていないことも考慮すると、馬子の家は苑池とともに天皇家の管理下におかれ、島宮として継承された可能性が高い(8)。

また、推古朝に造られた小墾田宮については、豊浦臣と称された蝦夷の影響力が想定されるが、大化五年(六四九)三月、謀反の疑いをかけられた蘇我倉山田麻呂が難波から大和に逃げ帰ったさい、息子興志が「小墾田宮」を焼こうとしたという記事が注目される(『書紀』同年三月戊申条)。小墾田宮は推古の死後も利用されていたのであり、またこの記事からは、それが天皇家の重要な施設となっていたこともわかる。こののち、重祚して間もない斉明天皇が小墾田に瓦葺きの宮を造ろうとしたが、結局は完成に至らなかったといい(『書紀』斉明元年十月己酉条)、壬申の乱のさいにも、「小墾田兵庫」に多くの武器が納められていたことがみえる。小墾田宮は、その中身は姿を変えたかもしれないが、一貫して天皇家のもとで管理されていったのである。

大化改新は蘇我氏の存在を否定するところから出発した。そして以上のように、蘇我氏の象徴的施設は、いずれも一転して天皇家のものとなった。ただ「飛鳥」という地域が蘇我氏の存在と一体化していたことは、当時の人々の強く意識するところであっただろう。加えて、孝徳が起居した板蓋宮自体が流血の現場となった施設である。事件直後に即位した孝徳天皇は、同じ年の十二月、まだ新しい宮殿の準備もないままに難波に遷るが、こうして慌ただしく飛鳥を離れることになったのは、一つには飛鳥の地を忌避する心理が強く作用していたためではなかろうか。

しかしその一〇年後、朝廷は再び飛鳥に移った。斉明元年(六五五)正月、天皇は飛鳥板蓋宮で即位し、宮が焼けたため一時飛鳥川原宮に遷ったのち、同二年に後飛鳥岡本宮に宮室を定めた(『書紀』同年是歳条)。先に紹介したように、名号こそ違うものの、それは板蓋宮と同じ場所に再建された宮であった。飛鳥寺や島宮が存続したことも考慮するなら、斉明は蘇我氏の遺産を消し去るのでなく、むしろそれを継承し土台としてみずからの力を拡大していったのである。

後岡本宮造営と同じ年には、「宮の東の山」に「石を累ねて垣となした」という。それが近年発見された酒船石丘陵の北側斜面で確認された積石や、さらにはその北に広がる、亀形石槽を中心とする大規模な敷石遺構（酒船石遺跡）に相当することは疑いない。また飛鳥寺の北西に位置する飛鳥川右岸の石神遺跡では、斉明朝の時期に石敷きの広場が整備され、あわせて漏刻（水時計）が造られたことも確認されている（水落遺跡）。

壬申の乱で勝利を得た天武天皇も飛鳥に拠点を据え、斉明朝で示された方向性を踏襲したものと理解することができる。乱が終息した直後の天武元年（六七二）九月に大和へ入った大海人皇子は、島宮、岡本宮に滞在したのちに「飛鳥浄御原宮」に移り、翌二年二月、この宮に壇場を設けて即位の儀を執行した。『書紀』にはこのことが「是歳に、宮室を岡本宮の南に営る。即冬に、遷りて居します。是を飛鳥浄御原宮と謂ふ」（同年九月条）と書かれていて、二つの宮が南北に並んだように描写されているが、この地域の発掘調査が進展した結果、浄御原宮の実態は、斉明朝の後岡本宮を基本とし、その東南に大型の殿舎を中心に据えた「東南郭」（地名をとってエビノコ郭ともいう）を付け加えて成立したものと考えられるようになった(9)。なお浄御原宮の宮号は、『書紀』によれば、実際は朱鳥元年（六八六）に定められた名称である。

さて、もし当時の飛鳥浄御原宮に立つことができたとするならば、そこではどのような景色を目にすることができたのだろう。まず北方約五〇〇㍍の場所には、馬子の時代以来の飛鳥寺が威容を誇っていたはずである。反対側に目を転ずると、南には飛鳥川を挟んで、「ミハ山」を背にした橘寺が（橘寺は『書紀』天武九年四月乙卯条が初見で、発掘調査の結果、東を正面とする四天王寺式伽藍であることも判明している）、またその手前には、斉明天皇の飛鳥川原宮を寺とした川原寺（弘福寺）が、甍を接するように並び建っていた。また西側には、宮に付属する苑池が目に映ったはずである。浄御原宮の西方、飛鳥川右岸の一帯からは、近年「飛鳥京苑池遺構」が発見され、池と石像物を中心とする大規模な庭園が存在したことが判明している。それは『書紀』に見える「白錦後苑」（同、天武十四年十一月戊申条）に相当するとも、あるいは「御苑」（持統五年三月丙子条）にあたるとも考えられている。

寺院に関しては、天武二年に、舒明朝創建の百済大寺が「高市」の地に移されていることも注目される（『大安寺伽藍縁起并流記資財帳』）。その場所は確認されていないが、地名や発見される瓦などから、雷丘の北方で飛鳥川右岸の一帯が有力視されている。[10] この寺は高市大寺と称され、のち大官大寺と改称されたが、この場所は香具山の南方に当たり、百済大寺と比べて著しく「飛鳥」に接近したことになる。天武はかつての「大寺」を、飛鳥の北縁部にまで引き寄せたのである（なお、明日香村小山に基壇を残している「大官大寺址」は、これも調査の末、文武朝の建立になることが明らかになった。平城遷都後には再び大安寺に改名されるが、『続日本紀』大宝二年〈七〇二〉八月己亥条に「造大安寺司」任命のことが見えるのは、この時期の大官大寺造営の事実を示すものである）。

以上のように、浄御原宮の近辺には寺院の存在が際立っている。浄御原宮ではまだ礎石建物は造られていないので、すべて檜皮葺や板葺屋根の、白木を用いた伝統的建築様式が採用されていたはずである。そしてそれを取り囲むように、瓦葺きの屋根と朱塗りの構造材からなる伽藍が建ち並んでいたのであって、これはそれ以前にも、またそれ以降にも見られない特異な景観となっていただろう。天武朝における仏法に対する信奉、寺院に対する執着は、斉明朝に比べてはるかに強かったように思われる。

他方、大規模な官衙的施設が造られたことも、天武朝「飛鳥」の大きな特色である。飛鳥寺東方の「飛鳥池遺跡」では、富本銭の鋳造施設などが発見され、金属鋳造を行う工房的施設が天武朝に運営されていたことが確認された。また、石神遺跡でも天武朝期には敷石遺構が一掃され、総柱構造の倉庫風建物を含んだ官衙的施設に姿を変えた。そこでは大量の木簡も発見され、その中には米の荷札や仕丁の存在を示すものも多数含まれていて、多くの物資や人が

宮はのちの平城宮でいえば、内裏に相当する施設が多くを占めたと考えられるからである。

ここに集約されていたことを示唆している。[11]『書紀』には「則ち民部省の庸を蔵むる舎屋に天災けり。或いは曰く、忍壁皇子の宮の失火延りて、民部省を焼けりといふ」(朱鳥元年七月戊申条)とあって、民部省(天武朝の官制としては「民官」が正しい)の倉庫が浄御原宮から離れた場所にあったことを示していることも参考になろう。天武朝の官衙は、宮の内部やその周囲にも存在したであろうが、多くは「飛鳥」の広い範囲に点在していたのではなかろうか。浄御原宮はのちの平城宮でいえば、内裏に相当する施設が多くを占めたと考えられるからである。

ところで、かつて岸俊男「飛鳥の方格地割」や網干善教『古代の飛鳥』などの研究によって、飛鳥にも条坊制に類似した方格地割が存在し、それに基づいて主要な施設が配置されたとする仮説が発表されたことがある。[12]発掘調査の事例が飛躍的に増加した現在では、その仮説に対して否定的にならざるをえない。[13]これまで記してきたように、「飛鳥」では飛鳥寺を出発点として、以後宮や寺院が順次造営されていったのであり、形成の過程を考えても、都市計画の前提となるような基準線、あるいは条坊道路に類する道があったことは想定しにくい。ただその一方で、大ざっぱな印象だが、飛鳥で検出される遺構は、飛鳥寺をはじめとしてほとんどが真北の方位を保っていることも、見逃すことのできない特徴である。建物の方位をそろえることは、現在では「常識的」で「自然」なことと受け取られるかもしれない。しかし、大和古墳群のように、奈良盆地では方位を統一しない前方後円墳がまとまって存在する場合も珍しくない。それは必ずしも自然な現象ではないのである。方位を統一するのは、その地域を一体のものとして把握する意識が、造営主体の側に作用していたためではなかろうか。

「飛鳥」がこのような空間であったとすると、宮殿や官衙・寺院と関係のない建物は、多少の空閑地があったとしても、基本的に存在しなかった可能性が高い。たとえば、宮と寺院の間に豪族層の家が点在することは、およそ想定しがたいのである。東西一キロ、南北一・五キロの長方形を描けば、「飛鳥」はその中に完全に収まってしまう。それはけっして狭いとはいえないが、藤原宮や平城宮とほぼ同じ面積になる。現在では学術用語として「飛鳥京」ということばが使用されているが、「飛鳥」はむしろ、都城の中の宮城に相当する空間だとみる方がふさわしいのではなかろうか。広大な京域や直線的な道路を備えた藤原京や平城京は、だからこそ新しい意義をもったのである。

註

（1）岸俊男「飛鳥と方格地割」（『日本古代宮都の研究』所収、岩波書店、一九八八年、初出は一九七〇年）。
（2）阪下圭八『歴史のなかの言葉』（朝日新聞社、一九八九年）。
（3）吉川真司「飛鳥池遺跡と飛鳥寺・大原第」（直木孝次郎・鈴木重治編『飛鳥池遺跡と亀形石』所収、ケイ・アイ・メディア、二〇〇一年）。
（4）吉田孝『律令国家と古代の社会』（岩波書店、一九八四年）、同『日本の歴史2　飛鳥・奈良時代』（岩波書店、一九九九年）。
（5）小澤毅「伝承板蓋宮跡の発掘と飛鳥の諸宮」（同『日本古代宮都構造の研究』所収、青木書店、二〇〇三年）。（ただし、西本昌弘「伝承板蓋宮跡第Ⅱ期遺構と後飛鳥岡本宮」〈『日本歴史』六七九号、二〇〇四年〉は、この説を否定し、「板蓋宮」を除く三つの宮に相当するものとしている。）
（6）奈良文化財研究所編『大和吉備池廃寺—百済大寺跡—』（奈良文化財研究所、二〇〇三年）。
（7）同右書二三四頁。
（8）和田萃『飛鳥—歴史と風土を歩く—』（岩波書店、二〇〇三年）。
（9）小澤毅「伝承板蓋宮跡の発掘と飛鳥の諸宮」（前掲）。
（10）『大和吉備池廃寺—百済大寺跡—』（前掲）。
（11）「石神遺跡（第15次）の調査」（『奈良文化財研究所紀要』二〇〇三年）。
（12）岸俊男「飛鳥と方格地割」（前掲）、網干善教『古代の飛鳥』（学生社、一九八〇年）。
（13）井上和人「飛鳥京域論の検証」（同『古代都城制条里制の実証的研究』所収、学生社、二〇〇四年）。

第二章　記紀に見える宮号について

はしがき

『古事記』や『日本書紀』（以下、『書紀』と略記する）では、歴代の天皇の事績を記すに当たって、必ずその「宮」の所在を明示している。たとえば『書紀』では、神武天皇が「橿原宮」に、次の綏靖は「葛城高丘宮」にそれぞれの宮を定めたことが書かれている。『古事記』の方ではそれを、「畝火之白檮原之宮」「葛城高岡宮」と表現し、やや表記が異なっているが、天皇が一代ごとに新たな宮を造営したことを伝える点においては、なんら変わるところはない。

このように、記紀のなかでは、歴代の天皇がいわば代替わりごとに新宮を造営したことを伝えるが、こうした慣行は一般に「歴代遷宮」と称されている。転々と政治拠点を移動する歴代遷宮は、今日からみても不可解な現象であるが、これは同時代の朝鮮半島や中国大陸にも一切みることができず、やはり日本古代の独特の慣行であったと考えるほかはない。またその慣行が終結するのは藤原宮以降のことであったから、したがって歴代遷宮とは、都城が成立する前の独自の社会的慣行でもあったと推測されるのである。

律令制以前の宮がどのようなものであったのか、その具体像を追究することは重要な課題である。しかし現時点では同時代の文献史料はきわめて少なく、発掘成果も十分に用意されていないのが現状である。ここではその実態を考える前提として、文献史料に見える宮の名称を比較検討し、その成立時期や性格を考えることとしたい。

一　『古事記』と『日本書紀』

古代の宮の名称を記録した史料としてあげられるのは、第一に『古事記』と『日本書紀』であるが、先にも述べたように、そこには歴代天皇が設けた宮の名称が詳細に記載されている。ここではまず、『古事記』と『書紀』に書かれた宮の名称を一覧表にまとめ、その内容を紹介しておくことにしたい。表1に掲出した「宮都一覧表」はその概要であるが、代表的な二つの歴史書の記述は基本的に同じ内容を伝えているとみて大きな間違いはない。しかし子細に検討すると、宮の名称にいくつかの異同があるほか、いわば「表現」のしかたが大きく異なっていることに気づく（表1参照）[1]。

『古事記』では、たとえば「御真木入日子印恵命、坐㆓師木水垣宮㆒、治㆓天下㆒也」（崇神）とあるように、「〇〇宮に坐して天下治らしめしき」という定型句によって、各天皇の治世が表現され、当時の宮の名称が明示されるようになっている。ところが、『書紀』にはこのような表現がなく、代わりに、「遷都」の表現をとることが多い。同じ崇神天皇を例にあげると、崇神元年正月に「皇太子即天皇位」として即位の事実を記したのち、

三年秋九月、遷㆓都於磯城㆒、是謂㆓瑞籬宮㆒。

として、新たに磯城の瑞籬宮に宮を定めたことを伝えている。この場合、「磯城」は地名であり、厳密に解釈すれば「瑞籬宮」が宮の名であったことになる。またここには「遷都」という字句が使われているが、これは『書紀』にだけ見られる表現で、『古事記』では一切使用されていない。『古事記』ではすべて「宮」という表現で統一されており、『書紀』に見える「都」の文字が律令制が確立した『書紀』編纂時の修飾であることは、おそらく異論がないところ

表1　宮都一覧表(その1)

	史料／天皇	延喜式	古事記	日本書紀	風土記
1	神武	橿原宮	畝火之白檮原之宮	天皇即位於橿原宮。	
2	綏靖	葛城高丘宮	葛城之高岡宮	都葛城。是謂高丘宮。	
3	安寧	片塩浮穴宮	片塩浮穴宮	遷都於片塩。是謂浮穴宮。	
4	懿徳	軽曲峡宮	軽之境崗宮	遷都於軽地。是謂曲峡宮。	
5	孝昭	掖上池心宮	葛城掖上宮	遷都於掖上。是謂池心宮。	
6	孝安	室秋津島宮	葛城室之秋津嶋宮	遷都於室地。是謂秋津島宮。	
7	孝霊	黒田廬戸宮	黒田廬戸宮	皇太子遷都於黒田。是謂廬戸宮。	
8	孝元	軽境原宮	軽之境原宮	遷都於軽地。是謂境原宮。	
9	開化	春日率川宮	春日之伊耶河宮	遷都于春日之地。是謂率川宮。	
10	崇神	磯城瑞籬宮	師木水垣宮	遷都於磯城。是謂瑞籬宮。	磯城瑞籬宮御宇御間城天皇(肥前・総記)
11	垂仁	纏向珠城宮	師木玉垣宮	更都於纏向。是謂珠城宮也。	
12	景行	纏向日代宮	纏向日代之宮	即更都於纏向。是謂日代宮。	纏向檜代宮御宇天皇(出雲・出雲郡，豊後・直入郡，大分郡，肥前・基肄郡，養父郡，三根郡)纏向檜代宮御宇大足彦天皇(豊後・総記，日田郡)
13	成務		近淡海之志賀高穴穂宮	なし	志我高穴穂宮御宇天皇(播磨・印南郡)
14	仲哀	穴門豊浦宮 橿日宮	穴門之豊浦宮 筑紫か志比宮	興宮室于穴門而居之。是穴門豊浦宮。	穴門豊浦宮御宇天皇(播磨・賀古郡)
15	神功皇后	磐余若桜宮	筑紫か志比宮	因以都於磐余。〈是謂若桜宮〉。	
16	応神	明宮	軽嶋之明宮	なし。「明宮」で死去。	品太天皇 軽嶋明宮御宇誉田天皇(肥前・養父郡)
17	仁徳	難波高津宮	難波之高津宮	都難波。是謂高津宮。	難波高津御宮天皇(播磨・印南郡，賀茂郡) 難波高津宮天皇(播磨・揖保郡，讃容郡) 大雀天皇(播磨・飾磨郡)

18	履中	磐余若桜宮	伊波礼之若桜宮	皇太子即位於磐余若桜宮。	
19	反正	丹比柴籬宮	多治比之柴垣宮	都於河内丹比。是謂柴籬宮。	
20	允恭	遠飛鳥宮	遠飛鳥宮	なし	
21	安康	石上穴穂宮	石上之穴穂宮	即遷都于石上。是謂穴穂宮。	
22	雄略	泊瀬朝倉宮	長谷朝倉宮	天皇命有司設壇於泊瀬朝倉。即天皇位。遂定宮焉。	
23	清寧	磐余甕栗宮	伊波礼之甕栗宮	命有司設壇於磐余甕栗。即天皇位。遂定宮焉。	
24	飯豊青皇女			忍海角刺宮。	
25	顕宗	近飛鳥八釣宮	近飛鳥宮	乃召公卿百寮於近飛鳥八釣宮，即天皇位。（異伝あり）	
26	仁賢	石上広高宮	石上広高宮	皇太子於石上広高宮即位。	
27	武烈	泊瀬列城宮	長谷之列木宮	太子命有司設壇場於泊瀬列城，即天皇位。遂定都焉。	
28	継体	磐余玉穂宮	伊波礼之玉穂宮	樟葉宮，筒城宮，弟国宮遷都磐余玉穂。	
29	安閑	勾金橋宮	勾之金箸宮	遷都于大倭国勾金橋。因為宮号。	
30	宣化	檜隈廬入野宮	檜坰之廬入野宮	遷都于檜隈廬入野。因為宮号。	檜隈廬入野宮御宇武少国押楯天皇（肥前・松浦郡）
31	欽明	磯城嶋金刺宮	師木嶋大宮	遷都倭国磯城郡磯城嶋。仍号為磯城嶋金刺宮。	志貴島宮御宇天皇（出雲・意宇郡）志紀嶋宮御宇天皇（出雲・神門郡）嶋宮御宇天皇（播磨・飾磨郡）磯城嶋宮御宇天国排開広庭天皇（豊後・日田郡）
32	敏達	訳語田宮	他田宮	天皇于百済大井。遂営宮於訳語田。是謂幸玉宮。	
33	用明	磐余池辺双槻宮	池辺宮	天皇即天皇位。宮於磐余。名池辺双槻宮。	
34	崇峻	倉椅宮	倉椅柴垣宮	宮於倉椅宮。	
35	推古	小治田宮	小治田宮	皇后即天皇位於豊浦宮。遷于小墾田宮。	小墾田宮御宇豊御食炊屋姫天皇（肥前・三根郡）

	史料 天皇	延喜式	古事記	日本書紀	風土記
36	舒明	高市岡本宮		天皇遷於飛鳥飛鳥傍。是謂岡本宮。田中宮，厩坂宮，百済宮。	
37	皇極	なし		天皇遷移於小墾田宮〈或本云遷於東宮南庭之権宮〉自権宮移幸飛鳥板蓋新宮。	
38	孝徳	難波長柄豊碕宮		天皇遷都難波長柄豊碕。天皇従於大郡遷居新宮。	難波豊前宮朝廷(播磨・讃容郡)難波長柄豊前宮天皇(播磨・宍粟郡)
39	斉明	飛鳥川原宮		皇祖母尊即天皇位飛鳥板蓋宮。災飛鳥板蓋宮。故遷居飛鳥川原宮。遂起宮室天応乃遷。号曰後飛鳥岡本宮。	
40	天智	近江大津宮		遷都于近江。	
41	天武	飛鳥浄御原宮		（略）	飛鳥浄御原宮御宇天皇(出雲・意宇郡，豊後・日田郡)
42	持統	藤原宮		（略）	

であろう。

一方で、『書紀』では地名を含んだ名称を「宮号」と明記した例が二つだけ存在している。

(1)遷㆓都于大倭勾金橋㆒。因為㆓宮号㆒。（同安閑元年正月条）

(2)遷㆓都于檜隈廬入野㆒。因為㆓宮号㆒。（同宣化元年正月条）

この場合には、大倭・勾・金橋、檜隈・廬入野という地名が重層的に連なり、それらが「宮号」を構成していたことになろう。事実、『古事記』ではそれらを「勾之金端宮」「檜坰之廬入野宮」と表記しているのである。

『書紀』にはこのほかにも、「遷㆓都倭国磯城郡磯城嶋㆒。仍号為㆓磯城嶋金刺宮㆒」（欽明）のような「号して○○宮と為す」という用例、「宮㆓於磐余㆒。名曰㆓池辺双槻宮㆒」（用明）のような「名づけて○○宮と曰ふ」という用例があるが、いずれも同様のことを表現するものと解して間違いない。先にあげた「是を○○宮と謂ふ」という用例も併せて考えると、『書紀』の表現は一見多様にみえて、実際にはきわめて定型的な形式で書かれたのである。

『古事記』が歴代天皇の治世を宮号によって表現したことは先に紹介した。それと比べると『書紀』では、「遷都」や宮室造営の年月を記すなど、その造営過程を詳細に記している点に特徴があるといえよう。あるいは、『書紀』の方がはるかに具体的な記述がなされていると評価することもできる。ただし、『書紀』では神武の即位を紀元前六六〇年のこととするなど、その紀年に問題のあることは周知の事実であり、時間的推移をそのまま受け取ることはできない。『書紀』の記述は、歴代遷宮という事実を編年体という形式に押し込んだ結果であり、そのためにかえって、「遷都」というような無理な表現を生ずることになったのではなかろうか。

これに対して、『古事記』は原則として紀年を記さず、冒頭に「坐○○宮治天下也」と記してその治世を説明するが、むしろその方が整合的な表現形式であったといえる。『古事記』や『書紀』の編纂は天武十年（六八一）に編纂が命じられた「帝紀及上古諸事」や、稗田阿礼が読誦を命じられた「帝皇日継、先代旧辞」を出発点とするが、それらの元史料——帝紀・旧辞——の記述形式としては、『書紀』ではなく、やはり『古事記』のごときものを想定するのが自然であろう。

さて、『書紀』と古事記にあってはこのような表現形式の違いを認めることができるが、そのうえで、伝える宮号自体については、ほぼ一致している点も確認しておかなければならない。二つの史料の間には、この点で大きな違いはないのである。ただそれにもかかわらず、いくつかの宮号に関しては看過できない相違も存在している。以下、重要と思われる事項を箇条書きにして記しておきたい。

(1) 孝昭天皇について、『古事記』が「葛城掖上宮」とするのに対し、『書紀』は「掖上池心宮」として「池心宮」

という独自の名称を記している。大和の郡郷名の中に掖上は見当たらないが、『延喜式』（諸陵寮）では孝昭天皇陵「掖上博多山上陵」について、「在二大和国葛上郡一」という注が付されている。掖上は葛上郡の地名であって、『古事記』の宮号と矛盾しない。

(2)　垂仁天皇については、『古事記』が「師木玉垣宮」の宮号を記すのに対し、『書紀』は「纏向珠城宮」の名を伝えている。まったく別の名称であったことになるが、大和国城上郡に「巻向坐若御魂神社」（『延喜式』神名上）があり、纏向が磯城（師木）郡の中の小地名であったことがわかる。また、玉垣・珠城については、むしろ「垣」と「城」が同様の意味で用いられたことを示す点で興味深い。漢字が示す意味を重視すれば、両者は同じ内容をもった宮号であると判断されるのである。ただ訓を考えた場合、タマガキの宮とタマキの宮とではやはり大きく異なっており、その違いを無視することはできない。

(3)　応神天皇について、『古事記』が「軽嶋之明宮」を伝えるのに、『書紀』は新宮造営の記事を欠いている。『書紀』で知ることができるのは、応神四十一年二月戊申条に「天皇崩二于明宮一。時年一百一十歳〈一云崩于大隅宮〉」（なお、〈 〉でくくった箇所は割注を示す。以下同じ）とあるように、天皇が亡くなった「明宮」の名称だけである。新宮造営の記事が見えないことは、『書紀』編纂時の遺漏と見なすほかない。なお「軽嶋之明宮」の名称は、のちになって「豊明宮」という形でも伝えられている。すなわち、「軽嶋豊明宮馭宇天皇」（『続日本紀』宝亀三年四月庚午条）、「軽嶋豊明宮馭宇誉田天皇」（『日本霊異記』序）、「軽嶋豊明朝」（『古語拾遺』）などの用例である。[2] しかしこれらは、もとの宮号に「豊」という美称が加えられたもので、記紀の記載こそが本来の名称であったとみてよい。

(4)　欽明天皇については、『古事記』が「師木嶋大宮」をあげるのに対して、『書紀』は「磯城嶋金刺宮」とし、「金刺」という独自の号を加えている。また「大宮」ということばで宮号を表現するのが、『古事記』ではここだけであることも注目されよう。ただ、推古朝の「小治田宮」（『古事記』下巻）が、同じ『古事記』の上巻（序）では「小治田大宮」と書かれており、大宮という語に特別の意義を見出すことは難しいように思われる。

「金刺宮」については、八、九世紀に「金刺舎人」を姓にもつ者が散見することから、その存在が傍証される。六世紀の欽明朝の前後には、小泊瀬舎人（武烈）、檜隈舎人（宣化）などのように、宮号に因んだ舎人集団が形成されたと考えられており、金刺舎人も、欽明朝の「金刺宮」に上番する舎人集団であったと理解されているからである。したがってこの場合には、『古事記』は正確さを欠き、『書紀』の方がより正確な情報を伝えたものと推測できる。

(5) 欽明につづく敏達、用明、崇峻の三人の天皇の場合にも、両者の宮号は一致していない。敏達、用明の場合、『古事記』が単に「他田宮」「池辺宮」という地名を冠した宮号を伝えるのに対し、『書紀』では「訳語田幸玉宮」、「池辺双槻宮」という、より詳細な宮号を載せているのである。前者の「幸玉」は嘉字を加えた美称であり、また後者は槻木（ケヤキ）に因んだ名称である。槻は古代には神聖な性格を認められた樹木であって、実際にそれが宮の荘厳に使われていたことがあったとしても、一種の美称として使用されていたことにも注意しておきたい。同様の例には「磐余若桜宮」（神功皇后、履中）があり、「磐余甕栗宮」（清寧）、「泊瀬列城宮」（武烈）も、あるいは同じ系統の名称とみることができようか。

崇峻天皇については逆に、『書紀』が「倉椅宮」としか記さないのに、『古事記』は「倉椅柴垣宮」の名を伝えている。柴垣という囲繞施設を宮号に加えている例も古代には多い。すなわち「磯城瑞籬宮」（崇神）、「師木玉垣宮」（垂仁）、「丹比柴籬宮」（反正）などである。

二　記紀以降の史料

以上、五つの項目に分けて『古事記』と『書紀』の宮号の問題点を列記したが、このほか厳密にいえば、用字の点でもかなりの違いがある。たとえば『書紀』が「磐余」「丹比」と記すのを、『古事記』では「伊波礼」「多治比」のように万葉仮名で記し、また『古事記』に限って助詞「之」を用いる点——たとえば軽之境岡宮——も無視することができない。ただこれらの表記については一覧表を参照していただくとして、ここでは深く立ち入らないこととしたい。

一般に『書紀』は、『古事記』に比べて漢籍による修飾の度合いが高いといわれ、『古事記』の方がより古い形態を反映しているものとされている。しかし宮号の問題に限っては、『古事記』が「師木嶋大宮」（欽明）とだけ書いて「金刺宮」の名称を伝えていなかったように、どちらが古い名称を伝えているのかは、即断できないのである。

では、こうした二つの系統の宮号は、このあと、どのように伝承されていたのだろうか。このことを示すまとまった史料として、まず『扶桑略記』と『帝王編年記』をあげることができる（表2参照）。延暦寺僧皇円によって撰進されたといわれる『扶桑略記』には、神功皇后以下の諸宮についての記述があり、個々の宮号や所在地の郡名を付するほか、「藤原宮、大和国高市郡鷺栖坂、是也」などの独自の記録を残している。一方、僧永佑によって撰述された『帝王編年記』では、神武以降の諸宮が載せられ、その詳細な所在地に加えて、「高市岡本宮〈大和国高市郡嶋東岳本地是也〉」（舒明）、「明日香河原宮〈大和国高市郡。岡本宮同地也〉」（皇極）など、今日の発掘成果とも一致する貴重な情報を伝えている。

さて、両者が伝える宮号は、表2にあげたように、いずれも『書紀』にのみあって『古事記』にない宮号、すなわち「磯城嶋金刺宮」「池辺双槻宮」「巻向珠城宮」（『帝王編年記』）を載せている。つまりこれらの記述は『書紀』の記述と一致し、『古事記』を参照した形跡がまったくないのである。ただ、詳細な場所の表記に関しては、『扶桑略記』の成立が平安末期、『帝王編年記』に至っては十四世紀の成立であって、記紀の成立から時代が離れすぎているのが難点である。

記紀に近い時代の史料としては、断片的ながら、『延喜式』巻二十（諸陵寮）にある陵墓条の記載をあげておきたい。これは、歴代の天皇をはじめとして、朝廷に関わりの深い人物（そこには瓊瓊杵尊、日本武尊などの神話的な人物も含まれる）の陵墓を書き上げたリストであるが、その中に、「畝傍山東北陵〈畝傍橿原宮御宇神武天皇。在㆓大和国高市郡㆒（略）〉」のように、天皇名を示す名称としてそれぞれの宮号が示されているのである。それらのうち『古事記』と『書紀』の間で異なっている宮号を摘記すると、(a)掖上池心宮（孝昭）、(b)纒向珠城宮（垂仁）、(c)近飛鳥八釣宮（顕宗）、(d)磯城嶋金刺宮（欽明）、(e)訳語田宮（敏達）、(f)磐余池辺双槻宮（用明）、(g)倉椅宮（崇峻）の七つをあげることができるが、(e)を除く六つは、用字も含めて『書紀』の宮号と一致している。さらにこれによって「更都㆓於纒向㆒。是謂㆓珠城宮㆒」（垂仁紀）という『書紀』の記述が、「纒向珠城宮」という宮号を表示していたことも改めて確認される。

ただ、(e)訳語田宮については、『書紀』の「訳語田幸玉宮」ではなく、『古事記』の「他田宮」を踏襲している点が注目されよう。その理由は判然としないが、あるいは訳語田（他田）の宮がほかに例がないために、「幸玉宮」を省略して伝えられたのかもしれない（ちなみにこの点は『扶桑略記』および『帝王編年記』でも同じである。ただしどちらも表記は『書紀』系統の「訳語田」である）。

さて、このような点を考えると、十世紀前半に成文化された『延喜式』が、『書紀』に載せる宮号を基準としてい

表2　宮都一覧表（その2）

	史料／天皇	延喜式	扶桑略記	帝王編年記	古語拾遺
1	神武	橿原宮		畝傍橿原宮〈大和国高市郡〉	建都橿原，経営帝宅。
2	綏靖	葛城高丘宮		葛城高丘宮〈大和国葛上郡〉	
3	安寧	片塩浮穴宮		片塩浮穴宮〈大和国高市郡畝火山北也〉	
4	懿徳	軽曲峡宮		軽曲峡宮〈大和国高市郡〉	
5	孝昭	掖上池心宮		掖上池心宮〈大和国葛上郡〉	
6	孝安	室秋津島宮		室秋津嶋宮〈大和国葛上郡。今掖上池南西田中也〉	
7	孝霊	黒田廬戸宮		黒田廬戸宮〈大和国城下郡〉	
8	孝元	軽境原宮		軽境原宮〈大和国高市郡。今軽大路西方〉	
9	開化	春日率川宮		春日率河宮〈大和国添上郡〉	
10	崇神	磯城瑞籬宮		磯城瑞籬宮〈大和国山辺郡〉	磯城瑞垣宮朝
11	垂仁	纏向珠城宮		巻向珠城宮〈大和国城上郡。今纏向河北里西田中也〉	巻向玉城朝
12	景行	纏向日代宮		纏向日向日代宮〈大和国城上郡。今巻向檜林是也〉	纏向日代朝
13	成務			磯香高穴穂宮〈近江国滋賀郡。今同寺海辺也〉	
14	仲哀	穴門豊浦宮 橿日宮		穴戸豊浦宮〈長門豊浦郡。今北樹林是也〉	
15	神功皇后	磐余若桜宮	十市郡磐余稚桜宮	磐余稚桜宮〈大和国十市郡。今磐余池西里是也〉	磐余稚桜宮
16	応神	明宮	高市郡軽島豊明宮	軽島明宮〈大和国十市郡〉	軽嶋豊明朝
17	仁徳	難波高津宮	摂津国難波高津宮	難波高津宮〈摂津国東生郡。宮垣不堊。茅茨不剪〉	
18	履中	磐余若桜宮	摂津国難波高津宮	磐余稚桜宮〈大和国十市郡。御盞桜花落。因名宮〉	後磐余稚桜宮
19	反正	丹比柴籬宮	河内国丹比郡柴垣宮	丹比柴籬宮〈河内国丹比郡。今宮坂上路北宮地是也〉	
20	允恭	遠飛鳥宮	高市郡遠明日香宮	遠明日香宮〈大和国高市郡〉	
21	安康	石上穴穂宮	山辺郡石上穴穂宮	石上穴穂宮〈大和国山辺郡。石上左大臣家西南。古川南地是也〉	
22	雄略	泊瀬朝倉宮	城上郡長谷朝椋宮 一云泊瀬朝倉宮	泊瀬朝倉宮〈大和国城上郡磐坂谷是也〉	長谷朝倉朝
23	清寧	磐余甕栗宮	添（城ヵ）上郡磐余甕栗宮	磐余甕栗宮〈大和国十市郡白香谷是也〉	

24	飯豊青皇女		角刺宮，忍海角刺宮		
25	顕宗	近飛鳥八釣宮	高市郡近飛鳥八釣宮 一云　石上弘高宮	近飛鳥八釣宮〈大和国高市郡。竜田郡宮西北是也〉	
26	仁賢	石上広高宮	山辺郡石上広高宮	石上広高宮〈大和国山辺郡石上左大臣家北辺田原〉	
27	武烈	泊瀬列城宮	なし	泊瀬列城宮〈大和国城上郡〉	
28	継体	磐余玉穂宮	山背筒城，弟国 大和国磐余玉穂宮	磐余玉穂宮〈大和国十市郡〉	
29	安閑	勾金箸宮	倭国高市郡勾金橋宮	勾金橋宮〈大和国高市郡〉	
30	宣化	檜隈廬入野宮	高市郡檜隈宮	檜隈廬入野宮〈大和国高市郡〉	
31	欽明	磯城嶋金刺宮	磯城嶋金刺宮	磯城嶋金刺宮〈大和国山辺郡〉	
32	敏達	訳語田宮	十市郡磐余訳語田宮 一云　百済大井宮	磐余訳語田宮〈大和国十市郡〉	
33	用明	磐余池辺双槻宮	十市郡池辺双槻宮 一云　磐余池辺双槻宮 又云　高市郡池辺列槻宮	池辺双槻宮〈大和国十市郡〉	
34	崇峻	倉椅宮	なし	倉橋宮〈大和国十市郡〉	
35	推古	小治田宮	高市郡小治田宮 一云　豊浦宮	小墾田宮〈大和国高市郡〉	小治田朝
36	舒明	高市岡本宮	高市郡岡本宮 百済宮	高市岡本宮〈大和国高市郡嶋東岳本地是也〉	
37	皇極	なし	大和国飛鳥宮 一云　川原板葺宮 飛鳥板蓋新宮	明日香河原宮〈大和国高市郡。岡本宮同地也〉	
38	孝徳	難波長柄豊碕宮	摂津国難波長柄豊崎宮	難波長柄豊崎宮〈摂津国西生郡〉	難波長柄豊前宮
39	斉明	飛鳥川原宮	飛鳥岡本宮 筑紫朝倉橘広庭宮	後岡本宮〈大和国高市郡〉	
40	天智	近江大津宮	近江国志賀郡大津宮 本在大和国岡本宮	岡本宮五年〈大和国高市郡〉 大津宮五年〈近江国滋賀郡〉	
41	天武	飛鳥浄御原宮	高市郡明日香清御原宮	飛鳥浄御原宮〈大和国高市郡〉	浄御原朝
42	持統	藤原宮	都大和国高市郡明日香清御原宮藤原宅 藤原宮　大和国高市郡鷺栖坂是也	藤原宮〈大和国高市郡〉	

たことが判明する。逆にいえば、『古事記』の宮号は基本的に典拠とはされなかったのである。また、『延喜式』の記載は、弘仁・貞観二代の式を集大成したものと考えられているので、その宮号も九世紀前半の『弘仁式』にまで遡る可能性が高い。さらに時期に関しては、以下のような『続日本紀』の記事も参考とすることができる。

『書紀』につづく正史であった『続日本紀』には、わずかであるが、『書紀』の時代の宮号を伝える記述がある。たとえば「纏向珠城宮御宇垂仁天皇」（垂仁）（同、天応元年六月壬午条）、「池辺双槻宮御宇橘豊日天皇」（用明）（同、神護景雲元年十一月癸亥条）のような記載がそれで、このうち前者は土師道長らの奏言に引用された字句であることから、『続日本紀』編纂の時点ではなく、天応元年（七八一）時点の認識であったことがわかる。繰り返しになるが、「珠城宮」「双槻宮」は『書紀』に固有の宮号である。

『続日本紀』にはこのほか、天平八年十一月の葛野王らの上表の中に「軽堺原大宮御宇天皇」（孝元）と書かれ、また「軽嶋豊明宮御宇天皇御世」（応神）（宝亀三年四月庚午条）（坂上苅田麻呂らの奏言。「豊」が後から付け加えられた可能性の高いことは前述した）、「磐余玉穂宮」（継体）、「勾金椅宮御宇天皇」（安閑）（ともに天平勝宝三年二月己卯条。雀部真人らの奏言に引用）が見えるなど、いずれも『書紀』『延喜式』系統の宮号を確認できる。さらに延暦九年七月の百済王仁貞、津真道らの奏言では、「軽嶋豊明朝御宇応神天皇」「難波高津朝御宇仁徳天皇」をあげるとともに、敏達天皇の治世を「他田朝御宇敏達天皇」と表記していて、『延喜式』に定着した宮号「他田宮」（『延喜式』では正確には「訳語田宮」）を使用している点も注目される。

このような『続日本紀』の実例は、多くが伝統的貴族の上表・奏言の中で使用されることが特徴であるが、そこではみずからがいかに古い時代から朝廷に奉仕してきたかが強調される。天皇の治世を表現するにも、漢風・和風両様の諡号は用いず、あえて古風な表現が採用されたとみることができようか。

さらに、『古事記』には記載のない小治田宮の後についても、「高市岡本宮馭宇天皇」（舒明）（同、天平神護二年六月壬子条）、「淡海大津宮御宇天皇」（天智）（同、和銅二年二月戊子条）の記述があって、いずれも『延喜式』と一致している点が興味深い。二人の天皇について『書紀』では、

(1)天皇遷二於飛鳥岡傍一。是謂二岡本宮一。（舒明）（同、舒明二年十月己卯条）

(2)遷二于近江一。（天智）（同、天智七年三月己卯条）

とだけあって、その書き方からすれば、飛鳥岡本宮とか近江宮のような宮号の方がふさわしく思われるからである。このような点をみると、『延喜式』所載の宮号は、『書紀』そのものではないにせよ、それに依拠するかたちで、八世紀には広く通用していたものと推測されるのである。

同じ傾向は、また他の史料においてもみることができる。『古語拾遺』は九世紀初頭、斎部広成によって撰述され、朝廷に奏上された斎部氏の記録である。広成はその中で、斎部氏がいかに朝廷に奉仕してきたのかを時代を追って説明するが、そこに歴代天皇の治世を示す表現が多数使用されているのである。そしてそこでは、垂仁朝については「巻向玉城朝」を用い、また『書紀』にだけ記載のある神功皇后の宮「磐余稚桜宮」をあげている。同書は朝廷に対してみずからの正統性を訴えるための資料であるから、その表記も慎重に配慮されたはずであるが、彼が典拠としたのも『書紀』系統の宮号だったのである（表2参照）。

一方、八世紀前半、律令制下の国々で編纂・奏上された記録に風土記がある。周知のとおり、現在までまとまって伝存しているのは常陸、出雲、播磨、豊後、肥前の五ヵ国の風土記である。子細な考証は省略することとして、これらは編纂の年月や経緯が異なるにもかかわらず、概して『書紀』あるいは『延喜式』の宮号を忠実に守っているとみてよい。いずれの風土記の記述にあっても、宮号には異伝・異称がなく、きわめて安定しているのである（表1参照）。

ただ、次の二点においてはやや注意を要しよう。第一は、景行天皇の宮を「纏向檜代宮」（『出雲国風土記』『豊後国風土記』）と記すように、『延喜式』と異なる漢字を用いる場合が散見することである（『古事記』『書紀』の表記はいずれも「纏向日代宮」である）。同じく『延喜式』『古事記』が「志賀高穴穂宮」とする成務天皇の宮を、『播磨国風土記』（印南郡）では「志我高穴穂宮御宇天皇」と記す。古代史関係の文献では、一つの語が多様な漢字で表記されることは珍しくないが、『延喜式』の表記が『書紀』と見事に一致するのと比べると、風土記の表記はきわめて対照的である。

第二の点は、欽明天皇の「磯城嶋金刺宮」に対して、風土記ではいずれもその名を正確に伝えていないことである。すなわち「志貴島宮御宇天皇」（出雲・意宇郡および神門郡）、「嶋宮御宇天皇」（播磨・飾磨郡）、「磯城嶋宮御宇天国排開広庭天皇」（豊後・日田郡）などのように、シキシマないしシマだけを記して、「金刺宮」を伝えていない。これらは単なる省略と見なすこともできるが、あるいは『古事記』だけが記す宮号「師木嶋大宮」が、案外広く認められていたことを示しているのかもしれない。

三　宮号成立の時期と背景

以上、歴代の宮号が『古事記』と『書紀』のあいだで相違する点をやや詳しく述べたが、それでも、両者の所伝が大筋としてはよく一致することも間違いない。それでは、このような宮号はいったいいつの時点で成立したのだろうか。『古事記』では天皇の治世の冒頭に宮号が記され、また『書紀』にあっても、治世と同時もしくはその直後に、新しい宮に移ったことを記している。したがって、宮号もそれと同時に定まったとするのが『書紀』の記述であったことになるが、宮の位置を特定しようとする現代の研究にあっても、その名称は古くから定まっていたとする見方が前提となっているように思われる。しかしそれに反する明白な史実が、天武天皇の場合において知られるのである。

天武天皇は、六七二年の壬申の乱で大友皇子を倒したのち、同年九月に大和に戻り、嶋宮、岡本宮に居を移したあと、その年のうちに飛鳥浄御原宮に遷御した。『書紀』同年是歳条に次のように書かれるとおりである。

是歳。営二宮室於岡本宮南一。即冬、遷以居焉。是謂二飛鳥浄御原宮一。

ところがこの一四年後の朱鳥元年（六八六）七月戊午条に、唐突に次の記事が登場している。

改元曰二朱鳥元年一。〈朱鳥、此云二阿訶美苔利一〉仍名レ宮曰二飛鳥浄御原宮一。

つまり、年号が朱鳥に改まるとともに、飛鳥浄御原宮という宮号がこの時期になって初めて定まったというのである。

この二つの矛盾する記事については、今泉隆雄氏が検討を加え、以下の点を指摘されている。[3] すなわち、(1)小野毛人墓誌銘をはじめとする金石文を検討しても、「飛鳥浄御原宮」が朱鳥元年以後の宮号であることと矛盾しないこと、(2)平城宮や恭仁宮などの例から、宮号は造営当初もしくは造営の直後になされるのが一般的であったと思われること、(3)それにもかかわらず浄御原宮の命名が大幅に遅れたのは、天武の病という特殊な事情があったことに由来するもので、それ以前には、地名に基づく名称（ただし具体名は不明）が通用していたと推定されるという点である。

飛鳥浄御原宮の場所は、もともと「真神原」（『万葉集』巻2、一九九番）あるいは「飛鳥苫田」（『書紀』崇峻天皇即位前紀）と呼ばれており、「浄御原」が人為的な美称であったことも、今泉氏が指摘するところであるが、このような嘉名が宮号に付けられたのは、いわば「宮」が終焉を迎える、天武の死の直前だったのである。なお彼が亡くなったのは、それから二ヵ月後、同じ年の九月であった。

さて、このような指摘によって、天武元年（六七二）の宮号制定の記事は後世の修飾であることが明白になったが、一方で、今泉氏はそれをあくまで例外的な措置であったとしたのである。しかしはたしてそうであったのか、むしろ、飛鳥浄御原宮以外の宮号についても、同じことが想定されるのではなかろうか。そしてこのことを検証するには、記紀以外の史料と比較検討すれば、ある程度の見通しが得られるはずである。

これもよく知られるように、日本古代におけるもっとも古い「宮」の記録は、二つの金石文に残されている。一つは埼玉県稲荷山古墳から出土した鉄剣の銘文であって、そこには、

辛亥年中記。乎獲居臣上祖名意冨比垝（中略）世々為二杖刀人首一、奉事来至レ今。獲加多居歯大王寺、在二斯鬼宮一、吾左二治天下一、令レ作二此百練利刀一。吾奉事根源也。

とあり、ワカタケル大王の宮「斯鬼宮」が知られる。文中のワカタケル大王は、「大長谷若健命」（『古事記』）の諡号をもつ雄略天皇に比定されているが、記紀の宮号は「長谷朝倉宮」「泊瀬朝倉宮」であって、いずれも「シキの宮」とは一致していない。しかし『倭名抄』では大和国城上郡に長谷郷があり、また長谷山口坐神社などもあって、「斯鬼宮」という記述が記紀と必ずしも矛盾しないことは、また見逃すことができない。

もう一つは、和歌山県隅田八幡宮に所蔵された画像鏡の銘文で、そこには「癸未年八月日十大王年男弟王、在二意柴沙加宮一時」という字句が含まれている。冒頭の癸未年については、四四三年または五〇三年とみる説が有力であるが、前者であるとすれば允恭天皇の時期とみられ、允恭の宮「遠飛鳥宮」とは一致しないものの、その皇后忍坂大中姫との関係が想定されている。『倭名抄』には、やはり大和国城上郡に忍坂郷（ただし訓はオサカ）があって、先の泊瀬（長谷）とはごく近い場所に相当する。

五世紀前後の宮号が記紀に一致せず、しかも「ワカタケル大王、斯鬼宮に在る時」などのように、一時的な宮の居住を示唆することについては、鬼頭清明氏が次のような点を指摘している[4]。すなわち、このころの王権は権力基盤が脆弱なために一代ごとに、あるいは一代の中でも数度にわたって大豪族の拠点を巡行する存在だったというのである。

その当否はここでは問わないが、ともかくも、記紀のごとき宮号がこの時期に成立していないことは、認めておかなくてはならない。

次にやや時代が降るが、『釈日本紀』に引用された「上宮記」逸文を検証しておきたい。同書は聖徳太子の事績を記した書物といわれ、用字法の点からも、七世紀前半には成立していたと考えられている。いわゆる推古朝遺文の一つであるが、その中に、継体天皇の宮「伊波礼宮」が記されているのである。

汙斯王在二弥乎国高嶋宮一時、聞二此布利比売命甚美女一、遣レ人召三上自二三国坂井県一、而娶所レ生伊波礼宮治天下乎富等大公王也。（『釈日本紀』巻十三）

「乎富等大公王」（『書紀』では「男大迹」）すなわち継体天皇は、『書紀』によれば、応神天皇五世の孫として即位しながら、ただちに大和に入ることができず、河内の樟葉宮、山背の筒城・弟国宮を経て、同二十年（五二六）にようやく「磐余玉穂」に宮を定めている。『古事記』ではこれを「伊波礼之玉穂宮」としており、上宮記の表記「伊波礼」と用字が共通する点も興味深いが、上宮記が「玉穂宮」の名を欠いていることも重要な相違点である。

ところで歴代の宮号を一覧すると、磐余に宮を定めたものには、このほか、磐余稚桜宮（神功皇后、履中）、磐余甕栗宮（清寧）があって、イワレの宮というだけならば、これらとの区別はできないことになる。さらに継体よりのちの用明の宮も、『書紀』では「磐余池辺双槻宮」となるので、磐余にある宮は全部で五例にも及ぶ。それにもかかわらず上宮記が「伊波礼宮」としか記さなかったのは、結局、上宮記撰述の時点で、磐余を冠する複数の宮号が成立していなかったことに由来するのではなかろうか。

ただし同時に、上宮記の宮号が実態を反映していなかったことも、また想定しておく必要がある。しかし、実際にはその可能性はほとんどなかったと考えられる。その理由は以下のとおりである。

飛鳥浄御原宮と同じく、磐余玉穂宮は磐余という地名に「玉穂」という嘉名が加わったものと想定されるが、このような「地名プラス嘉名」の宮号を、六世紀にはいくつも見出すことができる。「泊瀬列城宮」（武烈）、「訳語田幸玉宮」（敏達）、「（磐余）池辺双槻宮」（用明）、「倉椅柴垣宮」（崇峻）がそれで、とくに六世紀後半に集中している点も特徴である。これに対して、同じ六世紀でも「勾金箸宮」（安閑）、「檜隈廬入野宮」（宣化）などは、明らかに「地名プラス地名」によって構成される。記紀全体を見ればむしろ、ある地名に小地域の地名を重ねる宮号の方が一般的である。

さて、六世紀に嘉名を加えた宮号が普及していたとすれば、こうした伝統は次の世代にも継承されたとみるのが自然であろう。では七世紀以降の実態はどうなっていたのだろうか。次に『書紀』掲出の歴代の代表的な宮をあげる（なお、カッコ内は『延喜式』の表記である）。

推古……豊浦宮、小墾田宮（小治田宮）
舒明……岡本宮（高市岡本宮）
皇極……飛鳥板蓋新宮（なし）
孝徳……難波長柄豊碕宮（難波長柄豊碕宮）
斉明……飛鳥板蓋宮、飛鳥川原宮、後飛鳥岡本宮（飛鳥川原宮）
天智……近江宮（近江大津宮）
天武……飛鳥浄御原宮（飛鳥浄御原宮）

ここに見られるように、天武より前の宮が、地名を基本としていることは明らかであろう。例外は孝徳の難波長柄豊碕宮で、『万葉集』に「長柄の宮に真木柱太高敷きて」（巻6、九二八番）とあるように長柄は地名であり、それに豊碕という美称が加わって成立した宮号であると推定される。古代の大阪湾に突き出した、難波宮のある上町台地をそのように形容したのだろう。また「板蓋宮」は、その形態の特徴から名付けられたのだろうが、嘉名であるかどうかは、判断に苦しむところである。

さて、このような七世紀の宮号の実例は、大勢として、嘉名を加えた宮号の伝統が定着していなかったことを示すが、それはまた小墾田宮より前においても、そうした事実が存在しなかったことを示唆している。そして、朱鳥元年七月に宮号を定めたとする飛鳥浄御原宮の記事の存在が、あらためて注目されるのである。

『古事記』や『書紀』に記載された、ある意味できわめて整えられた宮号は、浄御原宮命名を契機として定められたのではないか、というのが筆者の現在の見通しである。つまり、天武のこの事例は、例外的に命名が遅れたのではなく、その後の命名の出発点になったのではないかということである。歴代諸宮の命名が成立するのは、最終的には記紀が編纂された時点のことになるが、それは記紀に記述された、天皇の治世が不断に継続するという歴史意識の成立と不可分の関係にあったに違いない。もしそうであるなら、天武十年（六八一）に帝紀と上古諸事の編纂が開始された中で宮号が策定され、そのような動向を受けて浄御原宮命名が起案されたのではなかろうか。

『寧楽遺文』下巻には、奈良県から出土した「威奈真人大村墓誌」が収められているが、その中に「卿諱大村、檜前五百野宮御宇天皇之四世、後岡本聖朝紫冠威奈鏡公之第三子也」とあって、「檜前五百野宮」を宣化天皇の「檜坰（隈）廬入野宮」だとすれば、『古事記』所載の宮号を裏付けるもっとも古い史料になる。墓誌の記述によれば、威奈大村が亡くなったのは慶雲四年（七〇七）のことであり、墓誌の制作がそれとさほど離れていないとすると、『古事記』および『書紀』の成立する以前に、すでにそうした知識がある程度浸透していたことの証左となる。記紀成立以前にも、すでに宮号の体系は成立していた可能性が高いのである。

おわりに

養老五年（七二一）十月、元明太上天皇は自らの薄葬を命じて、次のような遺詔を残している（『続日本紀』同年十月丁亥条）。

朕崩之後、宜下於二大和国添上郡蔵宝山雍良岑一造レ竈火葬上。莫レ改二他処一。謚号称二其国其郡朝廷馭宇天皇一、流二伝後世一。

火葬の件のほか、このときとくに諡号のことを遺詔したのは、「或いは前代文武天皇のために議のあった漢風諡号などを嫌ったためではあるまいか」と指摘される[5]。ただ実際には、「日本根子天津御代豊国成姫天皇」の和風諡号が贈られ、またのちには「元明」という漢風諡号も献呈されているので、その遺詔が必ずしも遵守されたわけではなかったことがわかる。

ところで、その遺詔では「其国其郡朝廷馭宇天皇」を諡号とすることが求められたが、その場合「其国其郡朝廷」とは、具体的には宮号を指すことになろう。さらにそれが死後に贈られる諡号となるのだから、宮号自体も諡号と同じ性格を帯びることになったはずである。飛鳥浄御原宮という宮号も、諡号に相当する、天武固有の名称として選ばれたに違いないが、ただそれが生前に命名されている点で、諡号とは明確な相違があった。

一方で、元明が望んだ諡号とは、具体的には、先の威奈大村墓誌に見える「檜前五百野宮御宇天皇」のような表記であったことになるから、したがってそれは元明が独自に創出した呼称ではなく、当時通用していた呼称法をそのまま利用しようとしたことになる。元明は、特別の作業を必要としない当時の慣行を、そのまま諡号にすることを求めたのである。

また遺詔では、諡号が「後の世に流伝」するのを第一の目的としたことが語られている。しかしそれは単に名を残すだけでなく、記紀に叙述された「歴史」を念頭におくならば、長い時間軸の中に歴代天皇の治世を固有のものとして位置付ける行為であったはずである。

七世紀の後半、歴代天皇の宮に、字句を整えあるいは重複を避けてそれぞれに固有の宮号を定める作業が行われたとすれば、それはそのような歴史意識を背景としていたと想定されよう。その作業が、『古事記』と『書紀』に結実する史書編纂が実施された時期に行われたことは、けっして偶然ではなかったのである。

註

（1） 一覧表には、たて軸に歴代天皇の名称をあげ、それぞれに対応する「宮」の表記を史料ごとに書き上げている。表1では『古事記』および『書紀』の記載項目を基本とし、それと関係の深い『延喜式』（諸陵寮）の記載を第1列に配列している。また、第4列には後述の風土記の史料をあげ、それぞれ比較対照できるようにした。各項目の天皇名は記紀の記述に準拠し、またそれらの記述にあわせ、神功皇后などを表に加えた。「天皇」の表記もそれらに従っている。後掲の表2では、同じく『延喜式』の宮号を基本とし、『扶桑略記』『帝王編年記』『古語拾遺』を取り上げた。その内容については、以下の記述の中で言及していくことになる。

（2） 本居宣長『古事記伝』巻三十二（『本居宣長全集』第十一巻所収、筑摩書房、一九六九年）。

（3） 今泉隆雄「『飛鳥浄御原宮』の宮号命名の意義」（同『日本古代宮都の研究』所収、吉川弘文館、一九九三年）。また別に、田村圓澄「飛鳥浄御原宮の成立」（『日本歴史』六三六号、二〇〇一年）では、宮号の語義を中心として検討が加えられている。

（4） 鬼頭清明「磐余の諸宮とその前後」（『新版　古代の日本5　近畿Ⅰ』所収、角川書店、一九九二年）。

（5） 坂本太郎「列聖漢風諡号の撰進について」（『日本古代史の基礎的研究』下巻所収、東京大学出版会、一九六四年、のち『坂本太郎著作集第七巻　律令制度』〈吉川弘文館、一九八九年〉に収録）。

第三章　藤原京と平城京

はしがき

わが国における日本古代史研究は、江戸時代以来隆盛した文献考証を中心として、さまざまな展開をみせてきた。日本の古代国家を「律令国家」と規定し、さらにその権力構造を「畿内政権」ということばで要約するのも、当時の文献、とりわけ法制史料の分析から導かれた議論である。しかし近年、考古学的調査が全国的に普及したことによって、われわれはかつてない素材を大量に手にするようになった。こと「歴史時代」に限っていえば、まだその成果は文献の記載を離れて独自の「歴史観」を構築するには至っていないようにも思えるが、しかしその一方で、文献から得られた理解を修正し、また実在が疑問視された建造物の存在を実証した事例は枚挙に暇がない。

こうした動向の中でもっとも影響を受けたのが、都城をはじめとする「都市」の分野であったことは、多くの人々が認めるところであろう。平城京以前の段階に、すでに平城宮に匹敵する藤原宮が営まれたことを確認し、さらにそれをもとに藤原京の京域をほぼ復原したこと、あるいは地方に目を転ずると、東北地方の城柵がけっして「砦」ではなく、地方の国府の一類型にほかならなかったことを実証した点などは、その著名な例であろうか。なかには調査が進行中でなお決着を見ない問題も多々あるが、しかしいずれにせよ、かつて半信半疑で取り組まざるをえなかった問題が、今日では「存在」を自明のこととして論議されるようになったのである。

さて本章で取り上げようとするのは、右の都城に関する問題である。その内部構造までが判明しつつある現状の中で、あらためて文献史料を眺めてみるのもあながち無駄ではないように思うからである。発掘調査は「あったもの」を明白にすると同時に、「なかったもの」をも確定する。以下はその「存在しなかったもの」に着目した、日本の古代都市に関するノートである。

一　日本における都城の起源——研究史から

条坊制、碁盤の目のように敷かれた東西・南北の直線路、その中央北端には宮城がおかれ、羅城門まで一直線に約三・七キロもの朱雀大路が続く等々。日本の都城の特徴はこのようなイメージに要約できようか。周知のように、このような整然とした都市が出現した背景には中国の都市プランが存在した。この点はすでに明治四十年（一九〇七）、関野貞氏が『平城京及大内裏考』[1]を著して指摘したところである。すなわち氏はその中で「唐の京城との比較」の一編を設けて、日本の条坊制が唐長安城のそれを踏襲したことや、同じくその宮城が唐の宮城と皇城を統合して成立したことを論じ、日本独自の要素を認めながらも、平城京の原形が唐長安城にあったことを系統的に述べた。かかる主張は、日本で城郭が発達しなかった原因を「平和の都市の外牆たるに止まれり」と見通したこととともに、その後広く受け入れられていったのである。

このような見解の前提には、都城がさながら律令国家の装飾として造営され、平城京の段階に突如として中国都城の縮小版が出現したという認識があった。しかし藤原京や前期難波宮の存在が確認された今日においては、都城の萌芽はむしろ平城京以前の時代にあったことが共通の理解となり、あわせて都城の成立についても、複雑な成立過程を論証する試みが現れてきた。とりわけ岸俊男氏の一連の研究は、藤原京の京域を復原し、日本の都城の原形が平城京ではなく藤原京の段階に成立したことを明示した点で大きな意義をもつ(2)。近年の研究の多くはこの理解を前提にしており、平城京を「最初の本格的都城」として評価するものの、都城成立の画期はむしろ藤原京に求めるのが通説となっている(3)。

さらに岸俊男氏は八坊十二条から構成された藤原京が、東西に長い長方形の長安城とは性格を異にしていたことをはじめ、京内の条坊プランや宮城内の殿舎の配置などの多様な実例をあげて、その原形が六世紀初頭に造営された北魏洛陽城にあったことを積極的に論じた(4)。これによって、日本の古代都市に関する研究は長安城という単一の都城ではなく、中国の伝統的都市にまで視野を拡大するに至ったといえよう。

とはいえ、藤原京のモデルを六世紀半ばには戦乱で灰燼に帰した洛陽城に求めることには、躊躇する向きもなお少なくない。とくに王仲珠「日本の古代都城制度の源流について(5)」は、先の岸論文に逐一検討を加え、岸氏が北魏洛陽城によるとみた宮城の位置や坊・市の形態が、ことごとく唐の長安城や東都洛陽城を模倣した結果であることを強調している。たしかに岸説では北魏洛陽城を取り上げるうえで、外城ではなく内城を比較の対象に選んだことの積極的な説明がなされておらず、またそのようなプランがいつどのようにして日本に伝えられたかも、必ずしも明らかではない。後者の問題については、わずかに百済宮・難波宮・平城宮の造営が朝鮮半島から渡来した倭漢氏の同族を担当者としてなされたことをあげて、朝鮮半島を経由して導入されたことを暗示し、さらに大宝二年戸籍が南北朝時代の様式に近いことを紹介して、一般的に隋唐以前の諸制度が律令国家に影響を与えた可能性を示すにとどまっている。

さて両者の見解は結論的には大差があるものの、藤原京と平城京との共通性を前提としながら、日中双方の宮殿や京の平面構造の共通点を列挙し、それによって日本の原形となった都城を特定しようとする手法においては、基本的に違いがない。しかし当時の日本の為政者たちは「平面図」だけを手がかりに都城の造営を開始したのだろうか。彼らはおそらく遣唐使などの知識によって、いわば立体的な視覚効果を十分承知していたに違いなく、必要以上に平面プランに固執する意図はなかったのではないか。事実、ほぼ同時期に作られた隋唐の長安城（大興城）と洛陽城の場合においても、両者のプランは現地の地形に制約されてかなり異なっている。しかもこうした方法を推し進めていけば、朝堂十二堂など、日本独自の要素がいかなる契機で成立するのかが見落とされてしまうようにも思われる。筆者は結論的には北魏洛陽城の影響を過大視することはできず、隋唐の影響の方がはるかに強いものと考えるのであるが、ここでは平面プランの問題を離れ、まず朱雀大路や坊・坊門の性格を通じてこの点を検証することから始めたいと思う。

二　平城京

周知のとおり、日本の都城は朱雀大路を中心に左右の京に分かれ、その内部はさらに「条坊制」と呼ばれる方形の区画がなされていた。その基本になったのは「坊」で、そこには坊長一人が配される一方、「左京三条二坊」のように坊が東西に連なった単位を「条」と称して坊令がその支配に当たっていた。「百千の家は囲碁の局に似たり。十二街は菜を植ゑし畔の如し」（白楽天「登観音台望城」）、条坊あるいは「坊」の制度がこうした漢詩にもうたわれた中国の都城の制を踏襲してできたことは、今さら多言を要さないであろう。

しかし子細にみると、日唐の「坊」の制度はかなり性格が違っていたらしい。中国の都城では、たとえば「嘉表請。於二京四面一築二坊三百二十一」（北魏洛陽城）[6]と見えるように、「京」を造営することは「坊」を築くことでもあった。

城牆に囲まれた長安の坊は、「横街」と呼ばれた東西の街路が走るものと、東西・南北の「十字街」が設けられた二つの種類があったが、いずれも街路の末には門が取り付けられ、夜間になればこの坊門が閉鎖されて、住民が外部に出ることは厳しく禁止された（『唐律疏議』雑律二十五条）。坊は住民支配のうえで欠くことのできない施設であって、各坊に一人ずつおかれた坊正の職務が、第一に坊門の管鎰を管理して治安の維持を図ることにあったのもそのためである。(7)

日本の都城にもまた「坊」や「坊垣」「坊門」をはじめ、「京城」「京城門」までもが設けられていた。それは宮衛令24開閉門条や衛禁律24越垣及城条にその文言が見えるので、おそらく大宝律令制定の段階には法制化されていたと考えられる。ところがその坊垣は坊の周囲にめぐらされたわけではなく、基本的には朱雀大路に面した箇所にしか作られなかったことが指摘されている。とくに平安京ではこのことが明瞭で、平安京では朱雀大路の両脇にある南北の小路を「坊城小路」と呼んでいたが、すべての坊に坊城があったとすればこのような名称が生まれるはずもなく、したがって東西方向についても、坊城があったのは朱雀大路から坊城小路までの一町分にとどまったと考えられる。一方平安京の三条以南では二条大路、三条大路などの東西の大路の間に「三条坊門小路」をはじめとする「坊門小路」が通じていたので、坊門があったのも各「条」が朱雀大路に開いた門にはかならず、このことは平城京においてもほぼ同じであった。(8)

『続日本紀』宝亀十年四月庚子条には唐使の入京に際して、将軍以下騎兵二〇〇騎・蝦夷二〇人が「京城門外三橋」で出迎えたことが記されているが、海外の使節はまず羅城門をくぐり、宮城南面の朱雀門に続く朱雀大路を直進していった。両側には築地の坊垣と坊門があり、それはさながら唐の朱雀大街をほうふつとさせる景観であっただろう。発掘では平城京朱雀大路の幅員は側溝心心間距離で二〇七大尺（約七四㍍）、長安城の南北の街路一〇〇歩（約一四七

㍍）と比べれば半分ほどでしかないが[9]、平城京で朱雀大路に次ぐ広さの二条大路が一〇五大尺（約三七㍍）にとどまることからすると、そこに朱雀大街を再現する意図があったことはまず間違いない。『万葉集』などによると、朱雀大路の両側には柳の木が植えられたらしいが、おそらくそれも唐の制度を模倣したものと考えられる。長安の街路の水溝は「楊溝」とも呼ばれ、柳の並木があったことが知られるからである[10]。

もっともこのような特徴は、隋唐長安城以外の都城にもみられたかもしれず、これだけの史料では先の岸説を否定することはできない。しかし北魏洛陽城の構造からみて、その可能性はまずないと思われる。『洛陽伽藍記』によれば北魏洛陽城には建春門をはじめとして「内城」に一三の城門があったとされるが、一方外郭についてはわずかに城東の七里橋の東一里の地点に「郭門」の名が見えるほか（『洛陽伽藍記』巻二景興尼寺条）、城西の「長分橋」が西郭門の機能を果たしたと見なされる程度で[11]、固有名詞を付けた郭門の例が見当たらない。さらに唐長安城では「朱雀門街」「朱雀西第二街」など、京城内の「街」の記事が頻出するのに対して、北魏洛陽城ではその存在をうかがわせる史料がなく、したがって坊里を区切る街路やそれに対応する外郭諸門もなお整備されていなかったと考えられる。また「内城」にはメインストリートとして「銅駝街」が南北に走っていたが、しかしそれもすでに指摘されているように宮城の南面西門に取り付いたものであり、また宮城自体が内城の中で西に偏っていたので、日本の朱雀大路とは一致しない[12]。整然とした街路や坊の配列も、隋唐に至って初めて実現したものと推測されるのである。日本ではこのような唐の都城の景観が、朱雀大路に集約して表現されたといえようか。

日本の坊垣や坊門がある意味で儀礼的施設として造営されたことは、律令の条文からも一端をうかがうことができる。すなわち養老令（戸令3置坊長条）には「坊令」の職掌として、「検㆓校戸口㆒、督㆓察奸非㆒、催㆓駆賦徭㆒」の三項目があったばかりで、唐坊正の職掌「管㆓坊門管鎰㆒、督㆓察奸非㆒」のうち、坊門のカギに関する規定を削除したと考えられるからである。もともと日本では坊門にカギを設けて住民の移動を制限する意図がなかったのであって、とすれば唐永徽令を母法として成立した大宝令制定の段階には、すでにのちの平城京や平安京にみられる「日本的」な都城の姿が具体的に立案されていたものと推測される。(13)

京の規定を載せる律令そのものが唐令に淵源をもつことを考えれば、平城京が唐長安城の構造を意識して造営されたことも、ある意味では当然であったといえよう。しかし平城京は単に中国風の文化を模倣したのではなく、律令の論理と密接に結びついていたことを看過してはならないと思う。

七、八世紀当時の日本は、客観的にみれば東アジアの小国の一つにすぎなかったが、それにもかかわらず、大宝律令では朝鮮諸国を「蕃国」として扱い、また圧倒的な勢力を誇った唐に対しても「隣国」の扱いをして、さながら日本を唐に比すべきもう一つの「中華」として位置付けている。エミシや新羅使を元日朝賀に参列させたのも、天皇がみずからを唐の皇帝に擬する行為にほかならなかった。(14)それは日本が唐の文化圏におかれたことの一面でもあるが、しかし冊封体制に組み入れられるなど、日本が唐の強い影響下にあったとしたら、はたしてそのような行為が許容されたであろうか。

たとえば七世紀中葉、新羅は唐の圧力を受けて唐の服制を採用し、あわせて唐の年号も使用したが、そのような場合には「臣下」の礼として、唐と同じ構造の都城を造営することなど、およそ考えられなかったのではないか。新羅では別に、神文王十二年（六九二）に故武烈王金春秋の廟号が、唐の太宗と同じであるとして改正を強要され（『三国史記』巻七）、さらに聖徳王十二年（七一二）にも聖徳王の実名がその年即位した玄宗の諱と同じであるため、「興光」に改めたという（同前）。これと同じように、王都の様式についても宗主国たる隋・唐と同じものを作ることは、一方で「臣下」の礼を欠くことになったであろう。事実、高句麗・百済・新羅の朝鮮三国は、日本よりはるかに中国文明の影響を受けていたにもかかわらず、方形の都城はついに作られなかった。[15]

七世紀初頭、日本（倭）は約一世紀ぶりに中国への朝貢を再開した。しかし日本がかつての「倭の五王」のように「爵号」を求めることはせず、また隋・唐も一貫して日本を冊封体制の外部に位置付けた。したがって日本の中国への接近は、もっぱら文化の摂取の段階にとどまり、一面では宗主国たる唐の強制力を受けることなく、主体的な交渉も可能になったと推測される。[16] 東アジアの「辺境」の中で、日本とそして八世紀初頭に建国した渤海[17]だけが隋唐長安城に酷似した京をもったのも、以上のような国際関係を抜きにしては理解しがたいのではあるまいか。

日本の羅城門や朱雀大路は、天皇が唐を意識した「小帝国」の君主であることの象徴にほかならなかった。羅城門では、上述のとおり新羅使や唐使を迎えるに当たって中国風の「郊労」が執り行われたほか（『続日本紀』和銅七年十二月己卯条、前掲宝亀十年四月庚子条）、天皇が行幸で京外に出るに際して羅城門内に左右京職が、門外には大和国の官人が路の両側に列立して天皇の一行を迎えたことが知られるが（『令集解』宮衛令26車駕出入条所引古記）、このことは平城京が海外諸国ばかりでなく、日本国内の民衆に対しても天皇の権威を示す象徴となったことを意味しよう。平城京はある意味では「思想」の産物であり、だからこそ必要以上にその様式に注意が払われたのであるが、このような「思想」が体系的に成立するのは、現在のところ大宝律令が画期になったと考えられている。[18]

三　藤原京

持統天皇が飛鳥浄御原宮から藤原宮に移ったのは持統八年（六九四）十二月のことで、いわゆる藤原京はこの時点で完成したと見なされている。造営が軌道に乗る前年、すなわち持統三年には飛鳥浄御原令二十二巻が諸司に頒下されており、都城が法体系の整備の中で造営された点は、先の平城京と共通する。岸俊男氏が平城京の原形を藤原京に求めたのも、両時期の政治状況に質的な相違がみられないことを前提にするのであろう。しかし大宝律令成立以前に造営された藤原京が、はたして平城京と同じ性格を備えていたのかどうか、筆者は以下の点からみてなお慎重な検討を要するように思う。

岸俊男氏の復原案によれば、藤原京は東西四里、南北六里の規模をもち、横大路、中ツ道、下ツ道をそれぞれ北京極大路・東京極大路・西京極大路として計画された。ただ南面の京極大路については、数値上一定の直線を描くことはできるものの、そこは丘陵上に位置するため、実際にはその推定線から約一〇〇㍍、半坊分北に寄った山田道（上ツ道）がそれに利用されたと考えられている（図4）。ただこの復原案については、推定左京十二条坊間小路に位置する「小治田宮推定地」や、同じく推定十一条大路に位置する「和田廃寺」の発掘調査において、いずれも道路遺構が検出されていないので、十条以南については条坊が施行されなかった可能性も指摘されている[19]。このほか藤原京に関してはいわゆる「大藤原京」案も複数の研究者によって提起されているが、しかし現段階においては右の岸案がもっとも妥当なものと考える〔補記1〕。

ただここで問題となるのは「朱雀大路」の性格であって、たとえば羅城門（京城門）の存在については、もし山田道に面して造営されたとすると、非常に不自然な立地条件にあったとみなければならない。なぜなら羅城門の南面は丘陵が遮っていたので、そこを通行して出入りすることなどおよそ想定しがたいからである。つまりたとえ羅城門が存在したとしても、そこでは平城京羅城門で実施されたような、外国使節を迎えあるいは天皇が通過する儀式は行えなかったのである。地形からみる限り、藤原京には羅城門が存在しなかった可能性が高い。

一方、藤原宮南面中門に取り付く道路については、すでに推定七条一坊（岸説）に位置する日高山北麓の地点で発

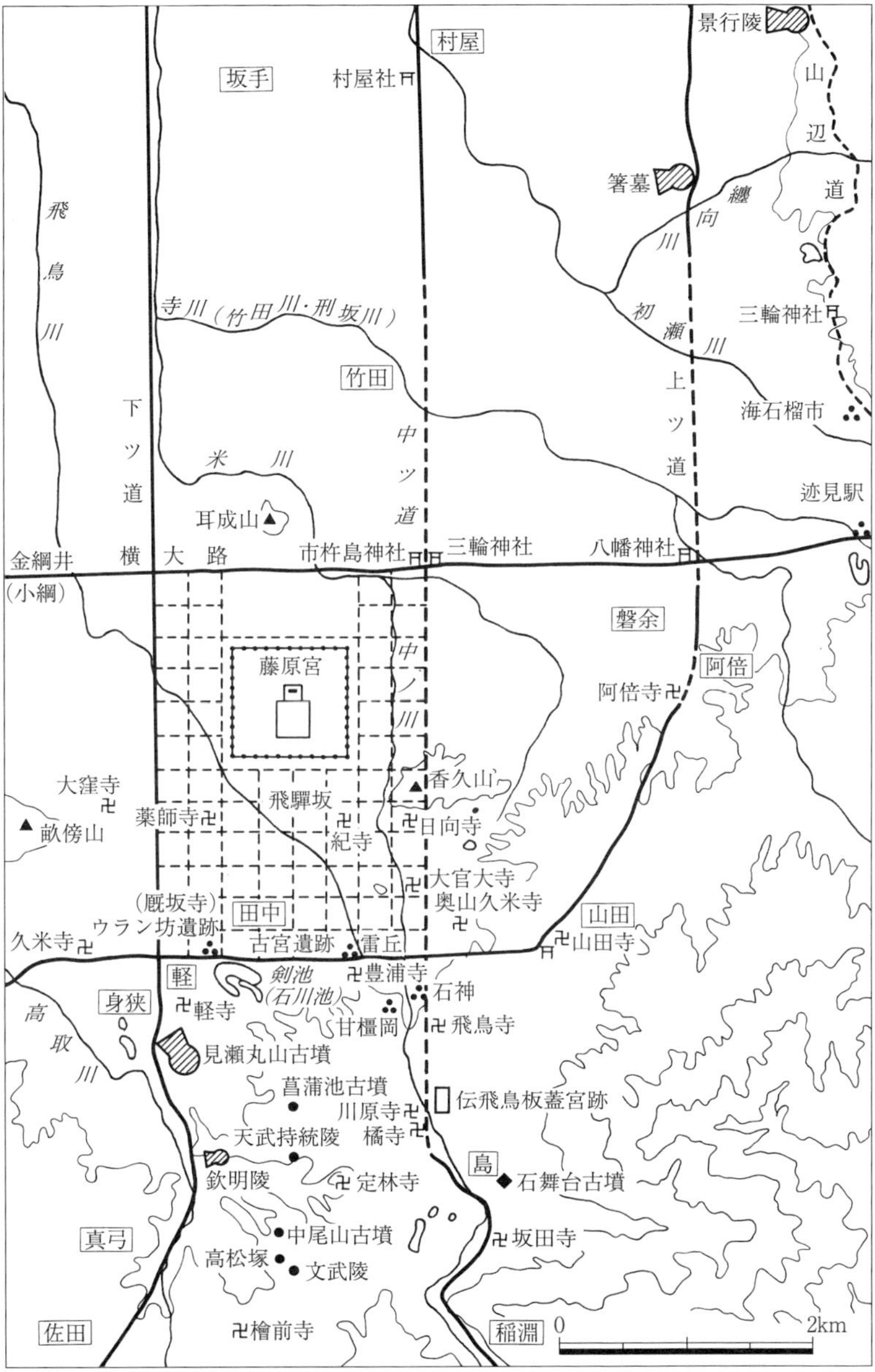

図 4　飛鳥・藤原京図（岸俊男『日本の古代宮都』より）

掘調査が実施され、路面幅五〇大尺（約一七・七㍍）、側溝幅二〇大尺（約七㍍）、側溝心心間で七〇大尺（約二四・八㍍）の規模であったことが判明している。[20]『続日本紀』和銅三年（七一〇）正月壬子朔条には「左将軍正五位上大伴宿禰旅人（略）等、於二皇城門外朱雀路東西一、分頭陳二列騎兵一、引二隼人蝦夷一而進」という記事があるが、先の道路遺構がこの「朱雀路」に相当することは間違いなかろう。しかし羅城門を備えない朱雀大路とは、いったいどのようなものなのだろうか。

藤原京「朱雀大路」の復原では、もう一つ藤原宮南面正門（朱雀門）から南に直線を引くと、七条の辺りで「日高山」に突き当たることも問題となる。つまり朱雀大路が京の南面に至るまでにいったん分断されてしまうからである。日高山北裾の調査では、日高山の北から湾入する谷を埋め立てた大規模な整地の跡が確認されており、あるいは丘陵を越えて大路が造営された可能性もあるが、[21]唐の長安の朱雀大街と比べれば、それはかなり異なった景観であったに違いない。

またこれと関連して、藤原京「朱雀大路」に坊門・坊城が存在したかどうかが問題となろう。現在のところ、その有無を確認できるような調査例はないようである。ただ日高山北麓の「朱雀大路」の調査において、玉石積みの護岸工事を施した「朱雀大路」西側溝が検出され、それが「日高山の北裾に突きあたる位置で終わっている」点が注目されるかと思う。[22]坊城が存在したとすれば、それは西側溝のすぐ西側にあったと推定されるが、残念なことに、調査地区は西側溝東岸で終わっており、それ以西については調査対象外になっている。したがって坊城が存在しなかったことまでは実証できないのであるが、しかし日高山丘陵部には南北から続いたはずの側溝がなかったとみられることから、少なくともこの部分には坊城が築かれなかったことは認めてよいだろう。わずかな事例ではあるが、藤原京には坊城・坊門が築かれなかった可能性があるのである。

最後に「朱雀大路」の幅員に関する問題について。藤原京内の発掘調査では、現在まで多数の道路遺構が検出され、しかもそれが岸氏の復原プランにほぼ見合っていることから、京内の「条坊」の存在についてはもはや疑問の余地がない。またそれぞれの道路についても、井上和人氏によって、道路の路面幅と側溝幅を基準として格差が設けられていたことが明らかにされている。(23) すなわちそれは大きく四段階に区別され、路面幅五〇大尺（約一七・七㍍）・側溝幅二〇大尺（約七㍍）の「朱雀大路」、同じく五〇大尺・一〇大尺の宮城南面の六条大路、四〇大尺・五大尺の宮城東面中門に取り付く四条大路および八条大路、さらに二〇大尺・五大尺の宮城東面北門に取り付く三条大路という、四つのランクがあったというものである。藤原京の造営過程では、わざわざ持統天皇が「新益京の路」を見たことが記されており（『日本書紀』持統六年正月条）、道路幅に一定の秩序を設けたというのも、そのような「路」に対する関心の高さを反映したものであろうか。

藤原京「朱雀大路」の幅員は、のちの平城京や平安京と比べるとかなり狭くなっているが、しかしそのこと自体はさほど不自然ではない。なぜなら平城京と比べると、藤原京は東西で二分の一、南北で四分の三の規模でしかなかったからである。ここではむしろ朱雀大路と他の大路、とくに宮城南面大路との関係が注目されよう。すなわち平城京の朱雀大路と二条大路がそれぞれ側溝心心距離で二一〇大尺（約七四・五㍍）・一〇五大尺（約三七㍍）、また平安京のそれが築地心心間距離で二八丈（約八四㍍）・一七丈（約五一㍍）でそれぞれ二倍に近い規模を誇ったのに対し、藤原京では両者の格差が著しく小さく、厳密には側溝幅が倍になっているだけで、路面については同一の規模だったのである。このことは藤原京の「朱雀大路」が京内で隔絶した地位にはなかったことを意味し、ひいては後世の朱雀大路と同じ機能をもたなかったことを暗示しよう。藤原京ではむしろ大地に直線道路を敷設しまた方格地割を施すことに主眼がおかれ、「朱雀大路」に対する関心は相対的に低かったということになろうか。

さて以上の点からすると、藤原京「朱雀大路」は未だ平城京の朱雀大路が備えた性格をもたなかった可能性が高い。とりわけ羅城門の存在は、平城京以降の都城の象徴的意義をもっただけに、もしそれがなかったとすると、藤原京と平城京の間には、規模の相違ということ以上に、ある質的な相違があったことを意味しよう。両者の相違が何に由来するのか、その問題を解くカギは、先にもふれた大宝律令にあると思う。

四　藤原京と平城京

『続日本紀』文武三年（六九九）正月壬午条に「京職言。林坊新羅子（女）牟久売、一産二男二女一。賜二絁五疋、綿五屯、布十端、稲五百束、乳母一人一」という記事がある。六国史にしばしば見られる「多産記事」で、内容的にはさほど珍しくないが、これによってわれわれは飛鳥浄御原令の時代に「京職」が存在し、しかもそれはまだ左右に分かれていなかったこと、あるいは数詞ではなく、「林坊」という固有名詞を冠した坊の制度が実施されていたことを知る。藤原京の造営では、それに先だって官位に応じた宅地班給を実施しているから（『日本書紀』持統五年十二月乙巳条）、「京職」のもとには「坊」を基準として、律令国家の支配集団たる官人たちが支配・掌握されていたはずである。史料の「新羅子（女）牟久売」とは、おそらく新羅から渡来した、「姓」さえもたなかった身分の低い女性の名前であろうから、京内にはその他渡来人も多数含まれていただろう。

都城の基本的要素がこの時期に出揃っていたことは間違いない。しかし大宝律令制定を画期として、都城のあり方が大きく変貌するのもまた事実である。まず大宝二年（七〇二）正月には「左京大夫」の名が見えて左右京職の存在が確認されるほか（『続日本紀』同年正月乙酉条）、『扶桑略記』や『帝王編年記』によれば大宝三年に至って「東西市」

が設けられたという。左右京職と東西市という、職員令に見える京の官制の基本はこの時期にようやく登場するのである。

一方「京城内外、多有二穢臭一」（『続日本紀』慶雲三年三月丁酉条）など、現実の都城の存在を反映した表現が見られるのもこのころのことである。『続日本紀』の大宝元年以前（文武元～四年）の記述には、「京畿」という用例は散見するが、具体的に都城の存在を示す史料はこれが初めてのものである。とくに『類聚三代格』巻十六に収められた同じ慶雲三年三月十四日詔には、『続日本紀』にはない「皇城都邑、四海之府、万国朝宗」という記述が見え、中華思想に基づいた都城の存在意義を高らかに宣言している点が注目される。これと同じ表現は、隋大興城造営詔を借りた「平城遷都の詔」にも「京師者、百官之府、四海所レ帰」（『続日本紀』和銅元年二月戊寅条）として見えるが、藤原京の時代にもすでに同様の「思想」が存在したのである。なお『類聚三代格』の「皇城」は、隋唐長安城では官庁を収容した、宮城とは別の施設をさすが、おそらくこれは『続日本紀』和銅三年正月壬午朔条に見える「皇城門」と同じ用法で、のちの「宮城」に相当するのだろう。令には「皇都」という表現が散見するが（たとえば喪葬令9皇都条）、日本の「皇城」はおそらくこれと対になることばで、「天皇」の「皇」の字に引き付けられて成立したものと推測される。「皇城」は、あるいは「宮城」を意味する藤原宮独特の表現であったかもしれない。(24)

大宝元年を画期とする「京」の諸相の相違は、飛鳥浄御原令における「京」の規定と大宝律令のそれとがかなり異なっていたことを暗示しよう。飛鳥浄御原令において「京職」と「坊」がおかれていたことは確実である。(25)「京職」は『日本書紀』天武十四年（六八五）三月辛酉条に「京職大夫直大参巨勢朝臣辛檀努卒」と見え、また『続日本紀』にも「飛鳥朝京職大参志丹」（同、養老元年正月己巳条）とあって、天武朝末年にはすでに成立していたらしく、それが浄御原令にも継承されて文武四年にまで至ったものと推測される。ただ藤原京造営以前におかれた「京職」が、はたしていかなる地域を管轄したのかは皆目わからないし、また職掌についても、推測できるのは「東西市」を管下におかなかったことくらいで、「坊」が存在してもそこに坊令・坊長が配置されたかどうかもなお疑問のままである。しかしこのことだけからしても、その性格は大宝令とは一致していなかったとみられるのである。

これに対して大宝律令では、その職掌・管轄はもちろんのこと、坊門・京城門（宮衛令4開閉門条）、坊市垣（衛禁律第24条）、京路（宮衛令24分街条）など、都城の具体的施設までを事細かに規定する。そして先にもふれたとおり、平城京はほぼこの律令の構想に従って計画造営された(26)。ここで問題になるのは、これらの規定が飛鳥浄御原令二十二巻に含まれていたかどうかである。しかし筆者はその可能性はきわめて低いと考える。

なぜなら、もしこれらの規定が飛鳥浄御原令にあったとすれば、当然それは藤原京の構造に反映したはずであるが、発掘調査から知られる「藤原京」の姿は、むしろ羅城門や坊城・坊門の存在を否定しているようにみえるからである。平城京以降の坊門が「条」の存在と密接に関連したことを想定するならば、「坊」のみが存在して「条」の成立を確認できないあり方は、むしろ坊門が実在しないこととよく符合するのではあるまいか。あるいは京職を左右に分割しない方法も、発掘調査の「朱雀大路」のあり方とある程度対応するとみられ、この点からも藤原京は大宝律令とは別の原理で造営された可能性が高いと思うのである。

あえて憶測を加えれば、飛鳥浄御原令における「京」の規定は、大宝律令に比べればはるかに単純な条分ではなかったか。それはたとえば、「大化改新詔」の一節、「初修二京師一、置二畿内国司、郡司、関塞、斥候、防人、駅馬伝馬一及造二鈴契一。凡京毎レ坊置二坊長一人一。四坊置二令一人一。掌按二検戸口一、督二察姧非一。其坊令、取下坊内明廉強直、堪二時務一者充上。里坊長並取二里坊百姓清正強幹者一充。若当里坊無レ人、聴下於二比里比坊一簡用上」（『日本書紀』大化二年正月甲子条）のような、「京」（左右京ではない）をおき、さらに坊とその官人を定める程度のものを想定すれば、理解しやすいように思うのである。

なお付け加えれば、京を左右に分けない点は唐の「京兆府」と一致し、また唐では「坊」の領域と京兆府・京城県の支配領域が対応していないので、「条坊」の存在を想定しがたい天武朝の「京職」も、この点においては唐制と共通する性格を有していたことになる。大宝令では左右京だけに条坊を設けたが、天武朝の京職は、条坊の存在と対応していなかったとみられるのである。さらに坊に固有名詞を冠する点、あるいは藤原宮を「皇城」と称した点も、大宝令と比べてはるかに唐制に近いともいえよう。飛鳥浄御原令に独自の「京」の組織に関する規定があったとしたら、ちょうど天武朝の「六官」がそうであったように、それは唐制をより直接的に模倣したものであった可能性がある。〔補記2〕

さて以上のような経過を想定できるとすると、当時の為政者は大宝律令制定直後どのような行動をとったのだろうか。まず想定されるのは、旧来の「藤原京」をもとに律令の構想を具体化していったのではないか、ということである。京を左右に分けてそれぞれに京職をおき、また「東西市」を設置して京職の管轄下におくことは、史料からも裏付けられるとおり、比較的容易に実現したであろう。これに対して四坊からなる「坊」(条)の制度、つまり「条坊制」の実施にはいくぶん困難をともなったはずである。なぜなら「林坊」が復原プランのごとく当初から「八坊十二条」の方格地割を構成していたならば、その転換はスムーズに実施されたかもしれないが、平城宮木簡に見える「左京小治町」(27)が大宝令成立後における藤原京の坊名「小治坊」を示すとするならば(28)、藤原京では大宝令以降に至ってもなお固有名詞の坊の制度が行われたとみなければならないからである。あるいはそこまで断定できないにしても、現在のところ藤原京時代の「条」の存在を実証する史料がまったくないことだけは、このさい留意しておくべきかと思う。『続日本紀』慶雲元年(七〇四)十一月壬寅条には「始定二藤原宮地一。宅入二宮中一百姓一千五百五烟、賜レ布有レ差」とあって、このとき初めて藤原宮の境域を定めたという一見奇妙な記事がある。これはその内容から、「宮」ではなく、藤原京の境域を定めたと解するほかないが、岸氏の復原プランのような京域が確定するのは、案外このときまで遅れたのではなかろうか。先の「京城」「皇城都邑」のようなことばが現れるのは、この記事の二年後のことである。

さて以上推測に推測を重ねてきたが、藤原京の当初の計画が必ずしも大宝律令の原理と一致しないこと、換言すれば藤原京のプランと平城京のそれには基本的に異質な面があったことは認めてよいように思う。そしてこのような見通しが当を得ているとすれば、藤原京の造営からわずか十数年後の慶雲四年に遷都の議が出され（『続日本紀』同年二月戊子条）、翌和銅元年に慌ただしく平城遷都の詔（同、和銅元年二月戊寅条）が宣布されたことも容易に説明できるように思われる。すなわち平城遷都は単なる「みやこ」の移動ではなく、大宝令制定をうけて造営された、唐長安城を意識する最初の都城であったとみられるからである。(29)

おわりに

最後に本章で述べたことを簡単に整理しておこう。

①平城京は、日本独自の羅城門・朱雀大路・坊城・坊門などの性格からみて、唐長安城の景観を意識して造営されたことがうかがえる。それは中国文明の導入という一般的現象にとどまらず、一種の中華思想を体系化した大宝律令の理念を反映したものであった。

②これに対して、藤原京にはまだそのような性格は備わっていなかったらしい。発掘調査をもとに考えると、いわゆる藤原京朱雀大路には羅城門・坊門・坊城がなかった可能性が高く、それはひいては両京の性格がまったく異質であったことを推測させる。

③一方、同じく藤原京でありながら、そのあり方は大宝律令を境に大きく変貌する。藤原京はおそらく飛鳥浄御原令の理念のもとで造営されたのであろうが、このことは飛鳥浄御原令の「京」の規定と大宝律令のそれとが異なっていたことを暗示する。発掘で知られる藤原京のすがたはむしろ飛鳥浄御原令制下の規定と対応する部分がみられ、いくつか修正はできても、大宝律令の理念を体現するには至らなかったと見るのが自然である。大宝律令制定後比較的短期間で平城京造営が決定したのも、以上のような経緯を考えることで無理なく説明できる。

さてこのような記述に大過なしとすれば、そこでは飛鳥浄御原令の「原理」がはたしてどのようなものであったかが問題になってこよう。筆者には現在それに答える準備はないが、一応平城京とは別に、岸俊男氏のごとく「北魏洛陽城」に原形を求めるのも一考かと思う。ただその場合にはそれがいかなる意図のもとで、どのような過程を経て導入されたのかをあらためて説明する必要があると思う。あるいは王仲殊氏をはじめ多くの人々が論ずるように、中国の都城とりわけ唐長安城や唐洛陽城の影響を考えることも可能であろう。しかしその場合にも、唐長安城を念頭においた平城京との相違がどのような経過で生じたかを説明する必要があるのではなかろうか。

藤原京と平城京の関係については、近年ともすれば両者の共通点ばかりに注意が集まってきた。それは筆者も含めて、岸俊男氏の「復原プラン」の見事さに多くの人々が魅了された結果だと思う。しかし藤原京の発掘調査は現在なお進行中であって、そのプランも一つの仮説の域を完全に抜け出たわけではない。あまりにもその「仮説」に依拠することになれば、それはかえって事の本質を見失うことにつながるのではないか、本章ではあえて両者の相違に焦点を絞ったが、それは一つにはこのような思いがあったからである。

註

(1)『東京帝国大学紀要』工科第三冊。

（2）岸俊男『古道の歴史』（坪井清足・岸俊男編『古代の日本』5近畿所収、角川書店、一九七〇年）、同「飛鳥から平城へ」（同書所収）、同「都城と律令国家」（『岩波講座　日本歴史』古代2所収、岩波書店、一九七五年）など。いずれものち同『日本古代宮都の研究』（岩波書店、一九八八年）に収録。

（3）狩野久「律令国家と都市」（『大系　日本国家史』1古代所収、東京大学出版会、一九七五年、のち同『日本古代の国家と都城』〈東京大学出版会、一九九〇年〉に収録）など。このほか日本の都城形成を概括的に論じた八木充『日本古代の宮都』（講談社、一九七四年）、松原弘宣「藤原京より平城京へ」（亀田隆之編『古代の地方史』第3巻畿内編所収、朝倉書店、一九七九年）、今泉隆雄「律令制都城の制立と展開」（『講座　日本歴史』2所収、東京大学出版会、一九八四年）、山中敏史「律令国家の成立」（『岩波講座　日本考古学』6所収、岩波書店、一九八六年）などはいずれも藤原京の記述に重点をおいているが、本章の主題たる平城京との相違については必ずしも判然としない。

（4）同「日本の宮都と中国の都城」（上田正昭編『日本古代文化の探求　都城』社会思想社、一九八六年）、「難波宮の系譜」（『京都大学文学部紀要』一七号、一九七七年）など。いずれものち『日本古代宮都の研究』（前掲）に収録されている。

（5）『考古学雑誌』六九巻一号（一九八三年）所収の邦訳論文によった。

（6）『魏書』巻十八広陽王嘉伝。

（7）拙稿「日唐都城比較制度試論」（本書第二部第三章）参照。

（8）岸俊男「難波宮の系譜」（前掲）ほか。

（9）長安の南北方向の街路は、文献では一律一〇〇歩になっているが、実測では第六街（朱雀街）が一五〇～一五五㍍でもっとも広く、第八街（宮城・皇城東面の街路）の一三四㍍、第四街（宮城・皇城西面の街路）の一〇八㍍がこれに次ぐ。これに対して他の街路は二五～六八㍍の範囲で、文献記載と比べると著しく狭くなっている。以上、佐藤武敏『長安』（近藤出版社、一九七一年）一二九～一三四頁による。

（10）同一三四頁。

（11）楊寛『中国都城の起源と発展』（学生社、一九八八年）一六七頁。

（12）王仲殊「日本の古代都城制度の源流について」（前掲）。

（13）拙稿「日唐都城比較制度試論」（前掲）参照。

(14) 石母田正「天皇と『諸蕃』」（同『日本古代国家論』第一部所収、岩波書店、一九七三年、のち『石母田正著作集』第四巻〈岩波書店、一九八九年〉に収録）。
(15) 藤島亥治郎「朝鮮三国時代の都市と城」（井上光貞ほか編『東アジア世界における日本古代史講座』第四巻所収、学生社、一九八〇年）。
(16) 西嶋定生「六―八世紀の東アジア」（『岩波講座 日本歴史』古代2所収、岩波書店、一九六二年）。
(17) 上京龍泉府。渤海五京の一つで東京城ともいう。
(18) 西嶋定生「六―八世紀の東アジア」（前掲）。
(19) 井上和人「藤原京―新益京造営に関する諸問題―」（『仏教芸術』一五四号、一九八四年）。
(20) 藤原宮第一七―二・三次調査による（奈良国立文化財研究所編『一九七七年度奈良国立文化財研究所年報』）。
(21) 藤原宮第四五―二次調査による（奈良国立文化財研究所編『飛鳥・藤原宮発掘調査概報』一六、一九八六年）。報告によれば、日高山においては、朱雀大路想定部だけが緩やかな斜面になっており、比高一〇㍍ほどの丘陵部に対して、入念な盛り土、切り土が施されたと見られる。しかし同じく四五―二次「北区」（日高山北裾の想定朱雀大路西端部）の調査では、遺構はなにも検出されず、坊城はもとより大路の存在も確認されていない。
(22) 註(20)に同じ。
(23) 井上和人「古代都城制地割再論」（奈良国立文化財研究所学報『研究論集』七号、一九八四年、のち同『古代都城制条里制の実証的研究』〈学生社、二〇〇四年〉に収録）。
(24) 「皇城」の用例はこのほか『令義解』学令2大学生条に「居二皇城左右一、故曰二東西一也」として見える。
(25) このほか、『続日本紀』文武元年（六九七）九月丙辰条に「京人大神大網百足家生嘉稲」とあって、京が左右に分化していないことを示唆する。これに反する史料に『日本書紀』持統三年七月丙寅条「詔二左右京職及諸国司一、築二習レ射所一」があるが、『日本書紀』の官名には後世の修飾を受けている箇所が多く（青木和夫「浄御原令と古代官僚制」〈『古代学』三巻二号、一九五四年〉、のち同『日本律令国家論攷』〈岩波書店、一九九二年〉に収録）、この場合もそれに準じて理解できる。
(26) 拙稿「日唐都城比較制度試論」（前掲）。ただし職員令66左京職条に見える「坊令十二人」の規定は、明らかに平城京や平安京の構造と一致しない。平城京が九条からなることは今日文献や羅城門の発掘調査でも確認されているので、この規定が藤原京の構造を反映したものでないとすると、これがいかなる意図で制定されたのかは不明である。『令集解』同条には「朱云、四坊置二令一人一、是以知、京可レ有二十二条一耳」という文言が見えるが、その「あるべし」という推量のことばの中に、平安時代の明法家までもが同様の混乱に陥っていたことを知る。

(27) 奈良国立文化財研究所編『平城宮木簡 二 解説』所収一九二六号木簡。

(28) 同解説五九〜六二頁。

(29) 平城遷都の原因については近年、浅野充「古代天皇制国家の成立と宮都の門」（『日本史研究』三三八号、一九九〇年、のち同『日本古代の国家形成と都市』〈校倉書房、二〇〇七年〉に収録）が、新たな形式の大極殿を創設するためであったことを詳論している。宮城の構造が平城宮造営にともなって、大きく変貌したことは間違いないであろうが、平城遷都はまず飛躍的な規模の拡大、都の移動を第一義としたから、その原因もあくまで「京」の性格の中に追究していくのが常識的な見方ではあるまいか。

〔補記1〕この論文を公刊したのは一九九二年のことで、この時点では岸説がもっとも有力な復原案とみられていた。しかしその後、岸説藤原京の外部から相次いで道路遺構が発見され、また、土橋遺跡など、「大藤原京」の境界を示すと解釈される道路遺構も確認された。そのような調査の積み重ねの結果、小沢毅、中村太一氏などによって、十条十坊で構成される藤原京の復原案が広く認められるようになった（小澤毅「古代都市『藤原京』の成立」〈『日本古代宮都構造の研究』所収、青木書店、二〇〇三年〉、初出は一九九七年。ほか）。その復原図を図5として掲出しておくことにしたい（次頁参照）。現在では、筆者もこうした見解を尊重しなければならないと考えているが、以下本文で述べる藤原宮南面の大路「朱雀大路」に関しては、大藤原京案においても同じ問題点を指摘することができる。

〔補記2〕この段落の記述は曖昧な点があり、誤解のおそれがある。とくに「唐制をより直接的に模倣したもの」という表現は、長安城そのものを再現したかのような印象を与えてしまう。しかし本論の記述で繰り返し述べたように、長安城を模倣したのは平城京段階であって、この時点でそうした都市プランが成立していたわけではない。この時期の京がどのような形態をしていたのかは、論文執筆時点ではまったく想定できなかったが、現在の研究成果を参考にすれば、十条十坊で構成される、いわゆる周礼型のプランの可能性が高い。ただその場合には、とくに南側に丘陵地帯が広がり、実際に条坊が施行されたの

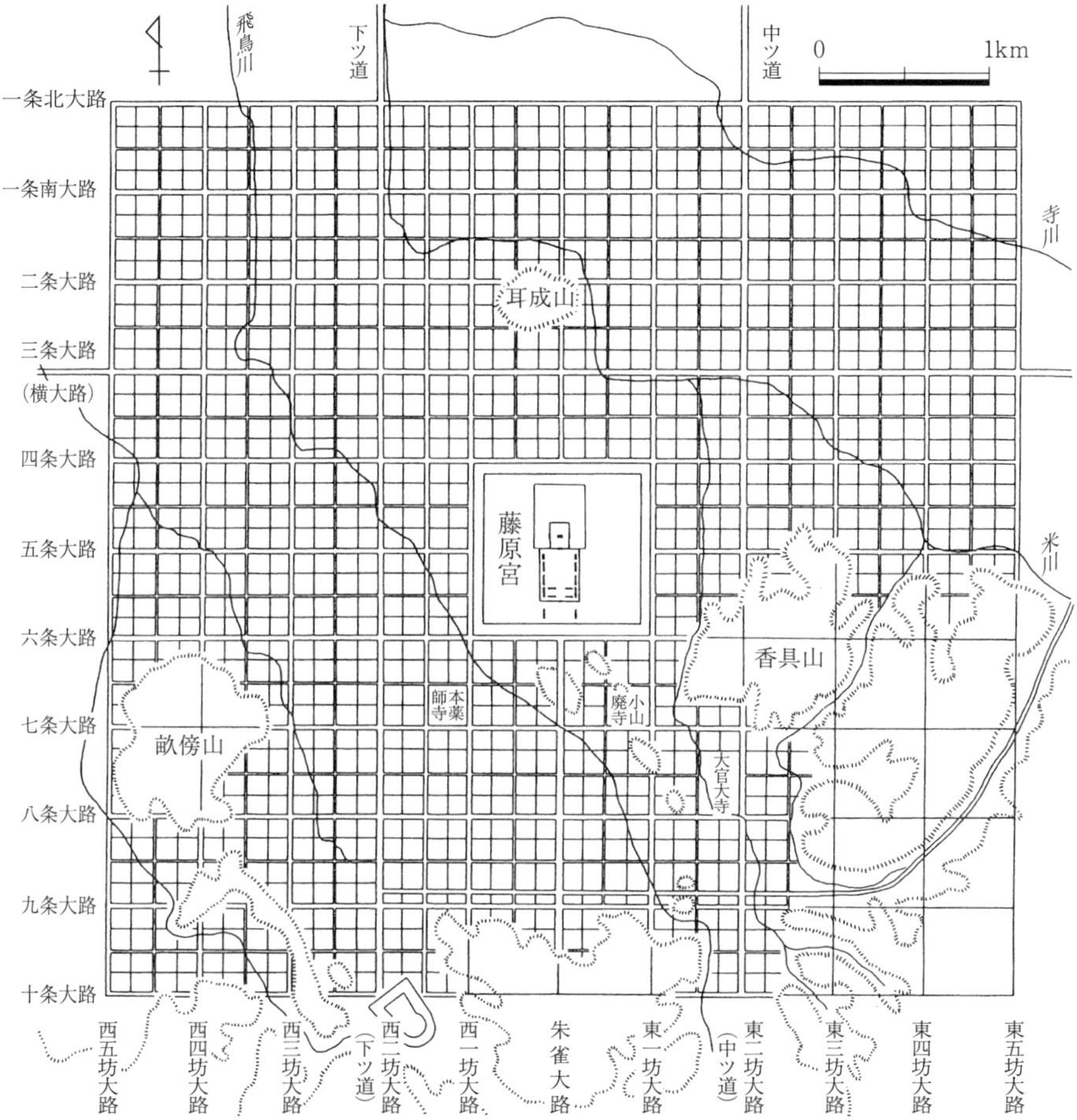

図5　藤原京復原図（小沢毅『日本古代宮都構造の研究』より）

かどうか、未だ確証がないのが現状である。そのプランは、現時点でもなお一つの仮説として受けとめる必要があろう。

第二部　平城京の成立

第一章　京戸について

――都市としての平城京――

はしがき

和銅三年から、長岡京への遷都が行われた延暦三年に至る七四年間にわたって存続した平城京が、日本における最初の本格的な都城であることに異を唱える者はいないであろう。平城京がこれまで多く取り上げられてきたのも、ひとえにそれが典型的な「古代都市」であると考えられてきたからである。けれどもその研究対象は多く平面プランの復原に限られており、「都市」としてのイメージは個々の研究者に委ねられているというのが現状ではなかろうか。このような研究の状況の中で平城京のもつ経済的機能に注目した研究がいくつか発表され、その経済「都市」としての限界を示すあり方が明らかにされている。(1)

しかし、その一方で、約二〇万人(2)といわれる平城京の「住民」のあり方に言及した研究はきわめて少なく、(3)その住民が京外における人々とどのように異なっていたのかという基本的な問題さえ十分に解明されていないのであり、日本の「古代都市」の姿に明瞭さを欠いているのもこのことが一因となっているのである。本章では、研究史のうえで見過ごされてきた京の住民たるべき「京戸」――とくに、官人以外の一般京戸およびそれと多分に共通した性格を有する下級官人――の基本的なあり方を明らかにすることを目的とし、そのことを通じて、平城京の、ひいては日本の

「古代都市」の性格を浮彫にしようと思う。

一　律令制と京戸

八世紀における日本の行政区画が、基本的に、左右京、畿内、畿外の三つの地域によって構成されていたことは周知のところである。畿内制の成立は、大化二年正月のいわゆる改新詔に求められるが、大和、摂津、河内、山背の四国からなる畿内制は、『書紀』持統六年四月庚子条に初めて「四畿内」の語が現れ、以後もしばしば見えることから、持統三年に成立した浄御原令の施行とともに定められた可能性が高く(4)、条坊を備えた最初の都城である藤原京への遷都が実現した持統八年には、先の三段階の令制下の行政区画がほぼ完成する。

ところで、中国では、『周礼』『春秋左氏伝』に見えるのをはじめとして、天子の居所の近辺の民を優遇する思想が古くからあり、それはまた唐や宋でも同様であったという(5)。そして日本の律令政府も、のちに述べるように日本特有の畿内のあり方に規制されつつその思想を継受したことが、『続紀』慶雲三年二月庚寅条に、

准レ令、京及畿内人身輸レ調於二諸国一減レ半。宜下罷二人身之布一輸中戸別之調上。乃異二外邦之民一、以優二内国之口一。

とあって、京畿内の人々が「内国之口」と把握されていたことに示されている。また、このことと関連して、京畿内は畿外に比べて調が半減され、かつ庸が全免されており(6)、「外邦之民」と際立った違いのあることが注目される。

さて、こうして京畿内と畿外とが判然と区別される一方で、京と畿内とが一線をもって画されたことが次の点にみられる。

一つは左右京と摂津のみが「国」ではなく「職」の名で呼ばれたことである(7)。中央官司と同じ呼称をもったことは

二つの地域と律令政府との結び付きの強さを物語っている。またこのことと対応して、左右京職に属する官人の官位は他の諸国の官人に比べて高くなっている。左右京職の四等官は、大夫、亮、大進少進、大属少属からなっているが(8)、官位令の定めるその官位が大夫＝正五位上、亮＝従五位下であるのに対して、大国守は従五位上、上国守、中国守、下国守はそれぞれ従五位下、正六位下、従六位下であった。

そしてもう一つ、左右京に本貫をもつ人々が「京戸」とされて他と区別された点が注目される。たとえば天平十六年の恭仁京から難波京への遷都のさい、「恭仁京百姓情㆔願遷㆓難波宮㆒者、恣聴㆑之(9)」、「左大臣宣㆑勅云。今以㆓難波宮㆒定為㆓皇都㆒。宜㆘知㆓此状㆒京戸百姓任㆑意往来㆖(10)」とあって「恭仁京百姓」「京戸」だけに難波京への移動が認められていることから、京戸は畿内の戸とは異なる扱いがなされていたことがわかる。これは次の『令集解』所引の穴記の説からもうかがえる。『令集解』戸令15居狭条は「凡戸居㆓狭郷㆒、有㆑楽㆑遷㆓就寛㆒、不㆑出㆓国境㆒者、於㆓本郡㆒申牒当国処分。若出㆓国境㆒申㆑官待㆑報。於㆓閑月㆒国郡領送、付領訖、各申㆑官」とある条文に続いて次のような穴記の説を載せている。

又穴云。問。古令云。京戸不㆑在㆓此例㆒。今除㆓此文㆒何。答。京戸出㆑外者、是軽役之入㆓重役㆒。不㆑合㆓禁制㆒。但外国入㆓京戸㆒者、不㆑合㆑聴耳。（略）問。外国人入㆓畿内㆒何。答、此重役入㆓軽役㆒、亦不㆑合㆑許。又問。畿内京内相通、聴哉以不。答。此亦不㆑可㆑許也。

右の穴記については問題が多いが、ここではひとまず「京戸」という概念があったこと、そして「畿内京内相通、聴哉以不。答。此亦不㆑可㆑許也」とあるように京戸と畿内の戸とが区別されていたことを確認しておく。

こうした法制用語としての京戸は九世紀前半の明法家にのみあったのではない。なぜなら、穴記が「古令云。京戸不㆑在㆓此例㆒」と記すように大宝令に「京戸」の字句があり、かつ天平十年ごろに成立した古記が「京戸」を念頭において注釈を施していることからみて、(11)大宝令の成立時点に「京戸」が存在したことは間違いないのである。

では、京戸と畿内の戸とはいかなる点で異なっていたのだろうか。このことを一般民衆の課役を通じて検討してみよう。まず、基本的な課役負担である租、庸、調、雑徭、兵士および仕丁の差点についてであるが、この点においては両者の間には基本的な差異はない。つまり、京畿内はともに畿外と比べて調が半減され、庸も免除され、また租、雑徭、兵士差点については畿外と異ならない。(12)一方、仕丁は令には明文はないものの、京畿内からは差点されなかった可能性が高い。(13)

京戸のみにかかる課役の規定としては、(a)営繕令9須女功条、(b)同11京内大橋条の二条がある。しかし、(b)は集解諸説が雑徭を充てるとしており、また(a)は雑徭ではないものの「免二其戸雑徭一」（額記）とあるので雑徭に準ずる労役とみることができる。したがってこれらは雑徭の枠内の労役であり、営繕令の二条の規定に京戸と畿内の戸との労役の軽重の差はなかったことになる。(14)

以上のように、令の課役規定には両者の差は見出せないのであるが、次の史料からも、当時の人々の意識として、京戸と畿内の戸との間になんらかの区別をつけることは少なかったと思われる。『続紀』延暦元年四月己卯条には次の記事がある。

山背国言。諸国兵士免レ庸輸レ調。至二於左右京一亦免二其調一。今畿内之国曽無レ所レ優、労逸不レ同。請同二京職一、欲レ免二其調一。於レ是、勅免二畿内兵士之調一。

賦役令舎人史生条によれば、兵士は「免徭役」であったが、京畿内は庸がなかったから、実質的には京畿内の兵士は「免徭」のみであった。ここにあるように、左右京の兵士がいつ「免調」になったかは不明であるが、山背国がこうして課役負担の差を訴えそれがそのまま受け入れられていることは、むしろ京畿内の戸の課役の間には相違がないとする考え方が一般化していたことを示している。

この点に関して、日本令が範とした唐令ではどうなっているかは実は明らかではない。けれども先の戸令15居狭条とその唐令該当条（開元七年令）と思われる次の一条を比べてみることで、日唐における京戸の相違の一つが明らかになる。

諸居㆓狭郷㆒者、聴㆓其従㆑寛。居㆑遠者、聴㆓其従㆑近。居㆓軽役之地㆒者、聴㆓其従㆑重。〈畿内諸州、不㆑得㆑楽㆑住㆓畿外㆒。京兆河南府、不㆑得㆑楽㆑住㆓余州㆒。其京城県、不㆑得㆑住㆓余県㆒。有㆓軍府㆒州、不㆑得㆑住㆘無㆓軍府㆒州㆖。〉(15)

唐の都の長安では、一般の行政は、京兆府（開元元年以前は雍州）とさらにその下の長安県（長安城のうちの西半分とその周辺を管轄）と万年県（同じく東半分とその周辺を管轄）の二つの京県によって担当され、京兆府下の残りの県は畿県とされていた(16)。ここにあるように、唐では「京城県」から「余県」への移住は、京兆府河南府から余州、畿内から畿外への移住とともに禁止されていたのである。それは、天子の居所の周囲が政府の軍事的拠点になるという事情によるのであろう(17)。

吉田孝氏の想定されたように、日本の大宝令でもまたこれと同主旨の規定を継受して、先に掲げた戸令居狭条の末尾に「京戸不在此例」として京戸の他の地域への移住を禁止する規定を載せたのであろう(18)。ところが、養老令ではこの字句は削除されたのである。その理由としては、「この規定と実態との乖離」が顕著であったことが考えられるが、穴記が、京戸が外に出るのは軽役が重役に入るのだから禁止しない、という大宝令文（唐令）の本意とはまったく逆の解釈を行っているのも、一つには大宝令文の規定の実効性のなさに由来すると思われる(19)。日本では、唐にならって「京戸」が作られたがその実態は十分継承されず、民衆支配のうえで京戸と畿内の戸とが明確に区別されなかったことが特徴となっている。

さて、以上のことから、戸令居狭条について穴記が畿内と京内との「相通」を許すべきではないとする注釈を加えたのは、少なくとも両者の間に課役負担などの点で差異があったからではないことが知られる。あえて憶測を加えるならば、それは天皇の居所に本貫をもつ者として京戸が周囲の戸と区別された結果ではないかと思われる。天平十六年、恭仁京から難波京への遷都に際して京戸のみに往還の自由を与えたのも、この措置がもっぱら京内に居住して政務に携わった官人や「市人」等の便宜をはかるとともに、こうした意識があったからではなかろうか。

では、なぜ日本では京戸と畿内の戸との区別が判然としていなかったのだろうか。まず想定されるのは、中国の畿内制度においては、都城を中心とした方千里を畿内としたり、あるいは都城近辺の郡をもって畿内と定めるような観念的な定め方が行われたのに対して[20]、「ウチックニ」と訓じられた日本の畿内は、関晃氏のいわれるとおり、律令政府を構成する諸豪族の本拠地であり、畿内全体が律令政府の存立基盤になっていたために[21]、畿内と畿外とが峻別される一方で、京と畿内とは区別されなかった、ということである。けれども、このことに一歩立ち入って、京戸の側からみればどうなるのか、大宝令戸令居狭条から「京戸不在此例」の文言を削除せしめた京戸の「実態」の究明が次節の課題となる。

二　京戸の構造

1　京戸と「ゐなか」

平城京がその中に自立的な商工業者を含んだ商業都市ではなく、律令政府の収取機構を通じて周辺の農村に依存しない限り存立しえなかった一つの地域であったことは、すでに通説となっているが、「京戸」の中心となったであろう官人の生活についてもほぼ同じことが指摘されている。関晃氏は『万葉集』に載せられる大伴氏の竹田庄や跡見庄をあげて、官人が都城に集住する以前からの「本拠地」に農村生活の場をもっていたこと、そして五月・八月には「ゐなか」に帰り農業に従事するための田仮があったことから、「かれらが実は純粋な都市生活者になっていたわけではなく、一方の足は依然としてかなり後まで農村に置いていた」ことを述べられた[22]。氏のこのような見解は、日本の律令制下の官人制が大化前代からの有力な「氏」の組織勢力を解体することなく、むしろそれらを包み込むかたちで成立したという理解に裏打ちされているが、大伴氏のような三位以上の官人を輩出した古代の名族ばかりではなく、本章の主な対象の一つである六位以下の、いわゆる下級官人もまた農村に「一方の足」をおいていたことが次の二つの史料に示されている。

一つは天平勝宝元年十一月二十一日「柘殖郷長解[23]」にある墾田の四至記載であって、そこには、「限南京戸敢朝臣粳万呂田」と記される。敢朝臣粳万呂は「京戸」でありながら在地である伊賀国阿拝郡に「田」を所有しており、彼が当地に勢力をもっていたことがうかがえる。敢朝臣氏については、その名から、また「敢朝臣安万呂」が外従六位下の位階をもつ同郡の大領であったことから[24]、当地の有力な地方豪族であったことが知られる。ではなぜ粳万呂は京戸となったのか。軍防令38兵衛条には「凡兵衛者、国司簡㆘郡司子弟、強幹便㆓於弓馬㆒者㆖、郡別一人貢㆑之（略）」とある。粳万呂と郡大領であった安万呂との関係を考えると、彼は兵衛として中央に貢進されて官途につくと同時に左右京に貫付された可能性が高い。

もう一つの史料は著名な「他田日奉部神護解[25]」である。ここでは、天平二十年に「中宮舎人左京七条人」であった他田日奉部直神護が、養老二年から神亀五年までは藤原朝臣麻呂の資人として、天平元年から同二十年に至るまでは中宮舎人として出仕した経歴をあげ、さらに祖父、父、兄が三代にわたって下総国海上郡の大領に任じられたことを述べ、次には自分が任じられんことを訴えている。彼は合わせて三〇年間も「京人」として平城京で生活を送りながらなお海上郡に在地での有力者の地位を保ち続けていたことになる。神護は軍防令帳内条の規定に従って、養老二年当時従五位下であった藤原朝臣麻呂の位分資人として官途についたのだろう。[26]

この二人のようなケースは、地方から中央に出仕してきたほとんどの兵衛や帳内資人にもあてはまるのではないだろうか。またこのほかに、京戸とは限らないが、八世紀後半、造東大寺司写経所に出仕していた下級官人の「請仮解」に「私氏神奉」[27]「私祭礼」[28]など在地での祭祀を理由としたものが残っているが、この例もまた官人が京の外にあった在地の社会と深く結びついていたことを示している。[29]

ところで、関晃氏は官人と「ゐなか」とのつながりを示すものとして、もう一つ仮寧令1給休仮条にある田仮をあげられたが、この規定そのものは必ずしもその証拠にはならないようである。

仮寧令1給休仮条は、

凡在京諸司、毎二六日一、並給二休仮一日一。中務、宮内、供奉諸司、及五衛府、別給二仮五日一。不レ依二百官之例一。五月八月給二田仮一、分為二両番一、各十五日。其風土異レ宜、種収不レ等、通随レ便給。外官不レ在二此限一。

とあって、六日ごとの「六仮」と農繁期に与えられる田仮を載せているが、この適用をうける官人の資格については共通していた。すなわち『集解』諸説に「古記云。五月八月給二田仮一、分為二両番一、各十五日。諸司以下衛府以上並同」、「朱云。五月八月給二田仮一者。未レ知。此亦史生使部等皆同不。答。不レ可レ給者。額同也」、「朱云。在京諸司者。未レ知。主典以上歟。若史生使部等皆同不。答。主典以上耳。史生以下上番十五日内不レ給二仮日一」などとあって、在京諸司に出仕する官人でありながら史生使部等の番上官には六仮も田仮も与えられなかったのである。

ここで、仮日を含め令に規定される官人の出仕状況についてみておきたい。

考課令59内外初位条によれば、長上は二四〇日、内分番は一四〇日、帳内資人は二〇〇日を出仕しなくては考を得ることはできず、また禄令1給季禄条によれば、季禄を得るためには、職事官は半年のうち一二〇日の出仕を要した。一方、令に定められる定期の休日は月に五日の「六仮」および五月と八月の田仮のみであるから、一年間では六仮六〇日（五日×12）、田仮三〇日となり、残りすべてに出仕しても二六四日にしかならず（一年＝三五四日）、「二四〇日」の出仕がいかに激務であったかが知られる。(30)

ところが、養老二年以前に記された「官人考試帳」(31)には、陰陽師正七位下高金蔵三〇九日、従七位下文忌寸広麻呂二九四日、陰陽博士従六位下觮兄麻呂二八九日など、本来想定される上日数をはるかに上回る記録が見出せるのである。令の仮日の規定に反して出仕したこれらの人々の姿は、彼らが在地とのつながりをもちながらも一年の大半を京で過ごし、また田仮を与えられることはあっても実際に農耕に携わることは少なかったことを示すものである。

一方、史生使部等の在京諸司の番上官の出仕については、次の文言がその性格をよく表している。『令義解』考課令59内外初位条には「凡内外初位以上長上官、計二考前釐一レ事、不レ満二二百四十日一、分番不レ満二一百四十日一、若帳内資人不レ満二二百日一、並不レ考。分番者、若日有二断絶一、欲下於二考前一倍上者、皆聴二通計一」という条文に続けて、

謂。有レ故闕レ番者、若農事請レ仮、閑月倍上者。量二其意一故。理不レ可レ聴也。

という注釈が加えられている。すなわち、番上官は農事に仮を請い閑月に上日の不足を補うという出仕の形式が予め想定されるほどに農業と結びついていたのである。このことは、職事官等の田仮を与えられた官人とは異なって彼らが直接農業に従事していたことを示唆している。

とはいえ、季禄が支給される職事官のすべてが農業と無縁でいるわけにはいかなかった。それは官人の給与の面からうかがえるところである。五位以上の官人はともかくとして、職事官であっても六位以下に相当する官職につく官

人の給与は、当人の食料以外は半年に一度の季禄のみであり、しかもその額は、正六位の場合でさえ絁三疋、綿三屯、布五端、鍬一五口にすぎなかった。いまこれらを仮に「延喜主税式上」の禄物価法によって米に換算すると二二石（一年間）余りになる。[32] 六位以下の季禄の給与額は「当の官人の家族あるいはそれよりやや広い範囲の人々の生活を維持することが可能な程度」にすぎないであろう、とする関晃氏の推定は妥当なものと考える。[33] ただ関氏のいう「家族」が三〇人にも達する郷戸を指すのか、それともほぼ単婚家族の枠内にとどまる房戸の範囲を指すのかは明言されていないけれども、いずれにせよ、これらの下級官人の家内経済が、農業に依存しない限り成立しがたかったことはほぼ認めてよいと思われる。禄令の規定が単に給与の基準額を示すのではなく、実際に絁や布などとともに農具である鍬が支給されていたこともその傍証となる。[34]

また、京戸のうち、官人ではない一般庶民の場合には、彼らが雇役に従事するとしても、その賃金は平均して一日二文ないし一〇文であり、その賃金が生活を支える基礎になりえなかったことは明らかである。[35]

鬼頭清明氏は平城京の人口を二〇万人としたうえで、そのうちの六六％が「一般京戸」によって占められたことを述べられているが、[36] 以上のことからみて、京戸の大部分は、下級官人をも含めて、農業に依存しなくては生活できない存在であったことが知られるのである。

けれども、ここで注意を要するのは、京内には農地は少なかったことである。平安京では、造営当時から空閑地の開発が奨励され、[37] 承和五年に水田耕作の禁止が命じられたのちも[38]「水葱芹蓮」が卑湿の地に植えられることはあったにしても、[39] 秋山國三氏が述べられたように、京内には一度として口分田は班給されなかったとみてよい。[40] では、平城京についてはどうか。

先㆑是、大和国言。平城旧京、其東添上郡西添下郡。和銅三年遷㆑自㆓古京㆒、都㆓於平城㆒。於㆑是、両郡自為㆓都邑㆒。

延暦七年（ママ）遷二都長岡一。其後七十七年、都城道路、変為二畠田畝一。内蔵寮田百六十町。其外私窃墾開、往々有レ数。
望請収公、令レ輸二其租一。許レ之。（『三代実録』貞観六年十一月七日条）

遷都後多年を経た旧平城京は、「内蔵寮田百六十町」と未だ租を収めることさえない墾田によって占められていた。内蔵寮はもともと天皇の宝物や日常所用の品々を調達管理する官司であり、(41)また貞観十七年ごろには内蔵寮が後院の管理運営に当たったことが見えることからすると、(42)この「内蔵寮田」は、承和三年に「太皇太后朱雀院」（橘嘉智子）に下賜された「空閑地二百三十町」(43)が開発された田地であったと思われる。とすれば、平城京にはもともと租を徴収する田地はなかったのであり、当初より口分田はまったく班給されなかったことになる。

では、主要な農地たる口分田がなかったということと、先に述べた農業に依存せざるをえなかった多くの京戸のあり方との相反する二つの事実を、いったいどのように理解すればよいのだろうか。以下はこの問題を京戸の京の宅を通して検討することになる。

2　下級官人の住居

宝亀三年から六年に及ぶ「月借銭解」の中には、

(1)丈部浜足解申請月借銭事

合一貫文 利者百三十（ママ） 質物一区（家脱カ）、地十六分之半、板屋三間、在右京三条三坊、口分田三町八段在葛下郡

右、限二一箇月一、本利並将二進上一。若期日過者、妻子等質物成売、如レ数将二進納一。仍録レ状解。

宝亀三年十一月二十七日専受浜足

（以下略）[44]

のように、「質物」とされた家の記載によって個々の京の宅地の具体的な様子がうかがえるものがいくつかある。まずそれらを列挙しよう。

(2)田部国守　宝亀三年[45]
質家一区地十六分之四一（ママ）在物板屋二間
在左京九条三坊
占部忍男
質家一区地十六分之四一（ママ）在物板屋二間
在左京九条三坊

(3)他田舎人建足、桑内連真公　宝亀三年[46]
質物家一区在左京八条四坊地十六分之一四分之一在物板屋一間

(4)山部針間万呂　宝亀四年[47]
質物家一区地三十二分之一在板屋二間
在左京八条四坊

(5)大宅首童子　同姓男小万呂（左京八条三坊）　宝亀五年[48]
質物家一区地十六分一板屋五間者

(6)船木麻呂　宝亀六年[49]
質物家一区在板屋一間四間在左京二条六坊

(7)石川宮衣　　宝亀三年(50)

質物家既在左京五条七坊

右の史料のうち、(5)でカッコでくくって示したのは大宅首童子の本貫地である。本貫地記載のある月借銭解には質物である「家」の所在地の記載がなく、逆に、(5)以外のように、本貫地記載のない史料にはことごとく所在地が明示されているので、ここにあるものはいずれも本貫地と家の所在地とが一致していたとみられる。

さて、(1)〜(5)の場合、その宅地の表示の仕方は「十六分之一」をまずあげ、さらに「四分之一」あるいは「三十二分之一」と記す点に共通性が見出せる。ここに掲げた七例はすべて写経所に出仕した下級官人の宅地であるが、これをみると、一町の「十六分之一」が彼らの宅地の広さの基準であったことがうかがえる。そしてこのことは近年の発掘調査の結果とも一致するという。(51)またこの家は月借銭の質物に充てられてはいるが、月借銭解には「若期日過者沽㆓成質物㆒(52)」などとあるように、借銭が返却できないときに売却して金銭を得るための「質物」にすぎず、いわゆる「質」とは異なって、売却の時点までは各自に使用された家であった。

次に彼らの居住地であった「家一区」についてみてみる。「家」とは「単に建物を指すのではなく、いくつかの建物が建つ一構えのすまい全体を指し、カド（門）を構え、カキ（垣）に囲まれた」全体的な景観を指すことばであったが、(53)(1)〜(6)の家をみると、その地の広さは一町の「六十四分之一」から「十六分之一」であり、ほぼ「六十四分之一」の地に対して「板屋」一間が建つというのが基本的な家の規模であったことがわかる。一方、家の内容についても一つの特徴が見出せる。それは、家の詳細のわかる(1)〜(6)のすべてに共通して、人が住むための「板屋」のみが記され「倉」の記載がないことであるが、この点についてはのちに詳しく述べよう。

これらの下級官人の「家」に対して、五位以上の官人になるとその「家一区」の様相も大きく異なっている。

「唐招提寺文書」には、年次未詳ながら、父の死後その子が、姑三人が同心して父母の家を奪い取ったことを左京職に訴えている一通の文書がある（家屋資財請返解案）(54)。ただしこれは固有名詞が入るべき箇所に「ム」「ム甲」が使われているので、正文ではなく書札礼の一種であると思われ、この「解案」の記された年代は知りがたい。しかし、文中には「去宝字」と見えており、この「解案」の原文が書かれたのは天平宝字年間、またはそれを降ること遠からざる時期のことと思われる(55)。

さて、その奪われたという家は次のように書かれている（便宜上、番号を付ける〔補記〕）。

解申依父母家幷資財奪取請□事

某姓ム甲左京七条一坊□外従五位下ム甲

(1)合家四区　一区无物□在左京七一（ママ）坊

(2)一区　板倉三宇 二宇稲積満一宇雑物積 檜皮葺板敷屋一□板屋一宇物在 並父所

□草葺厨屋一宇 板屋三宇　並在雑物□

(3)在右京七条三坊　一区板□板屋二宇草葺板敷東屋一宇

(4)在右京七条三坊　一区草葺板倉 板屋一□□草葺屋一宇 板屋三宇

並空 釜一口甑三口 馬船二隻□

上件二家、父母共相成家者。

以前ム甲可親父ム国守補任弖退下支。然間以去宝字□死去。（以下略）

ここにあるように、父が「国守」の経歴をもちその子もまた外従五位下の位階を帯びていたことからみて、右は五位程度のいわゆる中級官人の家であったことがわかる。その家は四区あったことが見えるが、実際には最後に「件二家」とあるとおり、左京七条一坊の家二区と右京七条三坊の家二区がそれぞれ一つの「家」を構成していたと思われる。

この史料で注目されるのは、(2)と(4)の記載の中に「倉」が見えることである。二宇は「稲積満」であり、また一宇は「雑物積」とあることから、第1項で述べたごとく彼らが在地と深い関係をもったことを想定するにしても、この四、五位クラスの官人が、その戸口をも含めて、一年を通じて京で生活できたであろうことは想像にかたくない。

さて、先にみた「屋」のみで構成された下級官人の宅地はそこに一年間生活できるだけの施設を備えていたのだろうか。時期は多少遡るが、天平五年、彼らと同じような境遇にあったと考えられるところの、図書寮書生であり右京八条一坊に本貫をもった秦常忌寸秋庭の戸は、男九人女一九人の計二八人によって構成されていたが、(56)このような人数が物資の貯蔵庫である「倉」もなく「板屋」一、二間程度の施設で生活しえたとはとても考えられないのである。宝亀三年八月、出雲国員外掾正七位上大宅朝臣船人は大和国添上郡春日郷にあった「家地五段」を東大寺に進納しているが、その「家地」には「檜皮葺板敷屋一間、草葺東屋一間、檜皮葺倉一宇、草葺倉一宇」が含まれていた。(57)東大寺に進納したことからみると、その家は寄進当時には居住していない家であったかもしれないが、「家」が屋と倉から成り立っていたことは注目される。

では、月借銭解に見える写経所の下級官人たちの倉はどこにあったのだろうか。この問題を考えるには次の二つの史料が参考になる。

その一つは先に掲げた宝亀三年十一月二十七日付の「丈部浜足月借銭解」である。その質物の項には「口分田三町八段」(58)が葛下郡にあったことが記されている。このときの浜足の正確な身分はわからないが、天平神護元年には式部省書生少初位上(59)の身分で写経所に出仕していたことが確認される。彼の口分田は京から遠く離れた大和国葛下郡にあったのである。そして天平五年右京計帳に見える戸口二八人の秦常忌寸秋庭の戸の口分田が、六歳以上は男子二段女子はその三分の二という班田額をもとに計算すると「おおむね三町六段ないし七段」であったことを考えると、(60)三町八段の受田額からみて、浜足の戸の規模も秋庭の戸とほぼ同様のものとみて間違いない。このことをまず確認しておく。

もう一つの史料は天平宝字五年十一月二十七日大和国十市郡池上郷屋地売買券(61)である。そこには二人の人間が東大寺に布施屋の地として寄進、売却した十市郡内の「地」が記されているが、その内容は次のとおりである。

　一区地三段在板倉一宇板屋三宇
　　東限朱雀路、南即広長口分田
　　西溝幷小道、北車持朝臣仲智地
　右、左京七条二坊戸主息長丹生真人広長貢地者
　一区地四段在草葺屋一宇
　　東限朱雀路、南息長真人広長地
　　西溝小道幷十市郡池上郷忍海連力士家
　　北十市郡池上郷小赤臣真人口分田
　　充二価銭六千文一
　右、右京五条二坊戸主正八位上車持朝臣若足戸口従五位下車持朝臣仲智沽地者

左京七条二坊に本貫をもつ息長丹生真人広長の地のすぐ南には彼の口分田があった。板倉一宇、板屋三宇を含むこの地については次のような見解がある。岸俊男氏は本貫地から相当隔ったところにある口分田を耕作する場合には、田居や仮廬を田地に作り、春秋の農繁期をそこで過ごしたことを指摘されているが、(62)矢部良明氏はこの説をうけて「広長所有の板倉は収穫物の保存庫であり、板屋は田居と見るべきである」との見解を示された(63)。たしかに田居を設ける農業経営が当時行われたことは事実であろう。しかし、今、前記の下級官人の京宅のささやかな内容を考慮するなら

ば、屋と倉とを備えた広長の「地」は、「車持朝臣仲智地」の四至に見える「忍海連力士家」と同様の「家」であったと考えざるをえない。息長丹生真人広長は、東大寺大仏殿の造営に参加した画師に比定されており(64)、京に常住した可能性が高いこと、さらに、先に見たように京に本貫をもつ者は京に家をもったことからすると、十市郡の家は広長の戸口の多くが住んだ家であったと思われる。一方、広長の地に対して、車持朝臣仲智の地に屋一間しかなかったことは、彼の従五位下という身分からみて、すでに京に倉を備えた家があり当地が「田居」の機能をもっていたことを示している。

ところで、京の外に口分田をもつ京戸は、一般に賃租によって収穫を得ていたと考えられているけれども(65)、しかし丈部浜足の場合もまた息長丹生真人広長と同じように、葛下郡にあった口分田の近辺に倉を備えた家をもっていたのではないだろうか。『続日本後紀』承知十三年三月庚申条には「大和国言。居二住山辺郡長屋郷一京戸左京三条一坊戸主犬甘千麻呂牛産二三足犢一」とある。平安京の時代に、京戸でありながら山辺郡に居住したという犬甘千麻呂は、ちょうど八世紀の、屋のみからなる京宅をもつ下級官人に相当する。

京戸でありながら京に居住しない人々がけっして特殊な存在でなかったことは、一つは『続紀』宝亀十年九月戊子条によって知られる。

勅曰。依二令条一、全戸不レ在レ郷、依二旧籍一、転写并顕二不在之由一。而職検下不レ進二計帳一之戸上。（中略）又差二使雑徭一、事須二均平一。是以天平神護年中有レ格。外居之人聴レ取二徭銭一、而職令三京師多輸二徭銭一。因レ茲百姓窮弊、遂竄二他郷一。（以下略）

徭銭の徴収は天平九年十月二日にいったん停止されていたが（『続紀』）、ここには天平神護年中に「外居之人」に限って徴収の再開されたことがみえる。この「外居之人」とは「京師」と対応していることからみて、京に本貫をもちながら京外に居住する人を指すとみて間違いない。ここで注目したいのは「外居之人」自体はなんら違法性を問われていないことである。左右京のみに徭銭制度が取り入れられたのも、一つには直接身役を課すには不便であった「外居之人」が京戸の中に数多く含まれていたことによるのであろう。

　ところで、これまで引用した史料はいずれも八世紀の後半以降の史料であって、このことをもってこれらの現象が律令制の「衰退」の時期に特有のものではないか、とみることも可能ではある。けれども、次の史料を見ればそうした見方は成り立たないことがわかる。『続紀』霊亀元年八月甲戌条には、

　京人流二宕畿外一、則貫二当国一而従レ事。

とある。「流宕」は、『続紀』および『三代格』にある同年五月一日格、いわゆる「土断法」を定める格の「多背二本貫一、流二宕他郷一、規二避課役一」という文言からみると、課役を規避すると否とに関わりなく、本貫地を離れることを指す。右の記事は、霊亀元年五月一日格によって諸国の浮浪人に現地で調庸を課すことを通じて、彼らを本貫地に返す政策を打ち出したのに対して[66]、京戸の場合には、畿外に正身をおく者については当所に貫付することをいう。しかし、ここでは「京人」が畿内に「流宕」することには一切ふれていないのであって、このことは京戸が畿内で日常の生活を営むことに対して、律令政府がなんら規制を加えていなかったことを示している。それはとりもなおさず、京戸が畿内に正身をおくことが一般的な現象だったからであろう。

　さらに、『続紀』天平宝字五年三月甲辰条には「京戸百姓規二避課役一、浮二宕外国一、習而為レ常。其数実繁。各在所占著、給二其口田一」とあり、また『三代格』所収大同四年九月十六日太政官符では「京畿内百姓口分田」を外国に班給することを停めているが、ここでもやはり京戸のうち「畿外」に「浮宕」する者のみを問題としている。以上の史料からすれば、京戸が京外に散在したこと、およびその許容範囲が畿内に限定されていたこと、そしてこうした状態が

八世紀の初めから一貫してみられることは確実であろう。

京戸の具体像を示唆するものとしては次の史料がある。『日本三代実録』貞観十三年閏八月十一日条には「霖雨未レ止。東京居人遭二水損一者三十五家百三十八人、西京六百三十家三千九百九十五人。賜二穀塩一各有レ差」とあって、ここにある「家」と人とに注目すると、東京は三五家に対して一三八人、西京は六三〇家に対して三九九五人であり、それぞれ「家」当たりの人数は東京（左京）三・九人、西京（右京）六・三人であり、両京を通計すると六人強が一つの「家」を構成していたことになる。このことをもって村井康彦氏は、平安京の「京戸」は六人ほどの単婚家族が一般的であったとされた(67)。しかし「延喜左右京職式」には「凡堀川杭者、不レ論二課不課戸一、皆令二戸頭輸一レ之。其戸十九人已下一株、二十人已上二株、三十人已上三株」とあって、天平五年右京計帳に見えるのと同じく、九世紀にあっても二〇人程度が平均的な戸と把握されていたらしいので、六人ほどの「家」は「京戸」ではない。またこれを、「平城京では『房戸』と把握された単位」とする見方もあるが(68)、この数値は籍帳から算出したものではなく、食料を支給したときの記録であることから、籍帳を通じて掌握される「戸」とは関わりなく、実際の生活単位である「家」を反映したものとみて間違いない。

こうした平安京での「京戸」と「家」との関係は平城京の場合にもあてはまる。なぜなら、先にみた板屋一、二間だけを備えた下級官人の宅地はまさに官人本人とその単婚家族の居住地にふさわしいからである。そしてそれは下級官人や一般京戸の、農業に依存しない限り生計を立てがたかった状況とよく符合する。

戸口二八人によって構成された秦常忌寸秋庭の戸は、籍帳を通じてすべてが京戸として把握されてはいたものの、実際に京に留まったのは秋庭を中心とした数人であり、その他の戸口は京宅とつながりをもちながら京外に居住していたと考えられる。先に述べた「敢朝臣粳万呂」や「他田日奉部直神護」の場合もまた、京に居住したのは彼らを中心とする単婚家族の範囲に止まったとみられ、こうしたことが畿外にまで及ぶ「外居之人」を生み出す原因になったと思われる。

これに対して、本節の最初にふれた大伴氏などの有力貴族の場合には、京外に「庄」や「別業」(69)をもつことはあっても、「家屋資財請返解案」に見える五位の官人の例から考えて、京宅こそが彼らの本宅であったことは疑いない。大伴安万呂が居地に因んで「佐保大納言」(70)と称され、あるいは宅地の位置に従って藤原武智麻呂、房前が「南卿」「北卿」(71)と呼ばれたことや、藤原武智麻呂が天平九年に「左京私第」(72)で、石川年足が天平宝字六年に「京宅」(73)で死去していることなどはその京宅の性格の一端を示している。

さて、以上述べたことから、およそ次のことが考えられる。上級貴族はもちろんのこと「家屋資財請返解案」にみられるように、五位程度の官人が倉を備えた宅地を確保し、京戸として京で恒常的な生活を送った一方で、京戸でありながら戸口の多くが周辺の農村に居住し、あわせて経済的基盤をもそこに求めざるをえなかった下級官人が存在した。このことは、五位以上の官人が「庄」をもつなど、京外との交渉をもちながらも京戸として定着した存在であったのに対して、京戸の多くを占めた一般京戸およびそれと多分に共通する性格をもつ下級官人は周辺との二元的な生活空間を有していたこと、見方を換えれば「京の人」としては未だ自立していなかったことを示している。そして、「外居之人」の許容範囲が畿内に限定されていたことや、あるいは公式令87外官赴任条、仮寧令2定省仮条、同11請仮条のごとく官人が畿外に出ることを規制する法令があることなどからすると、その二元的生活の範囲も畿内に限られたとみられる。養老令で戸令15居狭条から大宝令では存在した「京戸不在此例」の字句が除かれ、また律令の中で京戸が畿内の戸と区別されることがなかったのも、こうした京戸自体の構造に制約される面が大きかったとみなければならない。

三　平城京の人々――未選・里人、市人・雇人

1　造東大寺司の民間技術者

京戸とされながら京に留まる者と留まらない者がおり、かつ留まる者の中心が官人であったことを、前節では結果的に示すことになったが、では平城京は単なる官人の居地として機能したにすぎなかったのだろうか。私はここで、左右京に本貫をもつ京戸に限らず、京戸以外の者も含めて平城京を舞台として活動する官人以外の人々のあり方を示すことで、その問いに答えようと思う。本節は、農村とは異なる平城京という地域を考えるうえで象徴的な二つのタイプの人々、すなわち(1)民間の広い意味での技術者と(2)流通交易に携わる人々に考察を加え、それを通じて、彼らを生み出した、あるいは生み出せなかった京戸のあり方を捉えることになる。

「西南角領」のもとで東大寺大仏殿の彩色事業に従事した画工集団二七名は天平勝宝九歳四月七日西南角領解(74)に次のように記されている。

合二十三人

画師司長上正七位下河内画師次万呂

（以下画師八名略）

未選息長丹生真人川守年三十九 右京九条一坊即戸主

（以下「未選」七名略）

右十七人、画師司人、

未選息長丹生真人犬甘年二十二右京九条四坊戸主息長丹生真人〻主戸口

（一名略）

右二人、東大寺舎人、

丈部臣浜主年十七左京一条二坊戸主丈部臣葛嶋戸口

（三名略）

右四人、里人、

天平勝宝九歳四月七日坂合部表万呂

（別筆）「上主村宮万呂年十七右京九条四坊戸主従七位下上主村牛甘戸口」

（三名略）

ここには、最初に「画師（工）司人十七人」があげられ、次いで「東大寺舎人」として「未選」の二人が、そして最後に「里人」が記されている。

未選、里人の規定は令にはない。しかし、実際には、こうした画工集団と並んで写経所の経師等の中にも数多く現れる。天平二十年八月以来の「経師等上日帳」(75)、天平勝宝元年八月以来の「経師上日帳」(76)、および同二年、同四年八月以来の「経師上日帳」(77)「経師校生装潢上日案帳」(78)（以下「〇年上日帳」と略記）は、経師等の上日および上夕数を、それぞれの年の八月から翌年七月まで月ごとにまとめたものであるが、このうち、「二十年上日帳」には少なくとも二四名の「未選舎人」、二九名の里人、および四名の「図書寮未選」が確認され、「元年上日帳」には七名の里人が、また「二年上日帳」では一六名の「未選舎人」が見える。さらに「四年上日帳」では一八名の「未選」を数える。

さて、未選、里人とは何であろうか。これについては、矢部良明(79)、野村忠夫氏(80)の研究が公表されているが、ここでは矢部氏の研究を批判した野村氏の研究に依拠してその概略にふれる。

　未選里人の特徴はまず官人と比較することで明らかになる。官人の毎年の勤務評定は「考」と呼ばれ、それが所定の年数——たとえば長上は六考、内分番は八考（令制）——に達すると「成選」されて叙位に与り、この対象となった人々が「得考之色」であった。「合十三人、得考九人未選四人」[81]と記されることから、未選は広義の「官人」の範疇にも入らない存在であり、ゆえに彼らはその出仕に際し勘籍が行われることもなく、したがって公験を取得して課役免除の特典を得ることもなかったのである。

　さらに野村氏は未選を(1)「狭義の未選」＝それぞれの本司に配されながら本司の定員などの条件によって、未だ正式の下級官人として扱われない身分状態の者、(2)年少＝一般官人の叙位年齢の下限（二十五歳）に満たない者、(3)不合＝考選の対象にはならず、本質的には白丁と同じ身分状態の者、という三つに分けることができる、という。しかしこの見解には少し注意を要する。

　「不合」「年少」は「二年上日帳」「四年上日帳」に見える。ところで、天平勝宝二年正月二十七日には「造東大寺官人已下優婆塞已上、一等三十三人叙二位三階一。二等二百四人二階、三等四百三十四人一階」（『続紀』）とあるごとく、造東大寺司下の人々に対する特別の叙位が行われている。「元年上日帳」のうち阿閇広人以下六五名は身分の記載はないものの、「二十年上日帳」との比較によって未選あるいは里人であったことが判明するが[82]、この六五名のうち、三八名が散位、大舎人少初位下として「二年上日帳」に名を連ねるのもこのときの叙位による。「不合」「年少舎人」という区別はこの叙位に際して施行された勘籍に基づいて付された名称であって、本来そうした区別があったのではないことは、中村順昭氏が詳細に論じられているところである[83]。すなわち、未選はその中に叙位年齢に達しない者やなんらかの理由で叙位に与れない者をも含む、未だ「得考」に至らない者として一括して捉えることができるのであり、したがって、広義、狭義を問わず、「未選」という段階はそれを経過することによって必ず官人に昇進できるという固定的な地位ではなかったことになる。『続紀』天平宝字五年六月辛巳条には「詔、供二奉御斎一雑工将領等、随二其労効一、賜レ爵与レ考各有レ差。其未二出身一者、聴レ預二当官得レ考之例一」とあって、光明皇后の一周忌に供奉した雑工将領等に「考」を与えるとともに、「未出身者」に対して「得考之例」に与ることを聴したことがみえる。先にみた天平勝宝二年の叙位においても、優婆塞へも加階されたことが知られるので、このとき「未出身者」の「出身」が実現したことがわかる。そしてそのときの「未出身者」に相当するのが「元年上日帳」に未選ないし里人として載せられた人々にほかならない。「未選」が官途につくには、令や格などに規定がない以上、こうした臨時の措置を待たねばならず、未選として労を積むこと自体は、その機会を増すことにはなっても、官人となることには直接結びつかなかったのではあるまいか。

　里人は時に「白丁」と記されるように(84)、その身分が「白丁」であったことは明らかであるが、「未選」とされた者がのちに「里人」として見える場合があることも(85)、未選が里人と本質的な差異がなかったことを示している。野村氏は、里人を指して「本司をもたない臨時採用的な民間技能者(86)」といわれたが、その性格は未選にもあてはまるのであり、未選も里人も法制上の身分としては白丁となんら変わらなかったのである。

　未選と里人との違いは、中村順昭氏のいわれるとおり、未選がなんらかの本司をもったのに対し、里人は属すべき本司をもたなかったことに求められる(87)。このことを造東大寺司写経所に即していえば、未選は造東大寺司に掌握されていたが、里人が属したのは造東大寺司の下部機関である写経所ということになる。冒頭の「西南角領解」に見える八人の「画師（工）司未選」は画工司レベルで、「東大寺舎人未選」は造東大寺司レベルで、そして本司の記されない里人は「西南角領」レベルで、臨時採用的な手続きを経て採用された人々であったと考えられる。

しかし、この一方で、出仕状況に関しては必ずしも「臨時採用的」とはいえないようである。「元年上日帳」の阿閇広人以下六五名は未選里人が一括して載せられたものであることを先にふれたが、このことから逆に、「閏五月」の上日の項を含む「二十年上日帳」の断簡のうち、右のグループにある人名を含む断簡は、未選、あるいは里人のものであることが判明する。[88] かくして、未選里人の数は(A)「二十年上日帳」では七七名、(B)「元年上日帳」では六五名に最後に書き加えられた一四名をあわせて七九名となる。また(C)「二年上日帳」では「年少舎人」「不合」を含めて三六名（正倉院文書写真版によって一名追加）の未選が知られる。これらの中には、八月から翌年七月に至る、いわば出仕計算の「年度」の途中から出仕しはじめる者が何名もおり、年間を通じての平均的な出仕日数は知りがたい。また上日帳の日数は「写経所」に出仕した日数のみを示すのであって、たとえば、同じ造東大寺司でも政所に出向く場合には「十月日五夕八自余政所」のように記されて、政所での出仕日数は記録されない。したがってここにある数字は、未選里人の出仕についていえば、確かめうる最少の出仕日数ということになる。

このような制限をもつ上日帳であるが、彼らの上日数はけっして少なくはない。内分番が考を得るのに必要な日数は一四〇日、同じく長上は二四〇日であるが（考課令59内外初位条）、(B)においては、一四〇日以上の者が四二名を占め、さらに二四〇日以上の者は三四五日（大舎人五百嶋、ただし数字は正倉院文書写真版によって訂正）を最高として一二名に達する。(C)では、同じく、一三名、三名となる。また(A)の場合には「閏五月」が含まれ、一三ヵ月の上日数となり、(B)(C)とは条件を異にするが、やはり一四〇日を超える者二四名、そのうち二四〇日を超える者九名を数える。

ただ、本章はここで上日数の多さだけを強調したいのではなく、むしろ、一年間「不仕」を続ける者から三五三日もの出仕を数える者（他田水主、古十ノ三五四）に至るまで、出仕にかなり多様性があることにも目を向ける必要があると考える。経師、装潢などの一種の「職人」の場合には個人の能力によって出仕の内容も変わってくることが想定されるので、上日数だけからその性格を引き出すことは慎まねばならない。けれども、上馬養の三年間の上日の記録[89]からはその性格の一端がうかがえる。

当時の農繁期は、四〜六月、七〜九月と考えられていたが[90]、馬養の四〜六月、七〜九月の上日に注目すると、他の月と比べてとくに少ないわけではなく、また年によって各月の上日が異なっており、一貫性は認めがたい。彼の出仕は農業に左右されなかったのであり、ここには、それが官司の要請に従ったものであることが示唆されている。もちろんこのことをただちにすべての未選里人に敷衍できるわけではない。しかし、経師等の採用には「考試」が行われたことからすれば[91]、総じて彼らの出仕は、農事に左右されるような「臨時採用的」なものではなかったとみなければならない。写経所が「召文[92]」を出して経師等を召集していることや、「帙了」すなわち割り当てられた仕事を終えたことを理由にした「請仮解[93]」が多く書かれたことも、それを裏付けている。

以上のことは、「臨時採用的」な手続きを経て出仕をした未選里人の活動が、けっして「臨時採用的」ではなかったことを示している。彼らは、写経所での活動が知られる下級官人と同様に、作業の量に応じて布施が支給され食米衣服を与えられながら、経師等の宿所や写経所近辺の「家」を拠点として写経事業の一翼を担ったのであり、そしてその中には、長上官の上日数を上回るほどの出仕を重ねる者も存在したのである。このことは、白丁のまま課役を免ぜられることもなく一年の大半を京で過ごした人々の姿を如実に示しており、それはまた、本質的にはすべての未選里人にあてはまる性格であったと考えられる。

平城京はかような人々の活動の場となったのであるが、しかし、彼らの存在から平城京の性格を論ずる場合には、次の点に留意する必要がある。

一つは、下級官人をも含めて写経所に出仕する人々が、京外の在地と深いつながりを保ち続けたことである。たとえば「請仮解」の一つには「右、依二親父老人衣具可レ進、退二摂津三嶋上郡一。仍注レ状申送」[94]とあり、某と親父が摂津国三嶋上郡に居住したことを伝えている。この場合には、京戸かどうかは不明であるが、彼はちょうど第二節でみた京戸と同じように、京に留まりながら当地との交渉を持ち続けたのであろう。なお「二十年上日帳」にみられる当時の布施の年間総額は、熊倉千鶴子氏の計算に従えば、「経師」の場合、最高調布三六端、平均一八端程度であり、[95]『延喜式』の禄物価法で換算すれば、二七石、一三・五石となる。多い者は「正六位」の季禄を上回るが、しかし、それのみで養うことのできる「家族」はおのずと限定されることになろう。

　もう一つふれなくてはならないのは、未選里人を生み出した地域についてである。このことを考える材料となるのは経師等の「貢進文」である。一般農民、官人を問わず、写経所に出仕するさいには、まず推薦状である「貢進文」が提出され、その後考試が行われて採否が決定した。正倉院文書には二五通の「経師等貢進解」が現存するが、その中で、被貢進者の本貫が知られるものが、七通八名分ある。[96]その内訳は、左右京三人、上総二人、河内、近江、相模各一人である。左右京は半分にも達しない。

　さらに、写経所が三一名を一括して貢進した「天平二十年四月五日写経所解」[97]を見ることにしよう。ここには、三一名のそれぞれに、年齢、年労、本貫が記される。このうち「少初位下治田連石万呂」等四名を除く二七名は位階官職の記載がないが、一方、この解が記された三ヵ月あとの天平二十年八月時点の経師等の身分が書かれた「二十年上日帳」には、一六名が未選舎人ないし里人として見えている。また、二七名のうち残りの一一人の名前の上には丸印が付いているが、そのすべてが天平二十年末までに史料から見えなくなるので、この丸印の付された者はこの申請を契機として出家したと見なしてさしつかえない。[98]したがって、位階官職の記載のない二七名は天平二十年四月の時点においてはすべて同じ身分、すなわち未選舎人ないし里人であったことになる。

その本貫の内訳は左右京八、畿内八（大倭一、摂津一、河内二、山背四）、畿外一一（伊勢一、尾張二、上総一、下総一、常陸一、近江二、美濃一、紀伊一、伊予一）となり、左右京は全体の三分の一弱を占めるにすぎない。この割合が、先に見た「経師等貢進文」から得られた割合とほぼ一致することからして、全体として未選里人を生み出した地域が畿内畿外にまで及んだことは確実であろう。京で活動した未選里人は、「京戸」の中から生まれたわけではなかったのである。

令外官である写経所には元来固有の官人はなく、他の官司の下級官人が写経に携わったのであるが、初期の写経所ではこうした官人が大多数を占めたのに対して、のち、とくに写経所が造東大寺司に組み入れられて以後、未選里人が多く出現することが知られている(99)。このことからすると、未選里人は、東大寺大仏殿の建立や光明皇后の発願にかかる「五月一日経」などに象徴される八世紀中葉の国家的造営や写経事業の展開の中で生まれたとみてよい。里人は写経所のほかには画師に見えるだけであるが、一方未選は経師等、画工、仏工(100)などのほか「坤宮官未選(101)」「図書寮未選(102)」などが見え、また木簡(103)にも現れる。この両者は相当広汎に存在したものと思われるが、その中心はやはり経師、画師等の「技術者」であったと考えられる。

ところで、前節で東大寺に家地を寄進した「左京七条二坊戸主息長丹生真人広長」が画師であろうことを述べたが、位階官職の記載のないことからすると、彼もまた未選あるいは里人としての画師であったと思われる。ただし、彼は口分田の傍の家地を寄進し、その時点で農業経営から大きく後退したとみなければならず、そこには「外居之人」を戸内に含む京戸とは異質な面を見出すことができる。

広長の画師としての名が見えるのは、天平宝字二年のことであるが、同じころ「仏工」で息長丹生真人常人なる人物がいる。常人は同六年八月二十七日「造石山院所労劇帳」に「年二十五左京七条二坊」「労七歳(104)」とあって、広長と本貫が同じであり、その年齢からしても、常人は広長の戸の一員であった可能性が高い。とすれば、広長の戸は、複数の工人を抱える、いわば職人の家として、京に定着して生活を送ったことが考えられる。

2　東西市での活動

関市令20除官市買条には「凡除二官市買一者、皆就レ市交易」とあって、官の物品購入以外はすべて「市」において交易することが規定されているが、京戸が利用しえた交易の場、すなわち平城京の「市」は東西市であった。東西市は、左右京職下の市司がこれを管轄し、また估価の管理、市の開閉、不正売買の監督なども市司によって行われていた。それは律令政府の支配下にある「市」であり、機能的にみても「官人の私経済と官衙財政を維持し保護」することを目的とする、いわば官市であった(105)。

市では物品ごとに肆（イチクラ）が設けられ売買が行われる（関市令12毎肆立標条）。「延喜東西市司式」には東市五一、西市三三の鄽が記されるが、その販売に当たった者は当時「市人」と呼ばれた。たとえば、長岡京に遷都して間もない延暦五年五月三日には「東西市人」に物を与えたことが知られ（『続紀』）、延暦十三年七月一日には東西市を新京、すなわち平安京に遷すとともに、「市人」をも遷している（『日本紀略』）。こうした市人は、単に市で物を売ったというだけでなく、「ある階層以上の有力な商人(106)」とする捉え方が有力であるが、史料に即していえば、もう少し限定された意味をもっていた。

貞観六年（八六四）九月四日太政官符は「応レ禁三断市籍人仕二諸司諸家一事」として「凡在二市籍一者、市司所二統摂一。而市人等属二仕王臣家一、不レ遵二本司事一、加二召勘一則称二高家従者一」（『三代格』巻十九）という文言を載せており、「市籍」に登載される者が「市人」であったことを示している。また「延喜東西市司式」には、「市人籍帳」が東西市司によって毎年作られたことが記されているので、九世紀にあっては、市人とは東西市司の管轄下にある「市籍人」を意味していたことが知られるのである。では、八世紀にあってはどうか。

関市令や職員令67東西市司条には、市の運営についての詳細な規定が収められているのにもかかわらず、市籍についてはなんの規定もない。けれども八世紀の中葉においてもすでに「市人」が「市籍人」を指したと思われる史料がある。『続紀』天平十六年閏正月戊辰条には、

遣㆓従三位巨勢朝臣奈弖麻呂、従四位上藤原朝臣仲麻呂㆒、就㆑市問㆓定㆑京之事㆒。市人皆願㆘以㆓恭仁京㆒為㆖都。但有㆘願㆓難波㆒者一人、願㆓平城㆒者一人㆖。

と見える。時に都は恭仁京にあったが、聖武天皇はこの三日前に百官を朝堂に集めて恭仁・難波のいずれの京に都を定むべきかを問い（『続紀』）、この日また恭仁京の市に二人の官人を遣わしてその意向を尋ねたのである。ここには「市人」がある人数を限って律令政府によって召集されている様子がうかがえるが、このことは彼らが「市人」という特定の身分において律令政府に掌握されていたことを示している。したがって、八世紀における「市人」もまた「市籍人」と同じく、東西市司に属する特定の人々を指したとみられるのであり、平城京の「市人」は、九世紀における「市人」と同じく、もはや農業を離れ、「商業」を生業にしていたことになる。かような性格をもつ市人に対して、遷都についての意見が問われていることは、彼らの京において占める役割が小さくなかったことを示している。しかしその一方で、市人の大多数が恭仁京に留まることを主張したにもかかわらず、実際には都は難波に遷されていることからは、市人は都城の中心的な存在ではなかったこと、見方を換えれば、都城の中心的機能が経済的機能にはなかったことをうかがうことができる。

また、こうした「市人」の出自については、左右京の中で自然に生まれてきたのではなく、一〇〇万という単位で

銭貨を献じ叙位に与った地方豪族、あるいは畿内と畿外とを結んで交易に従事した「商旅之徒」と呼ばれる地方豪族の中から生まれたとする先行研究に従いたい。[107]『続紀』霊亀元年（七一五）六月丁卯条には「諸国人二十戸、移二附京職一。由二殖貨一也」という記事があるが、左右京に移された諸国の人とは、東西市において「市人」として貨殖を認められた者をいうのであろう。[108]律令国家は、平城京の成立とほぼ時を同じくして、京外の「有力者」を左右京に移すことによって東西市の整備に取り組んだのである。

　さて、東西市を活動の舞台とした人々として、もう一つ、「雇車」「雇人」などとして史料に現れる、物資の輸送に従事する人々をあげねばならない。

　まず一例をあげる。

天平宝字六年十二月二十一日、絁七二匹が写経所領上馬養、社月足によって写経所に納入されたことが「二部般若経雑物納帳」によって知られるが、同じ時期の「奉写二部大般若経銭用帳」の十二月二十一日の項には、

(I)七十七貫三百五十文買絁七十二匹直

（略）

一百六十文、件絁銭等自二東西市一負運雇車二両（一両九十文　一両七十文）

七十七文、自二市一買物持運役夫等食物料頓給[109]

とあって、絁が東西市で購入され、「雇車」「役夫」によって写経所に運ばれたことがわかる。「納帳」に「右附二上馬甘社月足等一買。依レ員検納如レ件」[110]とあるとおり、この両名が購入に当たったのであるが、運送のための雇車雇夫を調達したのもまたこの両名であったと思われる。

　もう一つ、造東大寺司下の「市庄領」によって調達されたケースをあげる。

(Ⅱ)司符　東西市領等

可二買進上一雑物事、充遣価料銭二十貫九貫

（中略）

右物等、可レ奉レ写二大般若経一々師等料如レ件。宜下承二知状一、東西市領共相通、依レ員早速買取、以二銭内一人車雇、閏月五日以前、進中上写経所上。今具レ状、附二工広道一、故符。

天平宝字六年十二月二十九日(111)

主典安都宿禰

ここに見えるとおり、写経所が市庄を通じて物資を購入する場合には、まず必要な銭を市庄領に下し、その銭をもって市庄領みずからが物資を購入し、あわせて「銭の内をもって人車を雇」い写経所に運んだのである。(112)こうした「人車」のうち、雇車については専門的な「輸送業者」と捉える見解が多い。(113)しかしながら、その根拠となっているのは、「雇車」の記載が史料の中に数多く見られること、それ自体にすぎず、その性格はいっこうに判然としないのが現状である。八世紀後半、造寺に従った大量の雇傭者は、いわゆる「狭義の雇役」ではなく和雇によって「雇傭」された人々と考えられているが、(114)八世紀の「雇車」と記される雇傭労働が「和雇」とどのような点で異なっていたのかについてはこれまで言及されなかったのであり、この点にこそ「輸送業者」の実態を明確にできない最大の理由がある。しかしその相違を明らかにするのにまったく手がかりがないわけではない。

その手がかりとは、すでに櫛木謙周氏が指摘されているが、運搬に従事した「雇夫」には食料が支給されず、銭のみが功として与えられたことである。(115)たとえば、ちょうど天平宝字六年から七年にかけての、灌頂経および二部般若経の書写時に写経所で働いた雇夫を列挙した「雇人功給歴名帳」には、

(Ⅲ)又日雇夫六十七人功六百七十文、人別十文合十二月閏十二月中自二所々一雑物負運功充不食。
（朱筆）『並銭用帳下了』(116)

とあるように、このときに雑物を運んだ雇夫は「食を充てず」（または「不食を充つ」(117)）として人別一〇文だけが与えられた。またこの「日雇夫」の一例が「銭用帳」の閏十二月六日の項に、

(Ⅳ)三百九十六文、自二東西市一雑物買運雇車五両往還賃
　一百八十六文、買二雑物一令二持運一担夫食物直(118)

と記されている、「食物直」とは、櫛木氏のいわれるとおり、米、塩等の食料を充てる代わりに銭貨が支給されたことを意味すると思われる。(Ⅰ)において、「食物料」を頓に給う、とあるのもまた食物料として銭が渡されたことをいうのであろう。なお、雇車については付け加えると、このとき(Ⅳ)の雇夫が雇車を動かしたと考える余地もないではないが、しかし、あえて「担夫」と記されていることをみると、この雇夫は人担によって雑物を運搬したものと考えられる。したがって、「雇車」とは単に車だけを雇うのではなく、それを扱う人を一体として雇ったものとみられる。とすれば、「雇車」にも「担夫」同様に食料の給付はなかったことになる。

右のような雇車雇夫のあり方は「和雇」のあり方とは異なっていた。なぜなら和雇の場合には、功直とともに食料の支給が原則だったからである。たとえば、天平宝字五年三月十三日の造石山寺所から造東大寺司に宛てられた消息には、銭と「米菜」を請求するのに「若不レ充者、必作手可レ停二止之一。以加役工夫等菜甚難二買求一、而不レ得二塩海藻一、少々充給者、甚辛苦也。若請物不レ給、自レ常雇役人等、皆悉散往者、恐又更難レ雇二寄之一(119)」とあり、功銭とともに食料が和雇において不可欠のものであったことが示されている。そしてこのあり方が左右京以外の地方だけにみられるのではないことは、写経所で雇傭された雇夫が、「充不食」とされた「日雇夫」と異なり、「奉写灌頂経所食口案帳(120)」

に記されて食料を支給されていたことをあげるだけで十分であろう。[121]

東西市からの運搬に従事した人々についてはある特殊な状況が想定される。すなわち、彼らは単に東西市に集まった人々の中から「和雇」されたのではなく、銭貨のみを受け取って恒常的に活動する「輸送業者」としてすでに自立していたことが考えられるのである。(II)において、「市庄領」が「以銭内人車雇」と命じられたのも、当時東西市で「人車」を雇うことが、かなり一般的であったことを前提にしているのであろう。九世紀において山崎津や大津などで活動を繰り広げた「傭賃之輩[122]」「賃車之徒[123]」が「輸送業者」であることは多くの研究者によって認められているが、八世紀における東西市の雇車、雇人にもこれと同じ性格を見出すことができる。

関市令や雑令には東西市の運営に関する細かな規定が収められていることは先にふれたが、それらは主に物資の販売に関する規定であり、運搬についての規定はまったく見えず、また職員令に載せる東西市司の構成をみても、運搬に関わる職掌をもつ者はいないのである。令の本意からすれば、物資の購入者の側が運搬をも請け負うことになっていたのであろうが、写経所が東西市から物資を購入する場合には、その多くが雇車雇夫に依存しているといってよい。以上のことが正しいとすれば、彼らは、東西市を中心として京内で、あるいは泉木津、宇治津などの当時の物資の集散地をも含めて恒常的な活動を行いつつ、ちょうど「市人」が流通機構の中で果たしたのと同じく、律令制下の運搬の部門で一定の補完的な機能を果たしたことになる。

東西市を中心としてかような活動を展開した人々は、農業とは異なる生業をもったという点で、農村には存在しなかった人々である。しかし、未選里人が造東大寺司などの官司に付属するかたちで現れたのと同じく、彼らもまた、官市たる東西市にこそ出現しえたのであった。ただし、東西市は官市という基本的な性格をもつとはいえ、「延喜東西市司式」にある市廛には、東西市に共通して米、油、塩、生魚などの基本的な食料を売る者がみられ、官人ばかりでなく一般の京戸にも十分利用されうる市であったと思われる。写経所の経師等が受け取る布施は、いずれも銭か銭貨と同等の機能をもった調布、絁であり(124)、また息長丹生広長のごとき画師、あるいは雇人に支払われたのは必ず銭であったが、それらは単に調傜銭として国家に納入されるばかりではなく、市においての必需品の購入に充てられたとみて差支えあるまい。その中には、布施だけで六位の官人の得る季禄を上回るほどの経師がおり、さらには複数の「職人」を含む「京戸」さえ知られるのであり、そうした人々は、その「給与」をもとに、一定範囲の家族とともに平城京の中に生活を送ったものと思われる。

かくして、平城京は単に官人の居住区であるばかりでなく、こうした人々の居住し活動する場となったのである。けれども、またそれらを生み出したのが、平城京の住民であるべき京戸ではなかったことに留意しなくてはならない。写経所での活動が知られる未選里人のうち、左右京に本貫をもつ者は半分にも達しなかったのである。経師等として働いた彼らは文字を修得するだけの、ある程度の経済力を備えた人々であったと考えられるが、一方、律令政府にとって、彼らはまず拡大する写経事業を遂行するための貴重な労働力であった。京以外の地域からの出身者が半数以上を占めたことは、写経所のある平城京だけではとてもその需要を満たすだけの「技術者」が得られなかったこと、逆にいえば、平城京の中には未だ律令政府の需要に応えるだけの基盤が成立していなかったことを意味している。それはまた、「平城京の人々」を生み出したのが京戸ではなく、律令国家であったことの一面を如実に示すものである。

おわりに

平城京は政治都市であり、官人の居住地であったといわれる。「政治都市」であることは、右に述べたことから確認されるであろう。ただし、平城宮出土木簡から判明する六位以下の下級官人の本貫は、写経所の未選里人と同じように左右京に少なく(二一八例中三二例)、むしろ畿内およびその周辺に多い。(125)必ず「京戸」となるのは五位以上に限られたらしい。まったくの偶然によって正倉院に伝存する「天平五年右京計帳」にあっても、官人であるのは一三戸のうち五戸、六名にすぎず(126)、官人ではない京戸は多数存在したと思われる。こうした人々が、いったいいかなる意義をもって「京戸」として律令国家に組み入れられていたのかについて最後にふれておこう。

左右京のみに「徭銭」の制度が採用されたことを先に述べた。徭銭は布等ではなく、必ず銭貨で納入される。天平五年の時点においては、その額は正丁一人一二〇文の高額に上ったが、当時の畿内調銭は同じく九文であり、京戸がもし調と雑徭を銭貨で納めるとすると一二九文にもなり、京戸がいかに銭貨との結び付きが強かったかが知られる。(127)ところで、京戸が銭貨を得るためには、東西市で物を売るか、雇役に従うかが主な方法であったと考えられている。(128)しかし、このほかに、未選里人として出仕し、あるいは市人や「雇車」などとして活動することにより銭貨を得る者がいたことは先に述べた。また雇役についてみれば、律令政府の行う造寺造宮ばかりでなく、貴族邸宅の建設のための労働力となった者も数多くいたであろう。さらに写経所が生菜を東西市で購入する例は多数見え、「市人」とは別に、京戸が日常的に生菜等を売ったことは十分考えられる。京戸の活動は多種多様であり、京戸を「造営造京にともなう労役のための労働力」(129)と一括してしまう見解には、ただちに従うことはできない。けれども、当時の銭貨が、たとえば平城京造営とほぼ同時に和同開珎が鋳造されたごとく、造営造京遂行のための国家の労役調達手段として機能したことからすると(130)、その労働の内容は多様であるとはいえ、銭貨を媒介として律令国家に強く結び付いた京戸は、広い意味での律令政府の維持に大きな役割を果したといえる。

こうした京戸は、しかし、常に京に留まったわけではなかった。すなわち、京戸の多くは下級官人をも含めて、農業経営から離脱することなく在地との深いつながりを持ち続けたのである。大部分の京戸は周囲からの移貫によって生まれたとみられるが、そのさい、二〇〜三〇人程度の戸口全体が京に住んだのではなく、その一部の単婚家族のみが京に留まり、残りの戸口は京外に居を構えたというのが京戸の一般的なあり方であったと思われる。もちろん、「戸」の中に複数の技術者を含む息長丹生真人広長の戸のごとく、「戸」全体が京に留まるケースもあったであろう。しかし、律令政府が「外居之人」に対してなんらの措置も講じていないことからすれば、前者の占める割合はけっして少なくはなかったとみられる。かくして、日本の古代社会の中では、京に本貫をもちそこに居住すべき京戸は、ついに定着しなかったのである。(131)

平城京は律令政府を中心に機能したという点においては確かに政治都市であったが、しかしその枠組みの中で、未選里人、市人、雇車雇人という人々を生み出したことにも注目せざるをえない。本章は、律令国家の「制度」の下に隠れた京戸の実態を、同時代の文献史料から解明しようとした一つの基本的な作業にほかならず、またその論証の過程で不備な点も多いかと思われるが、しかし、大略京戸の、ひいては平城京の一つの姿を提示しえたと考えている。本章の主張するところは、平城京が、政治都市としての制約をうけつつも一定の展開を示した、いわば活動する都市であったこと、この一点に尽きる。

註

（1）狩野久「日本古代の都市と農村」（『日本史研究』五九号、一九六二年）、鬼頭清明『日本古代都市論序説』（法政大学出版局、一九七七年）、このほか、直接平城京を扱ったものではないが吉田孝「律令時代の交易」（『日本経済史大系1　古代』東京大学出版会、一九六五年）がおおいに参考になる。

（2）沢田吾一『奈良朝時代民政経済の数的研究』（富山房、一九二七年、のち一九七二年、柏書房より復刊）二七六頁以下。

（3）薗田香融「萬葉貴族の生活圏」（『萬葉』八、一九五三年）、関晃・青木和夫「平城京」（『日本歴史講座Ⅰ』東京大学出版

会、一九五六年）。平城京にふれた論考は数多いが、京戸とくに官人の生活についてはほぼこの二つの論文に尽くされている。

（4）長山泰孝「畿内制の成立」（『古代の日本5』角川書店、一九七〇年）二四〇頁、同「改新詔と畿内制の成立」（『続日本紀研究』二〇九・二一〇号、一九八〇年）。

（5）曽我部静雄「我が律令時代の京師における雇役と雑徭」（同『律令を中心とした日中関係史の研究』吉川弘文館、一九六八年）四四七頁以下。

（6）賦役令4歳役条。

（7）職員令66左京職条、同68摂津職条。

（8）同右、摂津職も左右京職に同じ。

（9）『続紀』天平十六年二月乙卯条。

（10）同右、天平十六年二月庚申条。

（11）『令集解』田令7非其土人条古記。

（12）賦役令1調絹絁条、同4歳役条、田令1田長条、賦役令37雑徭条、軍防令兵士簡点条を参照。

（13）櫛木謙周「律令官司の労働編成と人民支配」（『日本史研究』一九九号、一九七八年）五八、六二～六三頁。

（14）課役の軽重とは別に、左右京のみに徭銭の制度が取り入れられたことが注目されるが（岸俊男「郷里制廃止の前後」〈同『日本古代政治史研究』塙書房、一九六六年〉二六四～二六五頁）、この点に関しては後述。

（15）仁井田陞『唐令拾遺』（東京大学出版会、一九三三年）二三七頁。

（16）佐藤武敏『長安』（近藤出版社、一九七一年）二〇七～二一〇頁。

（17）曽我部静雄註（5）論文四四六頁以下。

（18）『日本思想大系　律令』（岩波書店、一九七六年）補注五五四頁（吉田孝氏執筆）。

（19）同右。

（20）曽我部静雄「日中の畿内制度」（註（5）書所収）。

（21）関晃「畿内制の成立」（『山梨大学学芸学部研究報告』五、一九五四年）。

(22) 関晃・青木和夫註(3)論文二五四頁。
(23) 『大日本古文書』三巻三三四頁（以下、古三ノ三三四と略記）。
(24) 古三ノ一三五、なお天平勝宝三年四月十三日伊賀国阿拝郡柘殖郷墾田売買券には「従六位下」とある（古三ノ五〇一）。
(25) 古三ノ一五〇。
(26) 藤原朝臣麻呂は養老元年十一月従五位下に叙せられ、同五年正月従五位下から従四位下に昇ったことが見えるから（以上『続紀』）、養老二年当時は従五位下であった。
(27) 古六ノ四〇七。
(28) 古十七ノ六〇六。
(29) 井上薫『奈良朝仏教史の研究』（吉川弘文館、一九六六年）三九六〜三九七頁参照。
(30) 山田英雄「律令官人の休日」（竹内理三博士古稀記念会編『続律令国家と貴族社会』吉川弘文館、一九七八年）三三八〜三三九頁による。
(31) 古二十四ノ五五二。なお作成年次については田中卓「續・還俗」（『続日本紀研究』三巻一号、一九五六年）に詳しい考証がある。
(32) 高橋崇『律令官人給与制の研究』（吉川弘文館、一九七〇年）一二頁。
(33) 関晃「律令貴族論」（『岩波講座　日本歴史3　古代3』岩波書店、一九七六年）五五頁。
(34) 宝亀四年二月十六日太政官符（古二一ノ二七六）。
(35) 関晃・青木和夫註(3)論文二五四頁。
(36) 鬼頭清明註(1)書四四頁以下。
(37) 弘仁十年十一月五日太政官符（『三代格』巻十六）、天長四年九月二十六日太政官符（同上）、『三代実録』貞観八年五月二十一日条。
(38) 『続日本後紀』承和五年七月丙辰条。
(39) 同右および「延喜左右京職式」京中水田条。
(40) 秋山國三「平安京における宅地分配と班田制について」（秋山・仲村研『京都「町」の研究』法政大学出版局、一九七五年）。

(41) 職員令7内蔵寮条。

(42) 『三代実録』貞観十七年二月十一日条。

(43) 『続日本後紀』承和三年五月癸亥条。

(44) 古十九ノ二九七、丈部浜足月借銭解にはもう一通家を質物とするものがある（古六ノ二七四）。

(45) 古六ノ四二六。

(46) 古六ノ四二七。

(47) 古六ノ五一〇。

(48) 古六ノ五六七。

(49) 古六ノ五八五。

(50) 古十九ノ三一五。

(51) 奈良県『平城京左京八条三坊発掘調査概報』（一九七六年）、鬼頭清明「平城京の発掘調査の現状と保存問題」（『歴史評論』三四六号、一九七九年）。

(52) 古六ノ二七四。

(53) 木村徳国『古代建築のイメージ』（ＮＨＫブックス、一九七九年）一七四頁。

(54) 古六ノ一一八。

(55) 奈良国立文化財研究所『唐招提寺史料　一』（一九七一年）四三〇頁以下。

(56) 天平五年右京計帳（古一ノ四九四）。

(57) 古六ノ三八九、三九七。

(58) 宝亀三年二月二十五日丈部浜足月借銭解には「口分田三町葛下郡」とある（古六ノ二七四）が、「三町八段」の方が正しい数値を示していると思われる。

(59) 古五ノ五一八。

(60) 野村忠夫『律令官人制の研究　増訂版』（吉川弘文館、一九七〇年）四一三頁による。

(61)　古四ノ五二〇。
(62)　岸俊男「東大寺領越前庄園の復原と口分田耕営の実態」(同『日本古代籍帳の研究』塙書房、一九七三年)。
(63)　矢部良明「奈良朝の民間工人の動向」(『ＭＵＳＥＵＭ』二二六、一九六九年)一四頁。
(64)　竹内・山田・平野編『日本古代人名辞典』(吉川弘文館、一九五九年)四二三、四二四頁。
(65)　鬼頭清明「初期平安京についての一試論」(『国立歴史民俗博物館研究報告』一集、一九八三年)一六頁、など。
(66)　鎌田元一「律令国家の浮逃対策」(『赤松俊秀教授退官記念 国史論集』一九七二年)、吉村武彦「日本古代における律令制的農民支配の特質」(『歴史学研究　別冊特集』一九七三年)の解釈による。
(67)　村井康彦『古京年代記』(角川書店、一九七三年)三七九〜三八〇頁。
(68)　鬼頭清明註(65)論文一六頁。
(69)　別業については、薗田香融註(3)論文などを参照。
(70)　『万葉集』巻四、六四九番歌左注。
(71)　『続紀』天平宝字四年八月甲子条。
(72)　「家伝下」(『寧楽遺文』八八六頁)。
(73)　石川朝臣年足墓誌(『寧楽遺文』九七七頁)。
(74)　古四ノ二二七。
(75)　古十ノ三三五〜三七四。
(76)　古三ノ二八〇〜三一二。
(77)　古三ノ四二六〜四五八。
(78)　古十二ノ三六四〜三七五。
(79)　矢部良明註(63)論文。
(80)　野村忠夫『官人制論』(雄山閣出版、一九七五年)一五三頁以下。
(81)　古二ノ一五五。
(82)　野村忠夫註(80)書一五九〜一六一頁参照。

(83) 中村順昭「律令制下の下級官人についての一考察」（同氏卒業論文、一九七九年、のち「律令制下における農民の官人化」〈同『律令官人制と地域社会』吉川弘文館、二〇〇八年〉として公刊）。
(84) 天平宝字二年六月十八日「中島写経所写手進送文」（古十三ノ二三六～二三七）、同二年九月五日「東寺写経所解案」（古四ノ三〇一～三一一）、同二年十一月三日「東寺写経所解案」（古十四ノ二二六～二三六）、同四年十月十九日「東大寺写経布施奉請状」（古四ノ四四〇～四四四）に「白丁」が見える。
(85) 前掲「西南角領解」で「画師司未選」とされた息長丹生真人川守、河内画師広川、辛国連広人の三人は、天平宝字三年三月「大仏殿廂絵画師作物功銭帳」（古四ノ三五三～三五八）においては「里人」として登場する。
(86) 野村忠夫註(80)書一六五～一六六頁。
(87) 中村順昭註(83)論文。
(88) 古十ノ三六八～三六九の七名、十ノ六四〇～六四三の一三名、二十四ノ五一九の常世連馬人以下四名の計二四名。「二十年上日帳」の未選里人はこの二四名に、未選舎人二四名、里人二九名（古十ノ三五一～三六五）を加えて七七名になる。
(89) 付表（本頁左下）を参照。
(90) 『令集解』仮寧令給休仮条古記に「添下郡平群郡等四月種、七月収。葛上葛下内等郡、五月六月種、八月九月収之類是」とあるのによる。
(91) 矢部良明註(63)論文九頁。
(92) 古四ノ二九〇～二九一、十四ノ四四四、十九ノ一三二。
(93) 古十七ノ五六五など。『寧楽遺文』五七三～六〇九頁および井上薫註(29)書三九三頁参照。
(94) 古四ノ四四六。
(95) 熊倉千鶴子「写経師の布施について—律令下級官人の研究—」

付表　上馬養の上日

年＼月	8	9	10	11	12	正	2	3	4	5	⑤	6	7	計	身分	出典
天平二十年	29	20	29	22	19	15	23	24	29	15	4	19	17	265	里人	十ノ三六四
天平勝宝元年	21	21	17	20	25	12	25	17	22	22	—	15	29	246	未選または里人	三ノ二九二
同二年	16	16	24	14	13	16	19	27	13	23	—	13	10	204	少初位下散位	三ノ四四五

※「月」欄のマル付き数字は閏月を示す。

『史論』三二号、一九七八年）三九頁以下による。
(96) 古六ノ一二六（1）・一二九（2）、十七ノ一七四（3）、二十二ノ三九（4）・四〇（5）（6）・三七一（7）の七通。なお、二五通全体については井上薫註(29)書四〇二～四〇三頁にまとめられている。
(97) 古三ノ七八。
(98) 鬼頭清明「天平期の優婆塞貢進の社会的背景」（同註(1)書所収）一一五頁。
(99) 井上薫註(29)書三八七頁以下。
(100) 天平宝字六年七月二十五日「造石山院所解」（古十五ノ二三五）、なお、ここにはほかに「木工」「鉄工」「領」に未選が見える。
(101) 古四ノ三一〇。
(102) 古十ノ三六九。
(103) 奈良国立文化財研究所『平城宮発掘調査出土木簡概報』四（一九六八年）。
(104) 古五ノ二七六、十五ノ二三六。
(105) 栄原永遠男「奈良時代の流通経済」（『史林』五五巻四号、一九七二年）二二頁。
(106) 吉田孝註(1)論文三三七頁。
(107) 喜田新六「奈良朝における銭貨の価値と流通とに就いて」（『史学雑誌』四四編一号、一九三三年）、栄原永遠男「日本古代の遠距離交易について」（大阪歴史学会編『古代国家の形成と展開』吉川弘文館、一九七六年）。
(108) 村井康彦註(67)書一四五頁。
(109) 古十六ノ九一。
(110) 古五ノ三〇二。
(111) 古十六ノ一〇七。
(112) この雑物は「閏月五日以内」という期限に反して、実際には閏十二月六日から九日に分けて納入されたらしい（古十六ノ一二二～一二三、一二九～一三〇、吉田孝註(1)論文三六七～三六九頁の解釈による）。このときの「人車」が写経所で雇傭されていた雇夫であれば、その時期の食物の支給を記す「奉写灌頂経所食口案帳」（古十六ノ二五～五〇）に記録されているべきである。ところが、閏十二月六日から九日にかけての「食口案帳」には、六日には一一人、七日〜九日には一〇人の、延べ四一人の雇夫が記されるにもかかわらず、「採薪」「採柴」「息所作」「紙打」「市使」などがあるのみで、運搬に従事した雇夫は見出せないのである。つまり、「市庄領」が雇傭した「人車」は、明らかに写経所の雇夫ではなく、「市庄領」が新たに、おそらくは東西市において雇傭したことになる。

(113) 山本昭弘「奈良・平安時代における流通・運送について」(『遠藤元男博士還暦記念 日本古代史論叢』一九七〇年)、森田悌「古代の車についての小考」(『続日本紀研究』一六五号、一九七三年)、加藤友康「日本古代における輸送に関する一試論」(『原始古代社会研究5』校倉書房、一九七九年)など。

(114) 青木和夫「雇役制の成立」(『史学雑誌』六七編三・四号、一九五八年)。

(115) 櫛木謙周註(13)論文六九〜七〇頁。

(116) 古十六ノ一八四。

(117) 註(115)。

(118) 古十六ノ九五。

(119) 古十五ノ一六五。

(120) 古十六ノ二五〜五〇。

(121) 註(112)参照。

(122) 貞観九年十二月二十日太政官符(『三代格』巻十九)。

(123) 貞観十年三月十日太政官符(『三代格』巻十八)。

(124) 山田英雄「写経所の布施について」(『日本歴史』二〇八号、一九六五年)五〜一一頁。

(125) 註(103)。

(126) 古一ノ四八一〜五〇一。広義の「官人」と見なされるのは、従六位上於伊美吉子首、少初位下上村主刀自古、少初位上秦常忌寸秋庭、大初位上韓人田忌寸大国、および「左兵衛」次田連福徳、「舎人」(名欠)の六名である。

(127) 青木和夫「計帳と徭銭」(『続日本紀研究』九巻三号、一九六二年)。

(128) 関晃・青木和夫註(3)論文。

(129) 鬼頭清明註(1)書五一頁。

(130) 栄原永遠男「律令国家と銭貨―功直銭給をめぐって―」(『日本史研究』一二三号、一九七二年)。

(131) 最後に、本章の内容に関わる先行研究に対して次の二点を指摘しておきたい。

その一。木簡から知られる限り、八世紀すなわち平城京の時代には、下級官人は左右京に本貫をもつ者は少なかったが、これに対して、九世紀すなわち平安京の時代になると、大量の下級官人の左右京への移貫の記事が正史に散見する。ここに、下級官人がその本拠たる周辺の農村から離れて京内に定着したことを読み取り、かつ平城京から平安京への発展を見出す見解がある(鬼頭清明註(65)論文一三頁、東野治之『木簡が語る日本の古代』岩波新書、一九八三年、三八頁以下)。しかしながら、「京戸」自体が二重の生活空間を有していたことからすれば、左右京への貫付の増大は、京に本貫を有することに対する意識の変化を示すとしても、下級官人が左右京に「定着」したとする論拠にはならない。平城京から平安京への展開については、「京戸」の構造や京に居住する人々自体に着目した再検討が必要である。

その二。平城京の人口については、現在われわれは沢田吾一氏の「二十万人内外」という数字しかもっていない(註(2))。これに対して、最近岸俊男氏が再検討を加えられているが(「人口の試算」〈同『古代宮都の探究』塙書房、一九八四年〉)、これとは別に、次のように考えられる。すなわち、沢田氏の見解の直接の論拠となったのは、宝亀年間の太政官符(古二十一ノ二八三)に記される左右京の高年者および鰥寡数であるが、この数字は、おそらく賑給のために籍帳をもとに算出されたものであろうから、沢田氏は、籍帳に収められる「京戸」の人口を求めたことになる。平城京には、僧侶や諸国から上番する仕丁・役民などがおり、また共同体から分離した下層民の流入したことが考えられるので、人口の算出も複雑にならざるをえない。しかし、大まかにいえば、戸口二八人の秦常忌寸秋庭の戸のうち、京に居住したのが秋庭を中心とする六人程度であろうことを考えると、平城京の人口は、二〇万内外の「京戸」のうちの四分の一、ないし五分の一程度であったとみられる。

〔補記〕　史料として用いた「家屋資財請返解案」については、『唐招提寺史料』第一(奈良国立文化財研究所)にも原文が記されているが、本章では註(54)に記したとおり『大日本古文書』六巻の釈文に従って記述した。それは、両者に基本的な違いがなく、『大日本古文書』所載のものを掲載する方が読者にも利用しやすいと考えたからであった。しかしその後、橋本義則「唐招提寺文書」天之巻第一号文書「家屋資財請返解案」（同『平安宮成立史の研究』塙書房、一九九五年、初出は一九八七年）が公表され、『南都六大寺大観』、『南京遺文』の写真図版を検討したうえで、新たに釈文が確定された。詳細は同論文を参照いただくとして、本章に記した「四区」の家は、⑴左京七条一坊所在で「无物」（家屋のない家地）の家、⑵右京七条三坊所在で、板倉三宇、厨屋、板屋などのある家、⑶右京七条三坊所在で、板屋・板倉などのある家、⑷大和国所在で、板屋・板倉等のある家の四つに区分されることが明らかになった。本章では、四区の家すべてを左京七条一坊、右京七条三坊に所在したと考えたが、同書では、四番目の家が大和に所在したことが明らかにされた。この点を含め、本章の釈文は（大日本古文書とともに）改める必要がある。また、⑷の家が大和にあったとすると、この事例は、国司を歴任した五位クラスの官人が京外に板屋や板倉を備えた家を確保し、また釜や甕、馬船（馬槽）などを動産として所有していたことの一例となる。これらが農耕に用いられたのか、それとも乗馬用に確保されていたのかははっきりしないが、いずれにせよ、一般農民が所有できた日用品ではなく、貴重な品々であったことは間違いなかろう。この点は同時に、その家の重要性ないしは特殊性を示唆している。ただ、本章の記述に関連して付言すれば、建物の多さやそこに収納された物品の豊富さから判断して、四区の家の中心は、右京七条三坊にあった二つの家であったと推測される。

第二章　わが国における都城の成立とその意義

はしがき

京都と奈良。この二つの都市が、古くから日本の政治文化の中心となった土地であり、そのために、古代中世の寺社をはじめとする多くの史跡を残す歴史的都市となったことは、誰もが知っていよう。当地を実際に訪れた人も少なくないだろうが、これらの都市が、平安京と平城京という、律令国家によって作られた都城に淵源をもつことも、周知のことといってよい。本章が扱うのは、こうした日本の古代国家が築いた都城に関する問題である。

さて、都城とはどのようなものだったのか。もっとも詳しい記録が残っている平安京は、東西四・五キロ、南北五・二キロの方形をなし、中央を南北に走る朱雀大路によって左京と右京に分けられ、その北端には天皇の居所と官衙が集まる宮城があった。一方、京内は東西・南北の大小の路によって方形の条坊に区画され、東西市がおかれたほか、官人や庶民の居住地を形成していた。このようなプランが完全に実施されたかどうかは多少疑問も残るが、しかしほぼこのとおりのものが作られたと考えて差し支えない。そして、持統八年（六九四）に成立したとされる藤原京、さらには平城京（和銅三年〈七一〇〉）、長岡京（延暦三年〈七八四〉）なども、基本的には――けっして同一ではないが――これと共通する都市計画によって造営されたのである。

それではなぜ、当時の人々はこうした広大な都城を人為的に作ったのだろうか。この疑問に対する答えは、律令国家の権威を象徴するため、というのがもっとも常識的な解答になるだろうか。なるほど、盆地の平坦部に作られた幅数十㍍に及ぶ直線の道路や、京の南門である羅城門、さらには宮城の中国的な瓦葺きの木造建築は、日本国内や外国から入京する人々に対して、それらを作った律令政府の権力を誇示するのにおおいに役立ったに違いない。ところが、現在の研究は、都城にこうした理解だけでは捉えきれない一面のあることを示すようになった。すなわち、もしも外部に対する権威の象徴のためだけならば、ちょうど映画のセットのように、入京する人々が通る朱雀大路の道筋や宮城のみを整備すれば十分なはずで、京内の大半は農村と変わらぬ田園風景が続いていそうなものである。しかし、最近相次いで発表された研究では、京内の人々のさまざまな活動と生活が明らかになり、実際に多くの人々が都城に居住したことが証明されたのである(1)。

日本古代の都城は「政治的都市」であるといわれる。政治権力によって設定されたという点では、なるほどそのとおりであるが、しかしこれまではそれを自明のこととし、その「政治」の内容を正面から問いかけることはほとんどなかったのではなかろうか。本章の目的は都城が「政治」に果たした役割を検討し、それによってなぜ日本で都城が作られたのか、その意義と成立の過程を解明しようとすることにある。

一　羅城と領域

律令という日本古代の法典が唐の律令をもとに編纂されたように、日本の都城もまた中国の都城の形式を取り入れて成立した。藤原京や平城京の源流が、唐の長安城にあるのかそれとも北魏の洛陽城にあるのかは、意見の分かれるところであるが、宮と京という二重構造や方格の条坊など、その基本プランが中国のものをかなり直接的に継受した

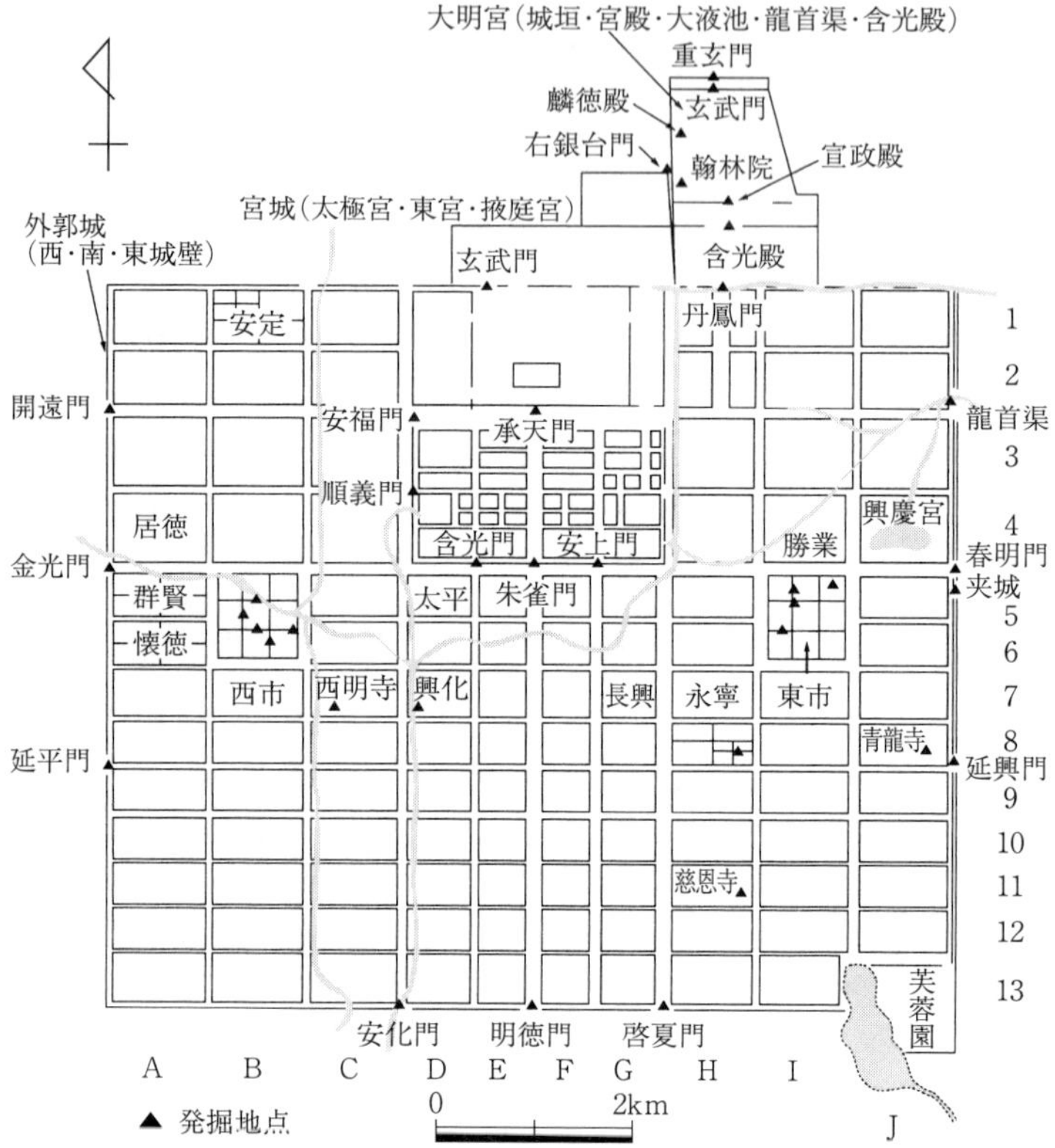

図6　唐長安図（妹尾達彦『長安の都市計画』より）

ことは疑いない。しかしながら、むろんすべてが同一というわけではなく、両者の間に重要な相違点のあることも注意されてよい。羅城（城壁）の有無も、そうした相違点の一つである。

たとえば、唐の長安城は周囲を数丈に及ぶ高さの京城が廻り、また京城内には、それ自体地方の州城に匹敵する規模の一一〇もの坊があった。さらに京城には九つの、坊城には二つないし四つの門が開いてその通路となっていたが、夜間にはその京城門と坊門が閉じられ、またその垣を越えることが厳しく禁止されるなど（『唐律疏議』衛禁律）、いわば二重の閉鎖的な空間を構成したのである。こうした城郭は、中国古来の普遍的な都市の形式であり、防衛施設としての機能があったと考えられているが、これに対して、日本の都城には、最後まで城郭に相当する施設は作られなかったのである。

『延喜式』（左京職）の「京程」条には平安京の規模・数値が詳細に記されているが、その中で「羅城」は「南極大路」の外側にしかなかったことがみえるので、それは京の南面の、しかも羅城門の両翼に作られただけであった。平安京の四周には城郭は存在せず、大路と側溝が境域を形成していたのである。(2)平安京は平城京のプランを踏襲しているので、先学の指摘するように、平城京の場合も右と同様のことが推定されるが、ただそれは必ずしも自明のことではない。平城京の場合、考古学的にもそのような地点の調査事例がないので、羅城の有無は現在のところ確認されていない。

しかし、おそらくは、平城京の場合も、周囲を羅城が取り囲むことはまずなかったとみてよい。どのようなものごとでも、事実の「不在」を証明することは、存在を証明するよりはるかに困難であるが、平城京の場合も同じ問題がつきまとっている。ただし、平城京には、『続日本紀』天平十九年（七四七）を初見として「羅城門」「京城門」の名称が確認できることが参考になる。もしも周囲に城郭があり、その門がいくつもあったならば、ちょうど長安城の明徳門・春明門のように、門ごとに固有名詞が付けられたはずである。しかし、平城京では、羅城門や京城門という名前だけで、特定の門を指すことができたのである。

このことは、平城京の羅城にはただ一つの門しか存在しなかったことを示している。その場合に想定されるのは、四周すべてを羅城が取り囲んで羅城門以外に一つも門がなかったか、それとも平安京のように、羅城門の両翼にしか羅城が存在しなかったか、どちらかのケースしかない。しかし実際には、平城京の左右京とその外部との間において、両者の通行が制限された形跡はまったくみることができないのである。また、平安京が後者の様相を示すことも、平城京のあり方を考える参考になる。これらのことを総合すると、平城京でも羅城門はただ一つしか存在せず、また羅城も原則としてその両側に作られただけで、城郭の機能は備わっていなかったと考えられるのである。

一方、中国で各坊を取り囲んだ坊城も、日本においては、京の中央を通る朱雀大路の両側に築地が作られたにとどまり、また坊門も、それぞれの坊門小路が朱雀大路に通じる地点にしか設けられなかった。(3) このような羅城や坊城のあり方は、それが戦闘に備えたものではなく、宮城を訪れる外国の使節を意識して作られた、律令国家の権威を象徴するためのものであったことを示している。日本の都城は中国とは対照的に、きわめて開放的な空間構成をとったことになろう。日本の都城にはなぜ城壁がなかったのか。それについては今のところ、日本の古代社会が異民族相互の争いのない安定した社会であったから、という説明がなされるのが一般的である。

このように、日本の都城には城郭は存在しないか、あるいは装飾的な意義しかもつことはなかったのであるが、しかし、京が一定の領域をもつものとして強く意識されていたことは、いくつかの事例からうかがうことができる。

①祭祀。毎年六月と十二月には京内に悪霊が入らぬように「道饗祭」が行われた。それは「京城四隅道上」で卜部が行うことになっており（『令義解』神祇令5季夏条）、また疫神の侵入を防ぐためにその時々に同様の祭祀が執り行われている（『続日本紀』宝亀元年六月甲寅条）。

②水田（口分田）。律令国家のもとでは、六歳以上の男女に口分田が班給され、それは本貫地の近傍に班給されることになっていたが、左右京に本貫をもつ京戸の口分田は京内になく、当初よりすべて京外（多くは畿内）に散在していた。平安京への遷都の前年に、京内に入る口分田や寺社田がわざわざ京外に移されているのも、同じ主旨の法令である（『類聚国史』巻百五十九、延暦十二年七月辛卯条）。この規定は実際にもかなり厳格に守られたらしく、たとえば九世紀の広隆寺資財帳には、「七条牛養里」にあった寺田の一つに「既に京に入る。其の替、今に未だ給はず」（原文は漢文。以下同じ）という割注が加えられている（『平安遺文』一六八号、一七五号、『朝野群載』巻二）。これは、本来所有し

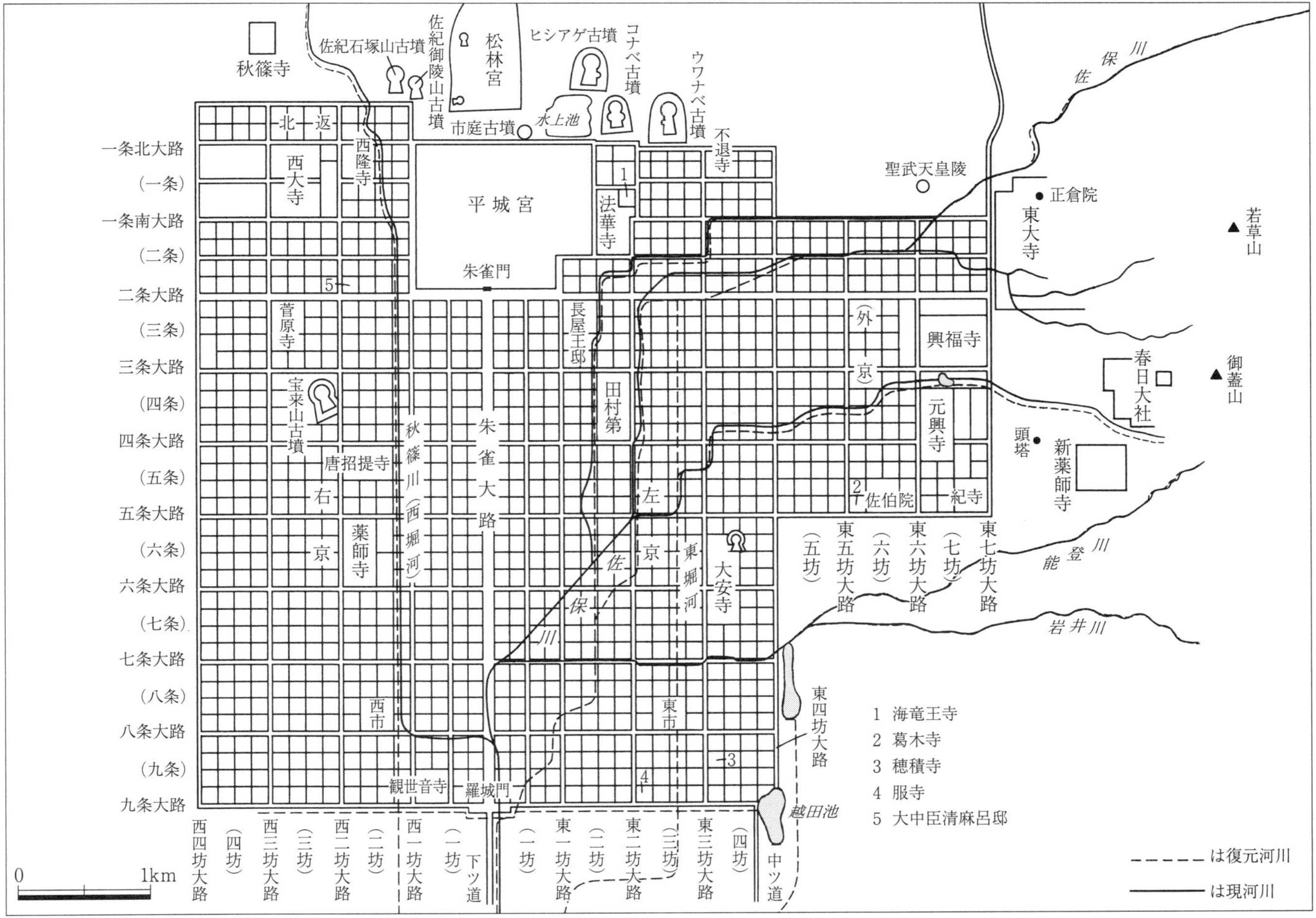

図7 平城京図(『岩波日本史辞典』より。一部改変)

ていた寺田が平安京の京域に入ったために収公されたことを述べ、未だにその替わりの水田が割り当てられない状況を説明したものである。

ところで、このように水田が京内に設けられなかった原因として、いわゆる市街地の耕地化を防ぐ目的のあったことを指摘する見解が成立するかもしれない。けれども、平安時代には、早い時期から右京の荒廃が進んでおり、それに対して、再三にわたって「空閑地」の耕営を奨励する命令が出されているのである（『類聚三代格』弘仁十年十一月五日太政官符など）。耕地化そのものは禁止されなかったのであるが、しかしその一方で、「諸家京中に好みて水田を営む。今より以後一切禁断せよ」（『続日本後紀』承和五年七月丙辰朔条）とあって水田の耕営は厳格に禁止されている。京内では畑の耕作が奨められると同時に、口分田をはじめとする水田が禁止されたのである。この規定はそのまま『延喜式』に定着し、またかなり後まで遵守されたらしく、文書のうえで京中の水田が確認されるのは、十一世紀末、永保二年（一〇八二）のことである（「永作手田宛行状」『平安遺文』一一八九号）。ちなみに、唐の長安では民居の少ない東南部には「阡陌相連」なったといい（『長安志』巻七）、耕作地が広がっていたとされる。したがって平安京の規定は、中国の都城のあり方を継受したものではなかったと判断される。

③葬地。貞観十三年（八七一）閏八月二十八日、平安京の西南部に二ヵ所の「葬送幷びに放牧の地」が定められた。一つは葛野郡にあって「東限る西京極大路、西南限る大河、北限る上の件の両里北畔」の地域、もう一つは紀伊郡のもので「東限る路幷びに古河流の末、西南幷びに限る大河、北限る京南大路西末幷びに悲田院南の沼」である（『類聚三代格』巻十六）。ここはちょうど今の桂川と平安京の南と西の京極大路とに挟まれた河川敷に相当し、史料には、この「河原」が元来「百姓葬送の地、放牧の処」であったことが記されている。したがって、平安京の外縁部に定められた葬地は、京域から切り取られるように排除されたことがわかるのである。

中国の陵墓は隋唐以前から京から離れた場所に作られ、日本でもこの規定を喪葬令9皇都条として継受した。(4)事実、平城京ができて以後の天皇の山陵などはすべて京外に作られている。ただし、その条文は都城近辺の埋葬をも禁じているので、平安京に接するようにして葬地が設けられたのは、律令の規定とは直接関係がなかったと想定される。おそらくそこには、京域と水田の関係と同じように、日本のなかで独自に生成した要因があったものと思われる。

さて、以上のように、城郭のない日本の都城が、いくつかの史料によって、周囲と区別される一定の領域を有したことが確認されるのであるが、それではこの領域、すなわち京を、当時の人々はどのように意識したのだろうか。実はこの点に関しても、明確な根拠があるわけではないが、ただ『万葉集』には次のような歌が収められていて、その参考になる。

荒野らに、里はあれど、大王の敷座す時は、京師となりぬ（巻6、九二九番）

すなわち、荒れ野であっても、大王（天皇）が居ることによってそこが京になるというのである。京の存在は天皇と一体的な関係にあったのである。

寛仁元年（一〇一七）十一月二十五日、賀茂社に神郡として愛宕郡全域を寄進しようとしたとき、「皆是万代相伝の処、一人自由の地に非ず」という理由で、平野社や吉田社の神域とともに平安京の京域（史料には「城都」と書かれている）が寄進地から除かれたことがある（『小右記』『日本紀略』）。かなり形式的な論理に違いないが、しかしこの例も、都城が特定の寺社の領有になじまない、天皇の「万代相伝の処」であるという認識が示されている。しかも、そこには「一人自由の地にあらず」とあるので、天皇自身が恣意的に処分できる資産でもなかったのである。京は、天皇という地位に付随する土地であったのであり、いわば天皇の「地」として、天皇の存在と不可分の関係にあった。そして、天皇が「万代」に続く限り、京も同様に存続したのである。

二　宅地の班給と貴族の家

さて、前節では都城がある領域性をもったことをやや詳しく述べたのであるが、しかし、都城の構成要素としては、このことだけでなく、その住民にも注目する必要がある。たとえば平城京の人口は一〇万人程度とも二〇万人程度ともいわれ、実際に京内では発掘によって数多くの住居遺構が発見されているが、こうしたこととともに、遷都に当たっては、造営に先立って宅地を班給していることが注目される。それは、都城における住民の存在意義がいかに大きかったかを示しているからである。たとえば、持統八年（六九四）に宮を造営して遷都が完了した藤原京の場合には、その三年前に次のような詔が出ている。

詔して曰く、右大臣に宅地四町を賜ふ。直広弐（大宝令の従四位下に相当。以下同じ）より以上には二町。大参（正五位上）より以下には一町。勤（六位）より以下無位に至るまでは其の戸口に随はむ。其の上戸には一町、中戸には半町、下戸には四分の一とせむ。王等も此に准へよ。（『日本書紀』持統五年十二月乙巳条）。

ここでは右大臣以下の官人、それに「王等」すなわち皇族の大半にも宅地が班給されているが、これは、班給の主体が天皇であることを示唆しており、前節で述べた、京がいわば天皇の地であったこととよく符合する。このような造都に当たっての宅地の班給は、藤原京のほかに、聖武朝難波京、恭仁京、平安京の場合にも確認でき、記録にない平城京や長岡京の場合にも、同様の措置がとられたことは間違いない。こうした宅地は平城京内において実際に発掘され、その中には曲水の宴を行った優雅な庭園をもつ例なども知られ、また文献によって、藤原仲麻呂の田村第の位置なども特定されているのである。

ところで、京の宅地はこうして大部分が新たに与えられ、その住人も他所から移貫したと推定されるのであるが、いったん班給された宅地は、売買も可能な処分権が認められていたと考えられる。職員令66左京職条には、京職大夫の職掌に宅地の売買を管理することが含まれているが、宅地を所有者が売買することは、当然のこととして認められていたのである。それを証明するように、八世紀後半に書かれた正倉院文書の中に、「家一区」や「地」を質物とする月借銭解が何通か残っていて、その規定は実際にも施行されたとみてよい。

一方、この宅地に作られた家は、法的にも一種の特権が付与されていた。すなわち、賊盗律22入人家条には、夜間に人家に侵入した者を殺しても、その主人は罪に問われないという規定があって、その主人が家に対して国家から独立した法的空間を有したことの一端が知られるのである。ただし、こうした規定が、すべての家について認められたわけではなかったことにも注意しておきたい。

なぜなら、律の疏文は先の条文に対して、「夜、事の故なく、輙ち人家院内に入るを謂ふ」とする注を加えているが、「院」とは周囲を築地などで囲んだ空間のことであって、とくに「院家建築」が普及していた唐にあっては、一般的な規定として通用したはずである。しかし、ようやく掘立柱建築が普及しはじめたばかりの日本にあって、そのような院家はかなり特殊な存在であったと思われ、おそらく庶民の間にはこのような住宅は普及していなかったに違いない。この点に関しては、すでに天平三年（七三一）に「三位已上の宅門を大路に建つること、先に已に聴許す」（『続日本紀』同年九月戊申条）とある記事が注目される。これによって、少なくとも三位以上の官人は「宅門」のある――したがって周囲を築地塀や板塀で囲んだ家をもったことが知られるのである。

律令国家の権力の中枢を占めた三位以上の官人の家には、官人である家司が配され、その家自体が律令国家の一機関を構成したが、同じように養老三年（七一九）十二月には四位、五位の官人にも事業・防閤らの宅司がおかれ、いわゆる公的な家を形成した（『続日本紀』）。このような三位以上の「家」と四位、五位の「家」の共通性を考えると、後者もまた垣を廻らせた家を所有したことが推測される。

ただし、日本律の規定は唐律を引き写しただけで、どれだけ実効性があったのか、疑問が残る条文がないわけではない。しかしこの条文の場合には、やや時代が降るが、実際にも一定の効力があったことを伝える史料が残っている。十一世紀初頭、長保二年（一〇〇〇）に、阿波権守源済政の従者が、藤原寧親の家人二人を殺害するという事件が起きたが、そのとき、済政側は検非違使庁に対して、二人が「白昼五位以上の宅門」を破ったための射殺であることを訴えて自己の無罪を主張した（『権記』同年七月二十五日条）。その主張からは逆に、白昼に五位以上の官人の宅門を破り侵入した者に対して、主人が制裁を加えることはなんら犯罪にならなかったという当時の法を垣間見ることができるからである(5)。平安時代の五位以上の官人の家に付随するこの特権は、おそらく、奈良時代に淵源をたどることができるのである。

一方で、「院」と表現するにふさわしい家をもったとしても、誰もがそれだけで法的に独立した空間を獲得できたとは考えにくい。そもそも、家のような一つの空間が治外法権の場として成立することは、その内側の住人と国家との権力関係によって決定するはずのものだからである。その点で、律令制下の官人は課役免除などの面で数々の特権をもっていたが、その中でも、律すなわち刑法の適用においては、三位以上は六議の一つとして、直接の適用は行われず、太政官の議定を経て天皇に上奏ののち減刑することになっていた（これを議減という）。四位、五位の官人も、これに准じて、請減と称する刑法上の減刑の特権が認められている（名例律、獄令40犯罪応入条）。官人の京宅に治外法権としての性格があったとすると、それはこうした五位以上の官人にのみ与えられた、刑法上の特権に示された国家との権力関係に対応するものと思われるのである。

ところで、このような京宅をもった奈良時代の官人については、彼らが各地に庄をもち、京と田舎の両方に根拠地をもったことを重視する見解がある。たしかに、一年中諸司に出仕する長上官は、毎年五月と八月に農事休暇と考えられる「田仮」が与えられることになっていた（仮寧令1給休仮条）。しかし、実際にこの規定が適用されたかどうかはかなり疑問であって、事実、正倉院文書の中にある写経所の下級官人の請仮解（休暇願）を見ると、本人が農耕に従事することを理由にしたものは一例もない。これらの下級官人はすべて田仮を与えられることのない番上官であり、彼らでさえ直接農耕に携わっていないことからすると、長上官についている官人もまた農業からは離れた存在であったと考えざるをえないのである。

一方、歌人として有名な大伴坂上大郎女は、奈良盆地の東南部にあった竹田庄や跡見庄に居住したことを伝える歌を『万葉集』に残しており、大伴氏という有力貴族が京外に庄（タドコロ）をもったことがわかる。ただ、この場合にも、京外の住居は「庄」と呼ばれており、京内の邸宅に対して、地方の耕地の付近に設けられた家にすぎなかった。京の邸宅に比べれば、タドコロは二次的な存在にすぎず、彼らが本居としたのは、あくまでも平城京にあった邸宅であったのである。

このことは、五位以上の官人層の経済基盤が個別の農業経営ではなく、なによりも官人としての莫大な給与にあったことでも裏付けられる。すなわち、一位から初位に至る官人は官職の位階に応じて季禄が支給されたが、五位以上はこのほかに位田、位封、位禄が与えられ、またこれとは別に、その官職に応じて職封が支給されたが、これも五位以上の官人に限られていた。その額は三位以上と四位、五位とでは差があるものの、たとえば正一位の場合を米に換算すると、一年間で二万石を超えるほどであったが、一方、六位以下の官人は、本人の食糧を別にすると、せいぜい二〇石を上回る程度にすぎなかったのである。(6) このような格差は、官人のうちでも、五位以上の者こそが律令国家の支配層を構成していたことを物語るが、その給与は、すべて国衙を通じて中央官司に集められ、その上で官人に配分されたのであって、国家機構を通じての収益であったことにも留意しなければならない。五位以上の官人には、このほかに位分資人・職分資人が配されたが、私的な主従関係が形成される要素を残しながらも、それらもまた式部省から配置される官人にほかならなかったのである。

こうして、都城に宅地を班給された官人のうち、五位以上に限っていえば、彼ら貴族は莫大な律令官人としての給与を背景に、垣を廻らせ治外法権の特権をあわせもった自立性の高い京宅をもったのである。またその家は同時に、官人である家司や宅司が配されて律令政府の一機関ともなっていたから、建物としての家そのものも、公的な建築物として、国家の労働力を使役して維持あるいは造営されたことと思われる。

天皇の地と自立性の高い貴族の家。この二つは一見すると矛盾することのようにみえるが、むしろこの二つが結合することに、日本の都城の最大の意義があったとみなければならない。それは、この二つの要素が日本の律令国家の権力構造とまさに対応するからである。すなわち、律令という法典によって体系づけられた日本の古代国家は、天皇と、律令制下で五位以上の官人となった畿内豪族の連合政権という基本構造をもったのであり、天皇を頂点として畿内豪族の権力を集中し、支配層を形成することによって畿外地域に強力な支配を及ぼしえたのである(7)。したがって、都城はまさにこうした天皇と畿内豪族の権力の結集の場として、換言すれば、律令国家体制の実現の場として登場したのである。

筆者は天皇と畿内豪族の関係について、律令国家における天皇の地位を絶対視する者ではないが、しかし先にも述べたように、京という場が当初より国家権力の中でも天皇個人に関わる「地」であったことには留意しておきたい。十世紀以降に律令国家が変質するとともに姓や位階の体系が崩れていったのと対照的に、京が「万代相伝之処」として強く意識されていた例を先にあげたが、同じ時期に令制下の左右京職に代わって、天皇の宣旨によって任命された、いわば天皇の使者である検非違使が左右京を支配するに至るのも、このことと無関係ではないだろう。また、これまで天皇に関わる「地」というきわめて曖昧な表現を用いてきたが、京内の宅地はその当初より個人によって売買されていることからすると、京と天皇との関係は土地の所有権の問題だけでは説明できないのである。むしろ、天皇に背いた者を京から追放し、その罪を許された者に対して入京を認めることがしばしば行われたことを重視するならば、京が天皇の統治の場としての性格をもったことが想定される。水田や葬地と京域との関係も、おそらく、このことを含めた天皇の支配権の問題として理解できるように思われる。

三　都城の成立

日本における都城の成立を論ずるとき、研究の対象になってきたのは、多くの場合、中国の長安や洛陽のような方格プランをもつ京域が成立するのはいつかという問題であった。たしかに、このことは重大な問題であるが、しかしこの点を取り上げるだけでは、もはや都城の成立の問題を究明することにはならないのである。というのは、日本の都城が、天皇を中心とする畿内豪族結集の場としての意義を有したことが明らかになった以上、そのような場としての都城ができたのがいつかという点を抜きにしては、都城の成立を論ずることができないはずだからである。かかる意味での都城の成立は、権威の象徴たる条坊をもつ京域の設定と密接な関係にあるが、しかしこの二つは本来別の問題であって、その成立の時期も、必ずしも一致するわけではない。天皇を頂点とする畿内豪族の連合政権の拠点。都城成立の意義をここに見出すとき、その成立はどの時期に求められるのだろうか。それは、結論を先にいえば、次の二つの条件が満たされた時期ということになる。すなわち、一つは畿内豪族を一ヵ所に結集しうるほどに高まった天皇（大王）の地位の飛躍的な向上であり、もう一つはこれと裏腹の関係にある、畿内豪族の本拠地の解体である。

記紀の記述に従えば、歴代の天皇は即位のたびに新たに宮を造営してそこを住居とするのが常であった。その場所は記紀の所伝によると、のちの大和や河内などかなり広い範囲にわたるが、このうち実在する可能性の高い五、六世紀の宮の多くは三輪山の周辺に営まれ、『日本書紀』の大和王権の拠点をうかがい知ることができる。これに対して、六世紀末に豊浦宮で即位した推古天皇の時代より後は、いわゆる飛鳥の地に宮が作られるようになった。そして、このころには、このような宮の近傍に朝廷の有力者が居宅を構えた様子をうかがい知ることができる。

たとえば、大王と並ぶ権勢を誇った蘇我氏の例をあげると、蘇我馬子が「嶋大臣」、蘇我蝦夷が「豊浦大臣」、蘇我入鹿が「林臣」「林大郎」と呼ばれたことが、『日本書紀』や『家伝』『上宮聖徳法王帝説』などの史料によって知られる。また大化五年（六四九）に謀叛の疑いをかけられ、山田寺で自害した蘇我石川麻呂は「山田臣」「山田大臣」とも呼ばれており、その「山田」が居宅のあった地名に由来していることは間違いない。「大臣」につけられた嶋、豊浦の名称もそれと同様であって、しかもこれらはすべて飛鳥やその近辺の地名であった。また入鹿の「林」という名称も地名であり、これはのちに「林坊」として、藤原京の坊名としても現れる（『続日本紀』文武三年正月壬午条）。その詳細な位置は不明であるが、岸俊男氏が復原した推定藤原京域の中央やや南の飛鳥川左岸に「ハヤシ」という小字名が残っているから、あるいはその近辺を指すのだろうか。(8) ともあれ、以上の例は、大和王権の中枢を占めた豪族の居宅が大王の宮の周辺に作られたことを示しており、豪族の集住がかなり早い時期に実現していたことが知られるのである。大化前代には、大王を中心に大夫（マヘツキミ）と呼ばれる有力豪族が大和王権を構成したが、蘇我氏を含めて、おそらく大夫の地位につきえた豪族は、宮の周囲に居宅を構えたであろう。

ただし、そのような体制は、宮が広い範囲を転々と移動していた時期には実現しなかったに違いない。宮とともに豪族の邸宅が移動したとはとうてい考えられないからである。それが実現したのは、いわゆる飛鳥の地に集中して宮が営まれた時期、すなわち六世紀末から七世紀にかけて宮が飛鳥に固定化した推古朝のころであったと考えられる。

ところが、この段階の有力豪族は、先に述べた平城京の「貴族」と決定的に異なって、宮の周辺の宅のほかに本拠地を有していた。別業、田荘、田家（ナリトコロ）などと史料に見えるのがそれに相当するが、たとえば嶋大臣とも称された蘇我馬子は「葛城県は元臣が本居なり」（『日本書紀』推古三十二年十月癸卯朔条）として、葛城県を賜わるよう推古天皇に求めている。このような例は他の有力豪族についても指摘できるのであって、大伴氏は、竹田庄や跡見庄のあった大和の磯城、十市の地域や摂津、和泉、紀伊の大阪湾沿岸、物部氏は石上神宮のある磯城や山辺の周辺に、それぞれ本拠地があったことが明らかにされている。大伴、物部の両氏は、大王のトモを統率し連姓を与えられた伴造豪族の筆頭であったが、臣姓を称する在地豪族の場合はさらに明瞭であり、葛城、平群、巨勢、和珥氏など、いずれもその地名によって、奈良盆地の周縁部に本拠地のあったことが推測されるのである。(9)

ただここで注意すべきは、この本居が単なる居宅以上のものを含んでいたことである。用明二年（五八七）、蘇我馬子が大連物部守屋を倒したのち、馬子は「大連の奴の半ばと宅とを分けて、大寺（四天王寺）の奴・田荘」としたが、物部守屋が保有した宅（ヤケ）こそが、先の本居の一つに相当するのであり、しかもそこには、耕地と農民とがその配下にあったことがわかるのである（『日本書紀』崇峻天皇即位前紀）。古くは、葛城円大臣が安康天皇に対して贖罪のために「葛城宅七区」を献上したことが見えるが（『日本書紀』雄略天皇即位前紀）、『古事記』はこれに「五村屯倉は今葛城の五村の苑人なり」という本注を加えており、この場合も宅は農民と耕地をあわせた支配の拠点だったのである。(10)

『万葉集』に見える大伴氏の竹田庄や跡見庄も、奈良時代より前の時代には、たしかにかかる機能を果したに違い

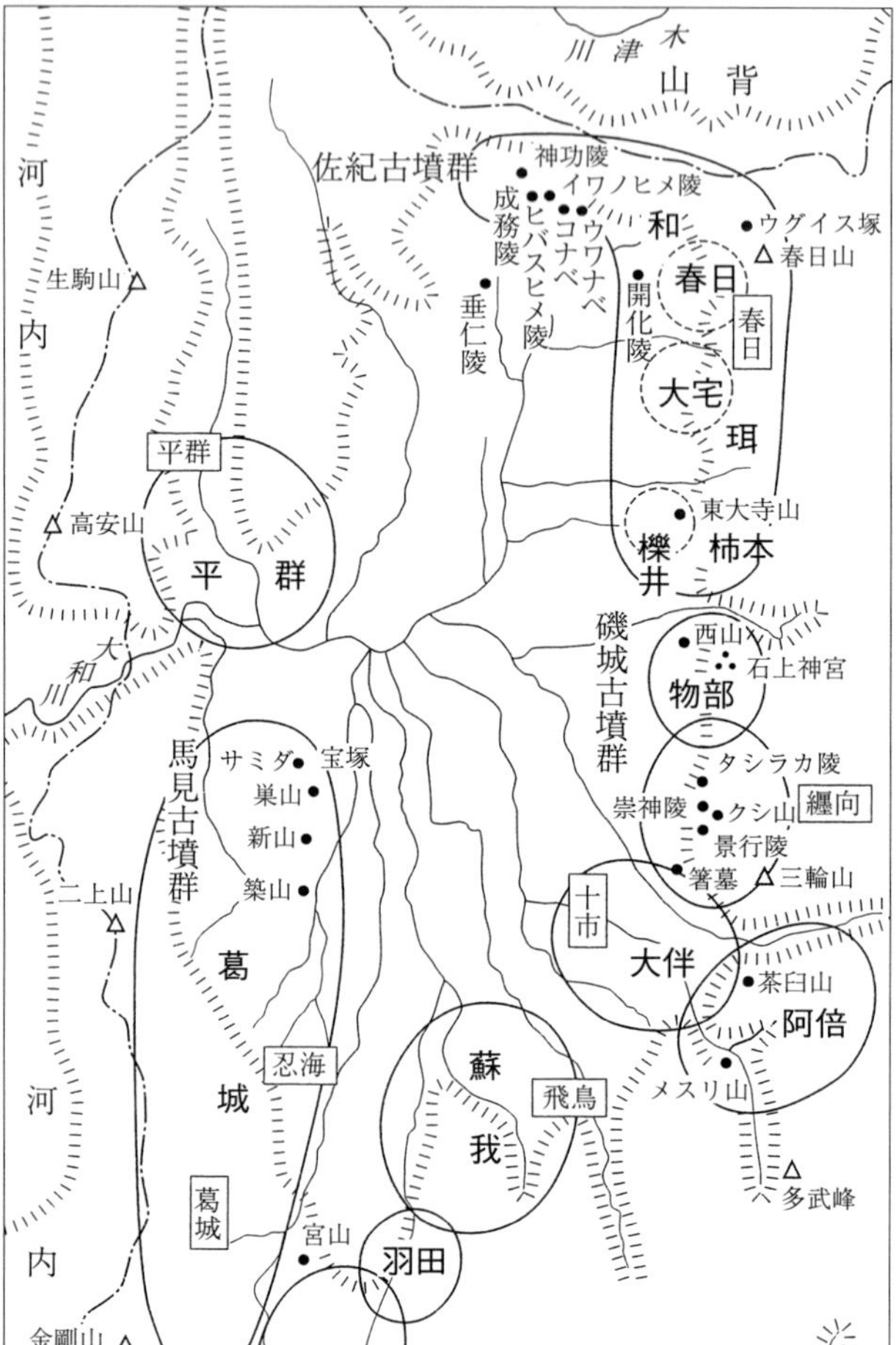

図８　大和の豪族（森公章『倭の五王』より）

ない。

ところで、大伴氏や蘇我氏のような氏（ウヂ）が崇敬したのはそれぞれの氏神であったが、奈良時代の史料に見えるその祭祀は、二月、四月、十一月に行われている。このうち二月は律令制下の祈年祭に、十一月は新嘗祭に対応しているが、これはいずれも稲作における予祝と収穫の祭祀であって、ウヂの祭祀もまた農耕祭祀のサイクルに一致していたのである。(11) ウヂは本質的に大和王権によって認められた、血縁関係によって形成される組織であるが、それにもかかわらずこうした時期に氏神がまつられたのは、おそらくウヂが水田耕作によって結ばれる共同体をその権勢の母体にしていたからである。もちろん蘇我氏や大伴氏のような有力豪族の場合には、多くの共同体を支配し、あるいは他のウヂや畿外の国造を勢力下に入れるなど、かなり複雑な構造をとったとみられるが、その基本的単位となったのはこうした農耕民の共同体であり、彼らを支配し収奪を行うことで、有力豪族は有力豪族たりえたのである。そして、このような農民こそ、部民制の社会における部民、あるいは豪族の私有民と称される人々であった。

筆者は先に都城が天皇を中心とする畿内豪族の結集の場であることを述べたが、豪族の集住がなされたとしても、その私有民に対する支配関係を解消しない限り、天皇を頂点とする権力の集中は実現しない。したがって、都城の成立は、畿内豪族の私有民を天皇の下で一元的に支配する体制が整って以後にしかありえないのであり、ここにいう「集住」から「結集」への転換は、ちょうどその時期に達成されることになる。

それでは、そのような体制が成立するのはいつなのだろうか。このことは部民制から律令制への国家機構の変質の過程でもあり、おそらく数十年の単位で徐々に形を整えるに至ったと思われるが、その第一の画期になった施策としては、やはり大化二年(六四六)の大化改新の詔をあげるべきであろう。しかし実際はこのときにいっきょに部民制が解体したとは考えがたく、「氏」の民部・家部を定めた甲子の宣(六六四年)と全国的な造籍の最初の例である庚午年籍の成立(六七〇年)、あるいは甲子の年に諸氏に与えた部曲の廃止(六七五年)などの重要な単行法令が出されており、どの時点に画期を求めるのかは、必ずしも見解が一致しているわけではない。しかしこれに続く、持統三年(六八九)に制定された飛鳥浄御原令とそれに基づいて作成された庚寅年籍(六九〇年)によって、畿内豪族の私有民に対する支配の解体の条件が整ったことは疑いない。というのは、わが国ではこのとき初めて民衆の一人一人が、国

―評―里という地域原理によって国家の下に登録されたからであり、同時に良賤の身分を確定することで、庚寅年籍は課役負担の台帳としての機能を果たしたのである。(12)

ここにおいて、かつて豪族が私有民に対して行った収奪は、国・評・里という行政組織を通じて国家の下に集約される。そして同時に、このことによって、豪族の私有民は天皇に服属する公民へと変質をとげたのであった。これに対して六七〇年に作成された庚午年籍は、初めての全国的な造籍であり、「人民の国家への帰属を明らかにした台帳」(13)として、後世氏姓の根本台帳となったが、しかし、そこではいまだ畿内豪族の私有民に対する支配は解体されていない。庚午年籍は、いわば部民制の関係を含んだままの造籍であった。

飛鳥浄御原令の成立は持統三年のことであったが、このような体制は突然生まれたわけではなく、壬申の乱（六七二年）に勝って大和政権の動揺を収拾した天武天皇の下で段階的に実現した。畿内豪族の権力基盤の解体は、天武天皇の強い指導力の下でこそ行いえたことであるが、同時に、畿内豪族は五位以上の官人になることで支配層の一員となり、強大な古代国家の権力の中核となったのである。律令国家はこののちの大宝令の成立（七〇一年）によって完成を迎えたと考えるべきであろうが、その原型はおおむねこのころに整ったとみてよい。

以上のことを念頭におけば、本章のいうところの都城の完成は、飛鳥浄御原令が成立して以後に作られた京、すなわち持統八年（六九四）に遷都の完了したいわゆる藤原京以外にはありえないことになる。

四　平城京の成立

こうして、筆者は六九四年に成立した藤原京こそが、都城の成立史のうえで画期的な意義を有したと考えるのであるが、しかし、藤原京はわずか一六年で平城京に遷都される。七一〇年に成立した平城京が、以後長岡京に遷るまでの七四年間存続したのと比べると、この二つの京の間には、やはりなんらかの性格の相違があったと推測される。一方、藤原京以前にも倭京あるいは京のことが文献史料に散見し、藤原京以前の京がどのようなものであったのかという点も判然としないのである。これらの京はいずれも現在発掘調査が進行中のところであって、今後新しい知見が増大することが予想されるが、これまでの発掘調査を参考にしながら、筆者の考える都城の「発展段階」の過程を簡単に記すことにしたい。

1 倭京

『日本書紀』には白雉四年（六五三）から天武元年（六七二）の間に倭京〔補記〕の語が見える。倭京はこの時期に飛鳥板蓋宮、飛鳥浄御原宮などの営まれたところであり、推古朝より宮が集中して造営された飛鳥付近の奈良盆地南部を指す。壬申の乱のときには、近江軍が倭京に迫ったさいに、大海人皇子側の武将が「京の辺の衢」に道路の橋板を取って楯の代わりとし、「街毎に楯を竪」てたことが知られる（『日本書紀』天武元年壬辰条）。ここにいう衢・街（チマタ）は道路の交差する場所のことであるから、すでにこのころにはこの地域に直線道路で構成される方格地割が存在したことが推測されている。(14)

今泉隆雄氏はこの方格地割の設定を斉明天皇が「狂心渠」を作った時点（六五六年）に比定したが、(15)『日本書紀』の記述に従うと、もう少し遡らせて考えることができるかもしれない。それは大化改新の詔（六四六年）にある「初めて京師を修む」（『日本書紀』大化二年正月甲子朔条）という記事であって、坊令坊長の設置など、詔のすべてを事実と見なすのは無理であるが、この部分を道路の造営などが開始されたと解釈することはできないであろうか。もちろん、本格的な整備は、宮が難波から飛鳥に移る斉明元年（六五五）以降のことであろう。ただ難波宮で、中大兄皇子が孝徳天皇に「冀はくは倭京に遷らむ」と奏請したとき、倭京が既存のものとして書かれていることは注目してよいだろう（同、白雉四年是歳条）。

さて、こうした方格地割が実在したとすれば、それは岸俊男氏が存在を指摘した山田道（上ッ道）と中ッ道を基準線とする一町四方の飛鳥の方格地割に相当すると思われるが、[16]これについては、都城の条坊地割ではなく、農地のための古条里にすぎないとする批判も存在する。[17]しかし平坦地に一定の正確さで縦横に走る直線路は、ようやく木造建築をもちはじめた当時の人々に対し、それを造営した権力者の権威を知らしめるのに十分な効果を発揮したに違いない。

倭京の名称は、元来は大化改新以降白雉五年（六五四）まで宮のおかれた「難波の京」と区別するために用いられたことばであると考えられるが、大王の宮の周辺を京と呼ぶことは大化前代にまで遡る。『日本書紀』にはそのような実例がいくつもあり、「京」ということばが使われていても、それだけで条坊制をともなう都城の存在が証明されるわけではない。ただ、宮の周辺の一定の範囲に、人工的な直線道路が造営されただけでも、当時としては大きな印象を残したのではなかったか。古墳時代以降、大和王権の権威の象徴となったのは巨大な前方後円墳であったが、しかしそれはしだいに縮小し、推古朝以後になると、大王の宮や寺院などの木造建築や、ちょうどそのころ作られた上・中・下の大和三道や横大路などの直線路が、古墳に代わる機能を果たすようになったと推測される。正確な方位に基づいた直線道路の存在は、そこに新たな象徴が加わることになったのである。

ところで、先に述べたように、倭京の段階においては畿内豪族の「結集」は実現していない。天武十二年（六八三）には「諸の文武官人、畿内有位人等」に四孟月（正月・四月・七月・十月）の朝参が命じられているが、これは毎月一日に実施された、律令制下の告朔（儀制令5文武官条）の先行規定であって、それが毎月ではなく三ヵ月に一度の四孟月に限定されていることは、この「官人」や「畿内有位人」が常に宮に出仕したのではなかったことを暗示する。官人の集住はたしかにこの時期にかなり実現したであろうが、その程度は律令制下に比べれば低かったと見られるのである。またこのことは、一定期間の勤務評定に基づく叙位の体制が持統四年（六九〇）まで、つまり浄御原令の成立まで実現しなかったこととも対応している。(18) 律令制下には、官人の中心的地位を占めた長上官は毎日出仕するのを原則とし、その勤務日数を基準として評定が下されたからである。

2　藤原京

さて、倭京の性格を以上のように理解すると、浄御原令以後に造営された藤原京が、まず畿内豪族の「結集」の場になりえた点に最大の特徴のあったことがわかる。しかし、おそらく藤原京はのちの平城京などと異なって、都城の「形式」を備えなかったと思われるのである。

八坊十二条の条坊を有した藤原京が成立したのは持統八年（六九四）のことであるが、岸俊男氏によれば、それは天武朝の時期にはすでに計画され、天皇の死後いったん造営が中止されてのち、持統朝に造営が再開されて完成したものと考えられている。(19) 持統五年（六九一）には「新益京」の鎮祭と宅地の班給がなされ、翌六年には天皇が「新益京の路」を観閲しているが、ただ史料に見えるのが「藤原京」ではなく、すべて「新益京」であることには注意する必要がある。なぜなら「新たに益す京」の名称は、そこが旧来の倭京の北に隣接する、倭京の拡張部分であったことを表すのであり、倭京との共通性が想定されるからである。しかしともかくも、こうした過程を経て、持統天皇が藤原宮に遷った六九四年をもって藤原京が成立したと見なされてきたのである。

ところが、『日本書紀』慶雲元年（七〇四）十一月壬寅条には「始めて藤原の宮地を定む。宅宮の中に入る百姓千五百五烟に布を賜ふこと差あり」という記事がある。一五〇〇以上の「戸」を含むという「宮地」は、通説のとおり「京」のことと解さざるをえないが、そうだとすれは、このとき初めて京の区画が定められたというのである。『続日本紀』の記述に従えば、岸説の八坊十二条の藤原京の推定京域は、このときになって初めて決定されたことになる。一見すると奇妙なことであるが、東西市の設置が大宝三年（七〇三）まで遅れることや（『帝王編年記』）、さらには京を左右に分けることが大宝元年（七〇一）に始まることなどからすると、それは他の史料とも符合している。方形の京域の設定は、結局大宝令の成立（七〇一年）を契機とするプランであったと思われるのであるが、逆に、大宝令以前に計画された「新益京」は唐の長安城を意識することのない、倭京と同じような方格地割が造営されるにとどまったと考えられるのである。それはまた以下のことでも、ある程度裏付けることができる。

平城京の構造をみると、外国の使節や全国から入京する人々は、いわば都城の正面玄関である羅城門から朱雀大路を通り、宮城に至るのを常とした。ところが、岸説藤原京の場合、河内や伊賀から藤原宮に行くには、宮の北側を通る横大路を利用して大和に入り、そのまま横大路を進めば宮の北端に到着することになる。したがって、もし朱雀大路に当たる道路を利用して藤原宮へ向かうとすると、最短距離の横大路を離れ、いったん大きく迂回する必要が生じたのである。また飛鳥川の水運を利用して羅城門に向かうコースも想定できるが、しかし飛鳥川は南東から北西の方向に京を貫流していたので、藤原京を通過したのちに羅城門の地に立つことになる。このようなコースは可能性としては否定できないが、いずれもきわめて不自然なルートであったと判断せざるをえない。

一方、推定藤原京の南辺の大路は上ツ道（山田道）が利用されたと考えられているが、羅城門があるべきところは丘陵地になっており、また、南側へ抜ける路は設定しがたい地形になっていて、そのような場所に羅城門を設けたと

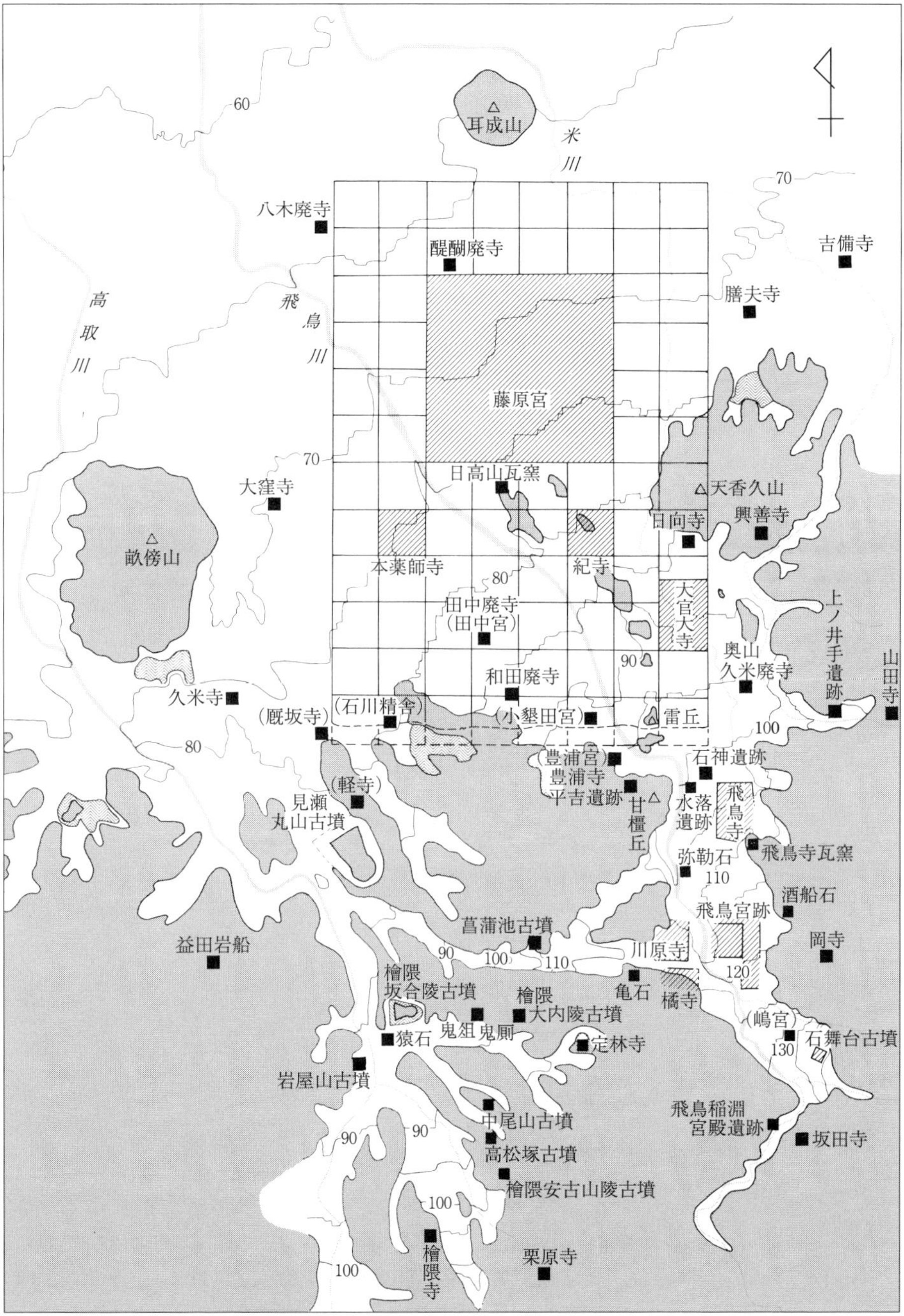

図9　岸説藤原京と飛鳥（狩野久・木下正史『飛鳥藤原の都』より）

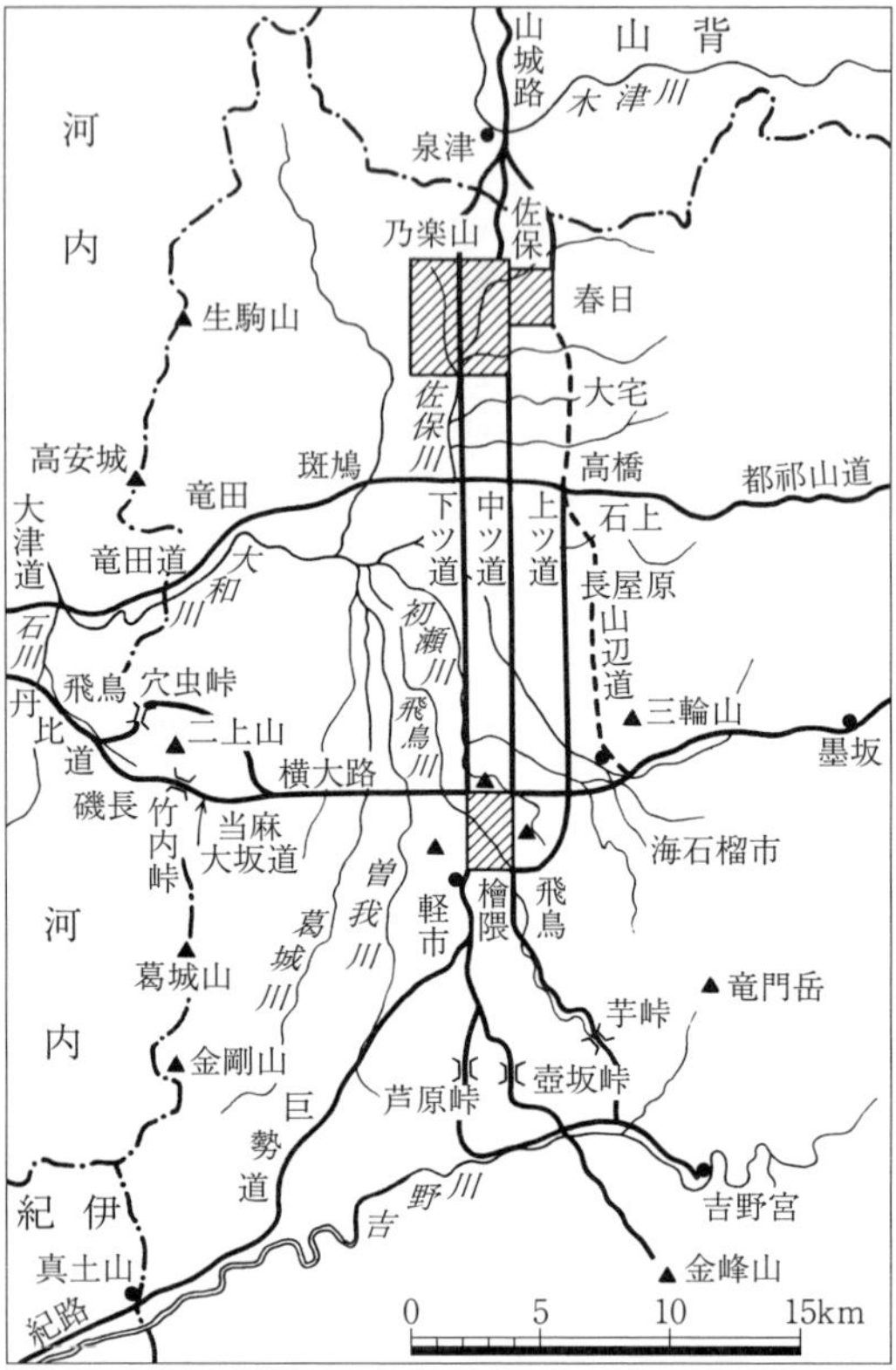

図10　大和の古道と宮都（岸俊男『日本古代の宮都』より）

は、まず考えられないのである。このことは逆にいえば、藤原宮や「新益京」の位置が、羅城門の設置を予定せずに決定されたことを示している。また、養老宮衛令や養老衛禁律には「京城門」の語が書かれ、大宝律令にもこのことが記載されていたであろうから、その成立時点には羅城門（京城門）の造営が開始されたかもしれない。しかしその可能性は低く、当時の為政者は、それにふさわしい新たな都城の建設を目指したのではないか、というのが筆者の考えである。

先にも述べたように、大和の古道によって区画されたいわゆる藤原京が慶雲元年（七〇四）になって、ある意味ではかなり便宜的に決定されたと考えると、藤原京がのちの平城京や平安京のような、長安城の形式を備えていなかったことが想定される。藤原京内で発掘された道路遺構のうち、朱雀大路に相当する道路の幅員は、他の道路よりも広いもののその「格差」はきわめて小さいことが判明しているが[20]、このことは、宮城南面の大路が他と隔絶した規模の朱雀大路として意識されていなかったことを示唆しよう。また、大官大寺の発掘調査においては、岸説藤原京の東京極大路に相当する場所で、道路ではなく大規模な流路が検出されているという。(21) もしそうであるなら、藤原京は復原プランどおりには完成していなかったことになる。(22)

3 平城京

都が藤原京から平城京に遷ったのは和銅三年(七一〇)のことであった。その理由がいかなる点にあったのかは、これまでの記述でほぼ明らかになったと思うが、以下にもう少し詳しく述べることにしたい。

この二つの京を比べてみると、宮城の面積はさして変わっておらず、京域のみ、平城京の方が約三倍の規模をもっていた。このことは、遷都の理由が京域と京の位置とに関わるものであったことを示唆している。平城遷都は、喜田貞吉『帝都』以来、大和の各氏族の影響を断ち切るためになされたとする理解があり、そうした指摘が現在まで大きな影響力を持ち続けている。こうした事実はありえないことではないが、ただ遷都を画期として政権内部の権力構造がいっきょに変化した形跡は、実はほとんど確認することができない。喜田氏の説に具体性が欠けていることもあって、このことだけが遷都の要因であったとは考えにくいのである。

七〇一年に成立した大宝律令は、畿内豪族の権力集中を達成することによって、畿外に対する支配強化の契機となった。中央官人である国司を派遣し、国造の系譜を引く郡司の管理を強化する一方で、租庸調などの律令税制が整備されるのもこの時点においてである。畿内の東南隅にあった飛鳥、藤原から、陰陽の地相に適いかつ大和国のうちでは畿内の中心部にもっとも近い位置に都城の場所を定めたのは、その背景に、畿内の大王から日本を支配する天皇へという飛躍のあったことが推測される。それはまた、大和王権の飛躍でもあったが、同じことはその「形」についても当てはまるのであって、前節に記したことが正しいとすると、平城京は長安を意識した最初の都城でもあった。わずか一六年でいわゆる藤原京が廃棄されるのは、単なる京の移動ではなく、わが国で初めての中国的都城の建設にほかならなかったのである。和銅元年（七〇八）、元明天皇は平城遷都の詔を出したが（『続日本紀』）、それは隋王朝初頭の高祖文帝による大興城（のちの長安城）造営の詔の字句をかなり忠実に引用したものであった。このことは漢籍の引用の問題にすぎないのかもしれないが、やはり筆者にはそこに、当時の人々の平城京に対する想いが込められているように思われるのである。そこには、日本の中に長安という都城を再現する意味が込められていたのではなかろうか。

おわりに

かつて豪族はヤケと呼ばれる住民支配の拠点を有していたが、都城が成立すると、ヤケは官人としての「家」に変質し縮小する。ここにおいて、豪族（その多くは畿内豪族であっただろう）は、前代の遺制を残しながらも、京に定住し官人として俸禄を得る貴族へと変質した。都城の成立はヤケの解体を前提とするが、同時に、律令国家は天皇を頂点として豪族のヤケを結集し、いわば全国統治の拠点となる巨大なオホヤケを創出したのである。そして、そのさい当時の為政者は、唐の律令という法体系を日本の実情に合わせて導入したのと同じように、統治の拠点を飾る権威の象徴として長安城という形式を取り入れた。平城京は、その二つの要素を備える最初の都城であった。

このことからすると、日本の都城になぜ城郭がなかったのかという問題も、ある程度説明できるかもしれない。それは、日本の都城が防衛施設として作られたのではなく、天皇を頂点とした権力集中のための場であったから、という解答を導き出すことができるからである。ただし、これでは城郭に防衛施設の機能しか認めていないという点で、おそらく及第点はもらえないであろうし、都城以外の日本の都市の多くになぜ城壁がないのかを説明できないのである。この問題はもはや筆者の力量の及ぶところではないが、以下、中国でなぜ城郭が作られたかを手がかりにして憶測を記し、本章を閉じることにしたい。

中国では行政単位ごとに京城・州城・県城が作られ統治の拠点となったが、専制的な皇帝権力が律令法に規定されるにもかかわらず、広大な領土を時の権力者が統一することは事実上不可能であった。乱暴な表現をすれば、おそらく、権力者の支配は基本的にそれぞれの城郭の内部にとどまり、その外部は支配の貫徹しない土地が広がっていたと考えられる。それゆえに、外に向けては、防衛施設として機能する城郭を作ると同時に、内に向けては、城郭は支配民を管理する役割を果たしたと想定される。長安城の場合には、京城よりも坊城が先に作られたことがわかっているが、このことは城郭が住民支配に果たした役割の大きさを示している。かかる中国の統治は、いわば点の、ないしは点と線の支配にすぎなかったことを示しているが、同様のことは古代ローマの植民都市についても当てはまるだろう。さらに、中国の皇帝を西欧の国王やローマ教皇、あるいは封建貴族に置き換えれば、城郭が発展した中世ヨーロッパの都市にも、同じことがいいえるかもしれない。

このように考えると、近現代の都市に城郭がないこともある程度説明がつく。なぜなら、強大な近代国家がかつての城郭の内と外とを同じように支配しえたために、換言すれば「面の支配」を実現して国境が城郭に代わる機能を果たしたために、城郭の必要性が消滅したのである。ヨーロッパで城郭が姿を消すのは高性能の火器が発明された十五、六世紀のこととといわれるが、しかし、それはそのような軍事力をもちえた強大な権力——近世国家——の登場によって、面の支配が実現したことの結果と解されるのである。

中国や西欧がたかだか数百年前にようやく実現した面の支配は、奇妙なことに、日本ではすでに千数百年前に達成されていたことになる。つまり、都城や国府に城郭が欠けるのも、すでにその地域で「面の支配」を実現していたためと思われるのである。これに対して、東北地方の城柵が、その中に柵戸を移住させ、一定の防衛施設としての性格をもっていたことは、その地が「化外の民」に囲まれた「点の支配」の地域にすぎなかったことを示していよう。

日本にこのような支配体制が生まれた原因としては、大和王権が外交権を掌握し、隔絶した中国・朝鮮の技術を独占したことによって圧倒的な権力をもちえたことや、あるいは日本人の大部分が水田耕作を中心に結びついた、安定した共同体の中に生きていたことが、重要な意味をもっていたと思われる。こうした議論の中ではしばしば、日本は単一民族であるから、という論理が出されることがあるが、筆者には、「日本人」という理念が政治的に形成されたのは、実は上述の古代国家の成立した時期であるように思われる。その後の日本の歴史の大きな枠組みは、おそらくこの古代国家の時代に形作られたのであって、その意味で都城はむしろ、そうした安定した支配体系を確立する基礎となったのである。

註

(1)　鬼頭清明『日本古代都市論序説』(法政大学出版局、一九七七年)、中村順昭「平城京——その市民生活」(『歴史と地理』三三四号、一九八三年)、同「律令制下における農民の官人化」(土田直鎮先生還暦記念会編『奈良平安時代史論集』上巻所収、吉川弘文館、一九八四年、のち同『律令官人制と地域社会』〈吉川弘文館、二〇〇八年〉に収録)、黒崎直「平城京における宅地の構造」(狩野久編『日本古代の都城と国家』所収、塙書房、一九八四年)、栄原永遠男「都のくらし」(直木孝次郎編『古代を考える　奈良』所収、吉川弘文館、一九八五年)、拙稿「京戸について—都市としての平城京—」(『史学雑誌』九三編六号、一九八四年。本書第二部第一章)。

(2)　瀧川政次郎「羅城・羅城門を中心とした我が国都城制の研究」(同『京制並に都城制の研究』所収、角川書店、一九六七年)。

(3)　岸俊男『日本の古代宮都』(日本放送出版協会、一九八一年)。

（4）和田萃「東アジアの古代都城と葬地―喪葬令皇都条に関連して―」（大阪歴史学会編『古代国家の形成と展開』吉川弘文館、一九七六年、のち同『日本古代の儀礼と祭祀・信仰(上)』〈塙書房、一九九五年〉に収録）。

（5）拙稿「平安京の支配機構」（『史学雑誌』九四編一号、一九八五年）参照。なお同様の例が『御堂関白記』長和二年二月二十六日条にもある（大津透氏のご教示による）。

（6）高橋崇『律令官人給与制の研究』（吉川弘文館、一九七〇年）。

（7）関晃「律令貴族論」（『岩波講座 日本歴史』3所収、岩波書店、一九七六年）、早川庄八「律令制と天皇」（『史学雑誌』八五編三号、一九七六年）、大津透「律令国家と畿内―古代国家の支配構造―」（『日本書紀研究』一三号所収、塙書房、一九八五年、のち同『律令国家支配構造の研究』〈岩波書店、一九九三年〉に収録）。

（8）「藤原京域周辺小字名図」（奈良県教育委員会編『藤原宮』大和歴史館史友会、一九六九年）による。

（9）岸俊男「ワニ氏に関する基礎的考察」（同『古代政治史研究』所収、塙書房、一九六六年）。

（10）吉田孝『律令国家と古代の社会』（岩波書店、一九八三年）第Ⅱ章。

（11）氏神祭祀が二月、四月、十一月に行われたことについて、四月の祭祀がいかなる由来をもつものかははっきりしない。もっとも考えられるのは田植えの祭祀であるが、奈良時代の実例では、田植えが行われるのは五月のことが多く、この場合に当てはめるのは難しい。ただ農耕祭祀であることを前提にすると、各地に残る民俗行事として、田に水を引く「水口祭」が存在する。あるいはこのような祭祀が、四月の氏神祭祀の原型になったのだろうか。

（12）狩野久「律令国家の形成」（『講座 日本歴史』1、東京大学出版会、一九八四年）。

（13）同右二九六頁。

（14）今泉隆雄「律令制都城の成立と展開」（『講座 日本歴史』2、東京大学出版会、一九八四年、のち同『古代宮都の研究』〈吉川弘文館、一九九四年〉に収録）。

（15）同右。

（16）岸俊男「飛鳥と方格地割」（『史林』五三巻四号、一九七一年、のち同『日本古代宮都の研究』〈岩波書店、一九八八年〉に収録）。

（17）狩野久「律令国家と都市」（『大系 日本国家史』1古代、東京大学出版会、一九七五年、のち同『日本古代と国家と都城』

〈東京大学出版会、一九九〇年〉に収録)。

(18) 熊谷公男「天武政権の律令官人化政策」(関晃教授還暦記念会編『日本古代史研究』吉川弘文館、一九八〇年)。

(19) 岸俊男「飛鳥から平城へ」(『古代の日本』5近畿、角川書店、一九七〇年)、同「都城と律令国家」(『岩波講座　日本歴史』2、岩波書店、一九七五年)。ともに『日本古代宮都の研究』(前掲) に収録。今泉隆雄「律令制都城の成立と展開」(前掲)。

(20) 井上和人「古代都城制地割再考」(奈良国立文化財研究所学報四一冊『研究論集』Ⅶ所収、一九八四年、のち同『古代都城制条里制の実証的研究』〈学生社、二〇〇四年〉に収録)。

(21) 井上和人「大官大寺の発掘調査」(『日本歴史』四二二号、一九八三年)。

(22) 本書第一部第三章およびその補記を参照されたい。

〔補記〕　これ以下の「倭京」に関する記述では、岸俊男「飛鳥と方格地割」(註(16)) の研究成果に基づき、飛鳥寺や川原寺の配置から飛鳥川の両岸に一辺一〇六㍍の方格地割が存在したこと、さらに、平城京などの条坊道路と同じ直線道路が飛鳥の地にも存在したものとして論を展開していた。しかしその後、井上和人「飛鳥京域論の検証」(『考古学雑誌』七一巻二号、一九八六年、のち同『古代都城制条里制の実証的研究』〈学生社、二〇〇四年〉に収録) によって発掘成果の精査がなされ、のちの条坊道路に相当する道路遺構はもとより、方格のプランそのものが存在しなかった可能性が高くなった。黒崎直『飛鳥の都市計画を解く』(同成社、二〇一一年) のように、近年にあっても飛鳥の方格地割の存在を主張する研究が出されているが、筆者は井上氏の所論は依然として有効であると考えている。したがって、本来なら倭京についての記述は削除するか全面的に改稿しなければならないところである。しかしここでは、すでに他の論考で引用されたことのある論文でもあることから、よけいな手直しをすることは差し控えることにした。

さて、井上氏が指摘したように、飛鳥には条坊制のような方格道路や、方格に基づく一定の配置プランは存在しないと考えられる。ただ、『日本書紀』における壬申の乱の記事において、チマタのようなことばが使用され、道路の側溝や橋の存在を示唆する史料があることを重視すると、七世紀後半には、宮や飛鳥寺を中心に、道路の整備がこの地域で進展したことは認めてよいように思われる。それは、方形のプランを基本とする都城の条坊道路とは異質な存在であろうが、一定の土地改造が進められたことは評価してよいのではなかろうか。

第三章　日唐都城比較制度試論

はしがき

わが国において都城が形成されたのは、七世紀後半から八世紀初頭にかけての、いわゆる律令国家が完成を迎えた時代であった。持統朝の藤原京や元明朝に遷都のなった平城京はその代表的なものであるが、以後日本の古代国家は、都城を拠点として全国統治を実施していくことになる。こうした都城の制度は、周知のとおり、中国のそれを念頭においたものであった。長方形の京域、その中央北端に位置した宮城や内部の宮殿の配置構造、さらには京域に設定された条坊制の存在など、いずれも遣唐使や遣隋使がもたらした知識なしには実現しなかったに違いない。

しかし都城の造営は、ただ表面的に中国風の都市を建設することを目的としたのではなかったであろう。おそらくこの点については多面的な考察を要しようが、それを裏付けることの一つとして、律令そのものが都城の存在を前提に編纂されていることがあげられる。たとえば岸俊男氏の論文「日本における『京』の成立」(1)によると、現存する養老令文のうち「京」の用字がみえるものが総数八五ヵ所にも及ぶという。その内訳は至京、向京、送京や左右京などの「京」が二八、「在京」三〇、「京国」七、「京官」六、「京内」五、「京職」四などで、養老令文が三〇編約九五〇条からなることを考えると、その比重がいかに大きかったかが推測される。日本の都城が飛鳥浄御原令や大宝律令の成立とほぼ時を同じくして登場するのも、かかる律令と都城との密接な関係に由来する。

これまで日本と中国における都城の比較研究は、おもに「平面プラン」に重点がおかれてきたけれども、右の関係を想定するならば、律令そのものを通じて「京」のあり方を考えてみることもあながち無駄ではなかろうと思う。かかる問題は余りに自明のことと思われてか不思議にそれを扱った専論はないようであるが、以下はそのささやかな試論であって、この種の論考が通常行うようにまず中国の都城の歴史的性格にふれ、次いで日唐における「京」の意義について、主に両者の相違に焦点を合わせて記述を進めることとする。

一 中国における都城の系譜

日中の都城を論ずる場合、しばしば言及される問題に城郭の有無の問題がある。漢民族が古来みずからを「城郭之民」と呼び習わし、遊牧民族を「行国之民」「行国随畜之民」と称して異民族を峻別したことは周知の事実である。『周礼』考工記匠人条の記述、「匠人営₂国、方九里、旁三門。国中九経九緯、経涂九軌。左祖右社、面朝後市、市朝一夫」も、中国都市の基本理念を示すものとして広く受け入れられてきた。すなわち九里四方の方形の城郭に一辺三つずつの門を開き、城内には門を結んで直線路を設けて、そのような区画のもとに中央に宮室をすえ、さらにその周囲に朝廷や市、宗廟社稷を配するという基本的構造は、中国の都城に対して大なり小なり影響を与え続けたとみられたのである。戦前、宮崎市定氏が「内城外郭式」の都市が春秋時代に出現したことを説いたとき、氏の念頭にあったのも君主の内城と居民をおく外郭からなる、二重の城郭の姿であった(2)。

これに対して、日本の都城に城郭が発達しなかったこともまたよく知られた事実である。ではその理由は何か。明治四十年(一九〇七)、関野貞氏は『平城京及大内裏考(3)』を著して日本の都城研究の基礎を築いたが、氏はその中で

「唐の京城との比較」の一編を設けて平城京の原型が唐長安城にあったことを系統的に述べるとともに、この問題についても「平和の都市の外墻たるに止まれり」という、短いがしかし核心を衝いた解答を用意した。かかる見解はその後「軍事的緊張の欠如」などいろいろとことばを変えながらも、基本的に現在まで継承されているといってよいだろう。おそらくそのこと自体は間違いではなかろうが、しかしその前提となった一つの考え方、つまり中国の城郭がなによりも戦闘に備えた軍事施設として建設されたという認識は、今日では一面的理解であるとのそしりを免れないであろう。

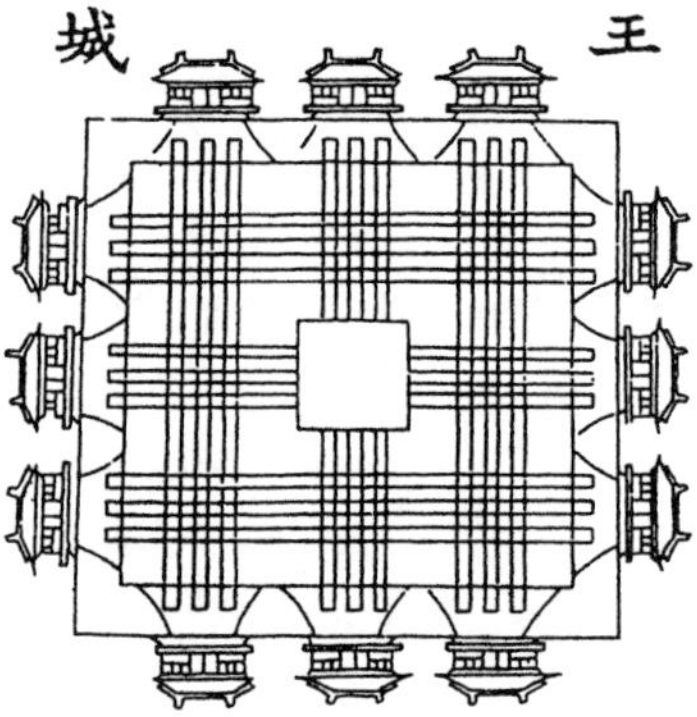

図11　『周礼』考工記の都市概念
（『中国山東山西の都城遺跡』より）

そもそも中国ではいかなる目的で頑強な城郭が造営されたのか、この基本的な課題をここでは近年の研究業績にしたがって整理検討することから始めたい。それはまた、唐長安城のような都城がどのような原理で成立したのかを知る手がかりにもなりうるからである。

さて戦後における中国大陸での発掘調査の成果を含めて考えるとき、隋唐長安城に至るまでの中国の都城は、次の二つの段階に分けて理解することができるかと思う。一つは小城と大郭を東西に並べる形式で、政治の中心としての「王城」（小城）と住民居住区たる大郭を結合して成立したものである。このような形式は斉の臨淄城、鄭・韓の新鄭城、晋の新田城、趙の邯鄲城、魏の安邑城、楚の郢城など、春秋戦国時代になって中原を中心に広く普及したことが発掘調査からも確認されているが、文献ではすでに西周期の東都成周に同様の構造が見出せるので、これはこの時代になって諸侯の中からいくつもの大国が現れ、それらが「王都」の形式を採用するに至ったものと推定されている。(4)いまこのうち比較的実態のわかる斉の臨淄城を取り上げて説明を加えておこう。

臨淄城は当時の多くの城郭と共通して、東北部の大郭に西南部の小城が食い込むかたちで接している。小城はほぼ長方形で、東西約一・四キロ、南北約二・二キロ、一方、大郭も不規則な長方形で、その規模は北壁が約三・四キロ、東壁で約五・二キロにも及んでいる。どちらも版築で造成された「城墻」に囲まれ、さらに外側には濠がめぐっていた。当時の城墻の高さは知ることができないが、その基底部は小城で約三〇㍍、大郭では四〇㍍を超える箇所もある。このうち斉王の宮殿があったのは小城の方で、西南の「桓公台」と呼ばれる楕円形の基壇がその跡であったとされている。小城内にはまた鋳銅・冶鉄・鋳銭の遺址も認められるので、宮殿に付属する官営工房もかなりの程度発達していたらしい。一方、大郭内東北部にも鋳銅・冶鉄址があって、民間においてもその種の商工業がすでに広く普及していたと推測される(5)。

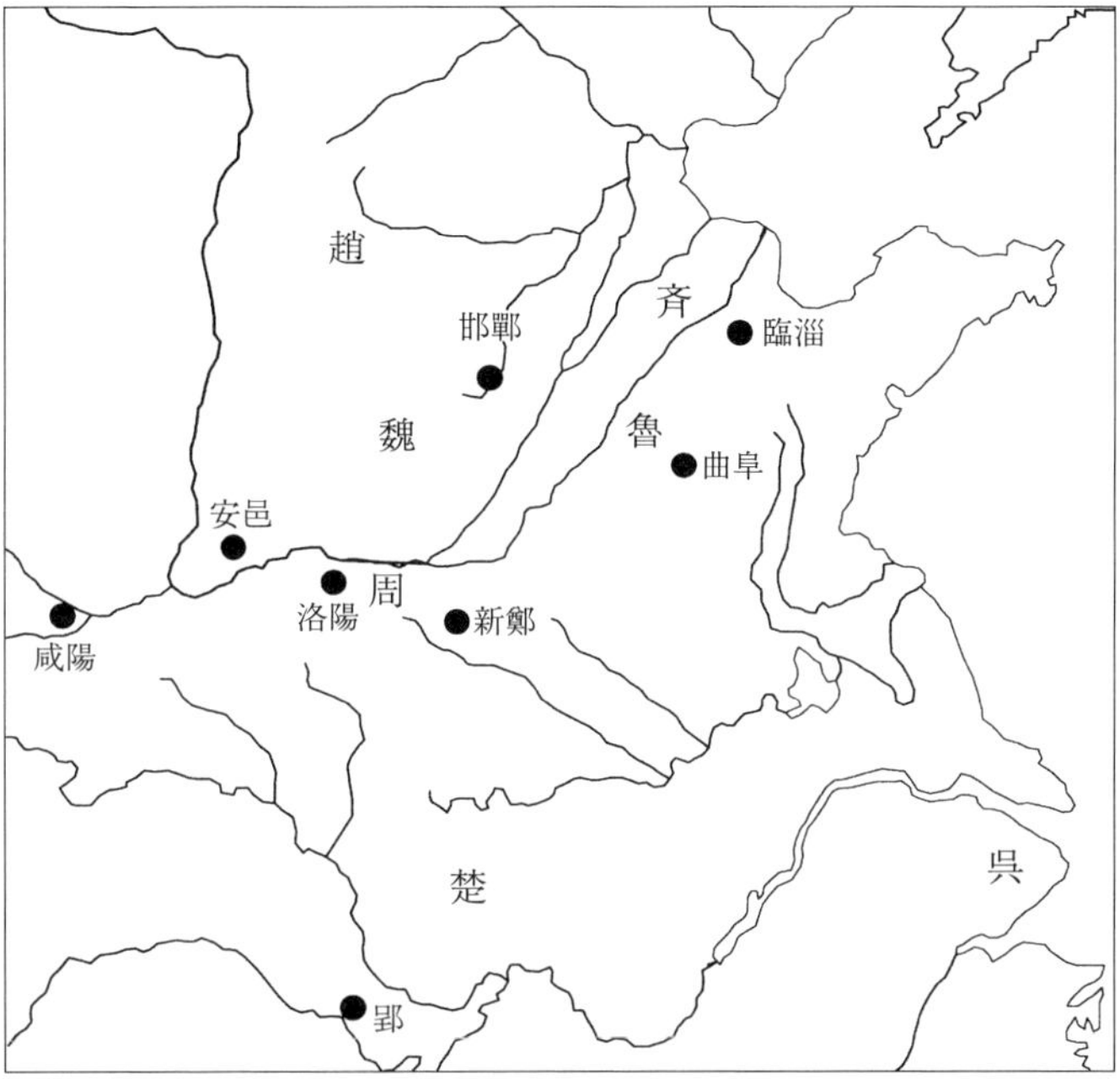

図12　戦国時代の主要国都

臨淄城はいかにも頑丈な城郭に取り囲まれたのであるが、そのような城郭が建設されたのは次のような理由によると思われる。

大城不㆑可㆓以不㆑完。郭周（周郭の誤りか）不㆑可㆓以外通㆒。里域不㆑可㆓以横通㆒（略）故大城不ㇾ完、則乱賊之人謀。郭周外通、則姦遁踰越者作。里域横通、則攘奪盗者不ㇾ止。

右は『管子』巻五「八観篇」冒頭の一節であるが[6]、ここで論じられている春秋戦国時代の諸城の構造を念頭におけば、「大城」は小城（王城）に、「郭周（周郭）」は大郭に、「里域」は大郭内の居住ブロックに相当するとみてよかろう。とすれば、ここには大郭や内部の住民居住区が住民の「外通」を防ぎ、未然に犯罪を防止することに第一の目的があったことが明示されている。「大城完からざれば、則ち乱賊の人に謀らる」は、あるいは小城（王城）の機能がそこに結集する支配集団の統制を第一義とすることを表現したものであろうか。いずれにせよ城郭はさながら楯の両面のように、内の住民に向けて、いわば彼らを閉じ込める役割をも果たしたことになる。

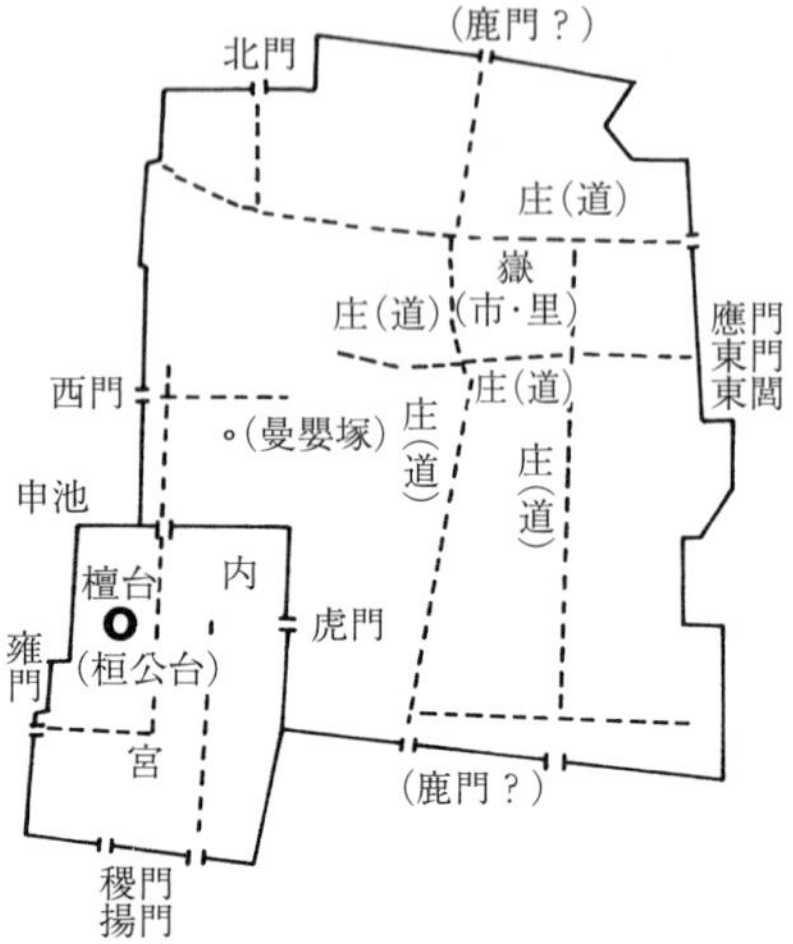

図13　斉臨淄城の復原（『中国山東山西の都城遺跡』より）

臨淄の人口は「七万戸」（『史記』巻六十九蘇秦列伝）、大郭はその大部分が居住した地区である。さらにそこでは「什伍制」という徴兵制度を作り上げ総計二一万の兵を有したというが（同上）、大郭の住民は一方で斉王の重要な軍事力の基盤でもあった。城郭を築いて彼らを管理することに意が注がれたのも、国家における権力基盤そのものを確立するためにほかなるまい。五井直弘氏はこのような点から、城郭がなによりも「民の支配と編成」のために設けられたことを論じている[7]。

臨淄城の遺構としては以上のほか、門と門を結ぶ直線的道路が東西南北に走っていたことが注目される。小城内には三本、大郭には七本の道路が今のところ確認されているが、これらは城内の交通路となったばかりでなく、居住地を区画し住民編成を容易にする役割をも果たしたと推定され、「什伍制」なる兵士制度も、このような強力な住民支配を通じて初めて実現した、というのが五井直弘氏の見解である。

斉の国都におけるこのような機能は、実はその模範となった王都成周においても見出すことができる。西周時代には西都鎬京、殷の故都である牧、そして東都成周に三つの主要軍隊が配されていたが、成周大郭造営の第一の目的は、そのうちの「成周八𠂤」と称された軍隊を収容し、中原における支配権を確立することにあったと考えられるからである。さらに成周には殷の旧貴族が大量に遷徙されたことが知られ、彼らを収容して監視するためにも、大郭の造営は不可欠であった。一方、当時の軍事組織の基盤となった「国人」に対しても、「康王命作冊、畢分居里成周郊」(『尚書』畢命「書序」)などと見え、「郊」すなわち王都の東郊たる大郭に国人を移して管理を徹底していたこともうかがえる。(8) 春秋戦国時代の諸国は城郭の平面構成のみならず、城郭を通じた支配形態をも周王朝から採り入れたのである。

さて戦国時代の混乱を統一して中央集権国家を打ち立てた秦漢時代になると、これとは別のタイプの都城が出現する。すなわち先の「小城」相当部分が著しく拡大するとともに、その周囲に多数の里(坊)が建設された段階のもので、「長安閭里一百六十。家居櫛比、門巷修直」(『三輔黄図』巻二)とある漢長安城、「三百二十三坊」(『魏書』巻八世宗紀)、「三百二十坊」(『北史』巻四魏本紀、『魏書』巻十八広陽王嘉伝)あるいは「二百二十里」(『洛陽伽藍記』巻五)とも見える北魏洛陽城がその代表であろうか。いうまでもなく隋唐長安城もまた同じ形式に属する。

漢長安城の場合、里は外郭とは別にそれ自体も墻壁に囲まれ、出入口として里門が設けられるとともに、里内には「巷」(こみち)が整然と通っていた。北魏洛陽城については『洛陽伽藍記』巻五に「廟社宮室府曹以外、方三百歩為一里。里開四門、門置里正二人吏四人門士八人。合二百二十里」と見え、方形の里(坊)の四面に一つずつ門が開き、里正、里吏、門士が里門の管理に当たったことが知られる。かような里（坊）の建設には、それを推進した次のような臣下の奏上が深く関わっていた。

〈北魏平城城〉其郭城繞二宮城南一、悉築為レ坊、坊開レ巷。坊大者容二四五百家一、小者六七十家。毎南（閉か）レ坊捜検、以備二奸巧一。（『南斉書』巻五十七魏虜伝）

〈北魏洛陽城〉遷二司州牧一、嘉、表請。於二京四面一、築二坊三百二十一、各周一千二百歩、乞発二三正復丁一、以充二此役一、雖レ有二暫労一、姦盗永止。詔従レ之。（『魏書』巻十八広陽王嘉伝）

　これによれば、里坊建設の最大の目的は治安の維持にあった。周囲を囲ってしまえば、盗賊が逃げ込んでも容易に追いつめることができたからである。北魏洛陽城では別に、豪富の邸宅が姦徒の温床になっているため、里正の権限を強化して治安維持を図ったことが知られる一方、羽林という近衛の兵を「諸坊巷司」に派遣して盗賊を取り締まったことがみえ、ために都は永く「清静」を保つことができたという（『魏書』巻六十八甄琛伝）。唐長安城では夜間になると坊門が閉鎖になり、坊から街路にでることが厳しく禁じられたが（『唐律疏議』雑律第十八条）、それもまた同じ意図から出た法令であろう。かかる里坊は先の「大郭」の性格を踏襲したものであって、里坊が成立して大郭の機能がこれに移ると、里坊を取り囲んだ「外郭」は本来の意義を失ってしだいに象徴的なものに転じていく。北魏洛陽城や隋唐長安城の外郭が今日ほとんど遺址を残さないのもそのためであって、換言すれば、小城大郭から構成された都城の性格は、里坊の出現によって、そしてそれを維持する支配体制の充実によっていっそう徹底したものとなったのである[9]。

　ところで城郭の機能がこのような「民の支配と編成」にあったことを五井直弘氏が論じたさい、氏の念頭にあったのは君主と共同体の関係であった。すなわち氏は城郭を築いて「民」を収容することが一面では撫民的性格をともない、それが君主の共同体に対する支配力の浸透にいかに有効であったかを指摘したのである。こうした考えはおそらく中国の城郭一般に対しては通用するかと思うが、しかしこと都城に限っては、その政治的機能によってまた別の類型の「民」が存在したことを軽視してはなるまい。秦の始皇帝が統一のその年に首都咸陽に徙した「天下豪富」一二万戸（『史記』巻六秦始皇本紀ほか）、あるいは漢の高祖が関中に徙したという諸国の有力氏族や「豪傑名家十万余口」

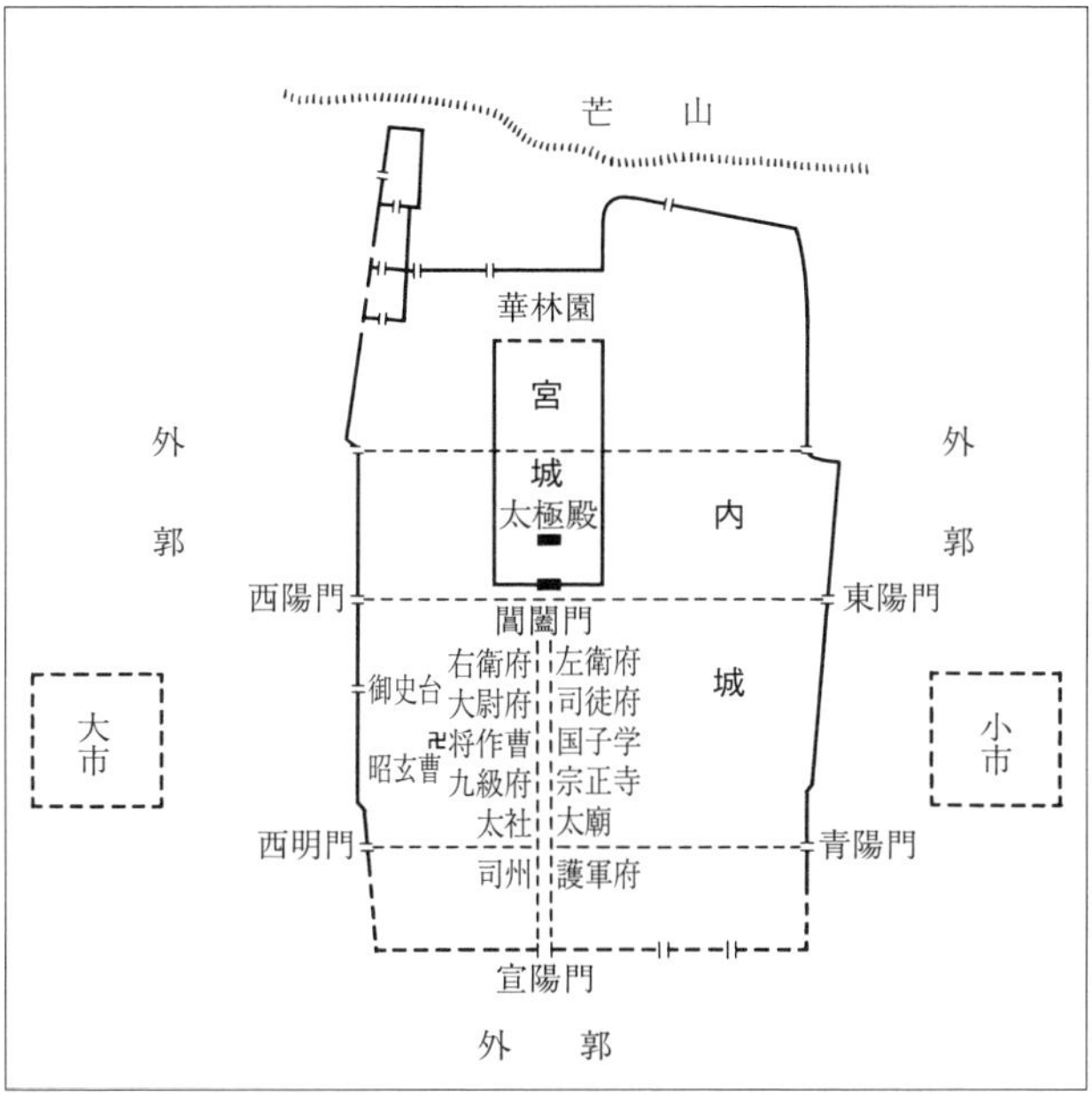

図 14　北魏洛陽城（岸俊男『日本古代の宮都』より）

がそれで、とくに後者はそれが「彊本弱末之術」（『史記』巻八高祖本紀・『漢書』巻四十三酈陸朱劉叔孫伝十三婁敬伝）であったと書かれており、高祖劉邦は政権の本拠地に各地の有力者を移し、それを権力基盤として周辺の胡族や諸侯に対抗しようとしたことがわかる。彼らは一面では被支配者でもあったが、同時に統一政権を構成する支配集団の有力な一員でもあったから、都城はそのような支配集団を結集しさらには編成するための舞台にもなった。漢長安城に多数の里坊が設けられたのも、彼らを収容するのが大きな目的となったに違いない。

　鮮卑拓跋氏出身の北魏においても、平城遷都があった天興元年（三九八）に「六州二十二郡守宰豪傑吏民二千家」を徙したことが知られるほか（『魏書』

巻二太祖紀）、洛陽城については胡風の強い平城から一転して中原に本拠地を移したために、なおのこと大規模な住民移動を必要としたと推測される。遷都二年後の太和十九年（四九五）九月、孝文帝は文武百官をここに移す一方、翌年十月には帝に従って洛陽に入った人々を「羽林虎賁」という近衛兵に編成し、さらに延昌二年（五一三）閏二月には彼らに公田を給して定住の条件を整えていった（『魏書』巻七高祖紀・巻八世祖紀）。また『隋書』巻三十三経籍志二には「後魏遷レ洛。有二八氏十姓一。咸出二帝族一。又有二三十六族一。則諸国之従レ魏者、九十二姓、世為二部落大人一者、並為二河南洛陽人一」ともみえて、旧都平城近傍にとどまらない、広い範囲の有力豪族が遷都にともなって移ってきたことが知られている。[10]洛陽城に大規模な里坊が出現したのは、このような徙民政策の結果でもあったが、そこは外に向けては国内統治の拠点として機能するとともに、内に向けては天子を中心として支配集団を編成する場となった。

隋唐の長安城もまたこのような伝統のうえに構築された。長安城の場合には、北魏のような大規模な住民移動の史料はないようであるが、しかし煬帝や則天武后による洛陽城造営のさいに、「豫州郭下居人」「天下富商大賈数万家」（『隋書』巻三煬帝本紀、同巻十九食貨志）、「関内雍・同等七州戸十万」（『旧唐書』巻六本紀第六則天皇后）を洛陽に徙したことが見えるので、長安城においても同様の施策がとられたものと推測される。ただ隋唐では官人の任用に当たって、旧来の九品中正の制を廃し代わりに「科挙」を採用したために、地方土豪の中央官僚化が進展して都城への集中の度合も飛躍的に高まることになった。[11]あわせて隋初に至って京畿・関中に集中的に「軍府」を配する、いわゆる府兵制が完成をみ、軍事制度においても、天子の権力基盤を手厚く防備する体制が整えられる。[12]

『隋書』巻四煬帝紀の大業十一年（六一五）条の一節には次のような文言が見える。

　今天下平一、海内晏如。宜下令二人悉城居一、田随レ近給上、使二強弱相容一、力役兼済、穿窬無レ所レ厝二其姦宄一、萑蒲不レ得レ聚二其逋逃一。有司具為二事条一、務令レ得レ所。

時はまさに隋末の混乱期で「天下平一」とは名ばかりであったが、しかし城郭の存在があえて「天下平一」の時代に求められたのも一つの事実である。城郭に人々を居住せしめ、それによって支配の安定を図ったのであって、この点においては長安や洛陽をはじめとする都城においても、あるいは地方に置かれた州城県城においても、本質的に変わるところはなかったはずである。

諸戸以二百戸一為レ里。五里為レ郷。四家為レ隣、三（五）家為レ保。毎レ里置二正一人一。若山谷阻険、地遠人稀之処、聴二随レ便量置一。掌按二比戸口一、課二植農桑一、検二察非違一、催二駆賦役一。在二邑居一者為レ坊、別置二正一人一。掌坊門管鎰、督二察姦非一、並免二其課役一。在二田野一者為レ村、別置二村正一人一。其村満二百家一増二置一人一。掌同二坊正一。其村居如（不）レ満二十家一者、隷二入大村一、不レ得三別置二村正一。（『通典』三食貨三郷党）

右は唐代における地方支配の骨格を定める唐戸令（開元二十五年令）の第一条に存したと推定される条文である。[13]里正が行政一般に関与するのに対して、城郭に配された坊正の職掌は治安の維持一点に集中するが、坊正のかかる性格も、以上のような城郭の伝統的意義を念頭におけば容易に理解できよう。隋唐における京兆尹・河南尹あるいは長安県令・万年県令は、しばしば「豪強」の取り締まりを徹底して人々から恐れられたが、[14]そのような事実もまた都城の本質的性格に由来していたのである。

二　律令のなかの「京」

中国の都城の本質的要素が「坊」に集約されていたとすると、日本ではこの点どうなっていたのだろうか。日本では唐制と異なり、朱雀大路の東側を左京、西側を右京として、それぞれを左右の京職が管轄した。そしてその下に中

国と同じ「坊」がおかれ、坊令と坊長が配されて住民の支配に当たっていた。戸令3置坊長条、同4取坊令条に、

凡京、毎レ坊置二長一人一、四坊置二令一人一。掌、検二校戸口一、督二察姧非一、催二駆賦徭一。凡坊令、取下正八位以下、明廉強直、堪二時務一者上充。里長坊長、並取二白丁清正、強幹者一充。（以下略）

とあるのがそれで、前掲唐戸令第一条の字句と比較すると、細部に異同はあるものの、これらの規定が唐永徽令の強い影響下に成立したことは疑いない。

日本の律令に「京」に関する条文が多数収載されていることは本章冒頭で紹介したが、このほか養老律令には「京城」「京城門」「坊垣」「街鋪」「門巷」「巷街」「坊街」などの語句も多数みえる。したがって日本の古代国家は、京や坊の規定と合わせて、城郭の構造を具体的に反映した規定をも広く唐令から継受したものと推測される（表3を参照。史料には便宜的に番号を付け、また行論の都合上、それに対応する唐令・唐律の条文を付載した）。

さて、表3における字句の対応関係をみるならば、日本の京関連条文は唐のそれをかなり直接的に継受して成立したことがわかる。けれども両者の間には同時にいくつかの相違点もあった。

一つは唐におけるこれらの規定が「両京城及州県郭下」（『倭名類聚抄』巻三居処部所引唐令）、すなわち京師のほか地方の州県城においても適用されたのに対し、日本ではそれを左右京のみに限定したことである。周知のとおり、唐では民衆支配に当たって郷・里からなる「人為区分」と坊・村からなる「自然区分」との二つの系統を立てたが、これに対して日本では「人為区分」のみを継受し、地方に郡・里をおくのと並行して左右京だけに坊を設置したのである。(15) 別の面からいえば、坊垣越過の罪（表3の(3)）、巷街開墾の罪（表3の(6)）、さらには市の設置や管理などを含め、唐にあっては全土の城郭を対象にした法令が、日本では「条坊制」を備えた都城でしか問題にならなかった。

もう一つは坊令・坊長の性格についてである。唐令における里正と坊正・村正は、それぞれが行政と治安維持とをを

表3　都城に関する日唐律令条文（抄）

養老令・養老律	唐令・唐律該当条文
（1）凡開二閉門一者、第一開門鼓撃訖、即開二諸門一。（略）京城門者、暁鼓声動、則開、夜鼓声絶則閉。（略）（宮衛令4開閉門条）	（1′）唐令云、宮殿門夜漏尽、撃二漏鼓一訖開。夜漏上水一刻撃二漏鼓一訖閉。五更三籌順天門撃レ鼓、諸衛即逓撃二小鼓一。使声徹二皇城京城諸門一（略）（『令集解』宮衛令上条令釈所引「唐令」、『唐令拾遺』宮衛令第三条甲）
（2）（略）其越二閤垣一者絞。殿垣遠流。宮垣近流。宮城垣徒三年。京城垣徒一年。（『法曹至要抄』所引衛禁律逸文）	（2′）諸闌入者（略）其越二殿垣一者絞。宮垣流三千里。皇城減二宮垣一等。京城又減二一等一。（略）（『唐律疏議』衛禁律第三条）
（3）凡越二兵庫垣及筑紫城一、徒一年。（略）国垣杖九十、郡垣杖七十。坊市垣笞五十。（略）即城主無レ故開閉者、与二越罪一同。謂、国郡之城主執レ鑰者、不レ依二法式一開閉、与二越罪一同。其坊令市正非レ時開閉、亦同二城主之例一。（略）（衛禁律第二十四条）	（3′）諸越二州鎮戍城及武庫垣一、徒一年（略）越二官府廨垣及坊市垣籬一者。杖七十。（略）即城主無レ故開閉者、与二越罪一同。（略）疏議曰（略）其坊正市令、非レ時開二閉坊市門一者、亦同二城主之法一（略）（『唐律疏議』衛禁律第二十四条）
（4）凡京路、分レ街立レ鋪、衛府持レ時行夜。夜鼓声絶禁レ行、暁鼓声動聴レ行。（略）（宮衛令24分街条）	（4′）五更三籌、順天門撃レ鼓、聴二人行一。昼漏尽、順天門撃レ鼓。四百槌訖閉レ門。後更撃二六百槌一、坊門皆閉禁二人行一。（『唐律疏議』雑律第十八条所引「宮衛令」、『唐令拾遺』宮衛令第七条）
	（4″）漢法用、毎レ鋪有レ鼓也。（『令集解』宮衛令上条古記一云）
（5）凡車駕出行、（略）若有レ所レ幸、皆先防二禁門巷一、駆二斥所レ不レ当レ留者一。（宮衛令6車駕出行条）	
（6）凡侵二巷街阡陌一者杖六十。若種殖墾食者笞四十。（『明文抄』所引雑律逸文）	（6′）諸侵二巷街阡陌一者杖七十。若種植墾食者笞五十。（略）（『唐律疏議』雑律第十六条）
（7）直二宿坊街一、応レ聴レ行而不レ聴。（『令集解』宮衛令4開閉門条所引雑律逸文）	（7′）諸犯レ夜者笞二十。（略）其直二宿坊街一、若応レ聴レ行而不レ聴、及不レ応レ聴レ行而聴者笞三十。（略）（『唐律疏議』雑律第十八条）

分担する。しかし日本令では右の行政組織の特質と対応して、坊令・坊長の職掌が里長と同じように広く行政全般に及んでいた。すなわち里長の職掌は「掌、検二校戸口一、課二殖農桑一、禁二察非違一、催二駆賦役一」（戸令1為里条）とあって、先の坊令の職掌と内容的に差がないのである（なお里長の方に「課植農桑」があって坊令にないのは、左右京に農地がないことを前提にしているためであろう）。この点は里正と坊正・村正の職掌を峻別した唐制と実に対照的なところであって、治安維持一点にあった唐の坊正の職掌と比べるとき、日本令における坊令はその性格を著しく変化させたことがわかる。唐の坊正の職掌のうち、日本令で「坊門」管理の項目が抜け落ちているのも、またこのことと密接に関係していよう。法制史料以外の、平城京木簡や右京計帳などの史料に徴しても、その活動は広い意味の行政にかたよっており、治安維持に関与する面はなかったとみてよい。

このことと呼応するように、実際の坊の構造も日唐ではかなり異なっていたらしい。日本の場合には、各坊に坊長がおかれたうえに、各条の一坊から四坊までの四坊に一人ずつ坊令が配され、実質的には東西に連なる四坊が一つの単位を構成していた。また坊を取り囲んだはずの坊城も、基本的には朱雀大路に面した箇所にしか作られなかった。平安京では朱雀大路の両わきにある南北の小路を「坊城小路」と呼んでいたが、すべての坊に坊城があったとすればこのような名称が生まれるはずもなく、したがって東西方向についても、坊城があったのは朱雀大路から坊城小路までの一町分にとどまったと考えられるのである。一方、平安京の三条以南では二条大路、三条大路などの東西の大路の間に「三条坊門小路」をはじめとする「坊門小路」が通じていたので、坊門があったのも各「条」が朱雀大路に面した地点だけであったと思われる。坊門は坊令の管理する四坊の「坊」が朱雀大路に開いた門だったのである。[16]

唐の坊門が夜間に閉鎖されたことは先に紹介したが、日本においても宮衛令24分街条に「凡京路、分レ街立レ鋪、衛府持レ時行夜。夜鼓声絶禁レ行、暁鼓声動聴レ行」とあるように、同様の主旨の法令が存在した。大宝令の注釈書「古記」はこの条文について、「今行事」として中衛府と左右兵衛府が一晩ずつ交代で任に当たったことをあげ、さらに「守道屋」（唐令の「鋪」に相当する）のことも記しているので、京内の「路」の警護は厳重に実施されたとみられる。ただし「夜」をみやこの住民に告げたはずの「鼓」については、同じく古記に「今行事、坊門鼓可レ有。未レ行耳」とあるので、おそらく坊門閉鎖の事実もなかったものと思われる。考えてみればこれは当然のことで、坊城・坊門が朱雀大路近辺にしかなかったとすると、いくら坊門を管理しても夜間通行の制限にはさして効果が上がらなかったはずだからである。おそらく日本では令文のとおり、実際にも坊門の管鎰自体が存在しなかったのであろう。貞観四年（八六二）三月、初めてこの坊門にそれぞれ兵士一二人をおくようになったが、その目的は「朱雀道を守る」ことにあった（『類聚三代格』巻十六、『日本三代実録』）。

『続日本紀』には新羅使や唐使の入京に際して、官人が騎兵等の一団を率いて「京城門外三橋」に彼らを出迎えたことが記されているが（同、和銅七年十二月己卯条、同、宝亀十年四月庚子条）、外国の使節はまず羅城門をくぐり、宮城南面の朱雀門に続く朱雀大路を直進した。朱雀大路の両側の坊城や坊門は、したがってその儀容を整えることだけを目的としていたことになる。唐長安城の外郭に相当する羅城（京城）も、京の南面だけ、しかも羅城門の左右にしか作らなかったと考えられており、日本では一貫して景観としての意義が重要視されていたのである。それが明徳門から朱雀大街を通って皇城に至る、唐長安城の景観を意識したものであることはまず間違いあるまい(17)。

このような朱雀大路重視の発想は、七世紀末の藤原京の造営過程においても一端をみることができる。『日本書紀』持統六年（六九二）正月戊寅条の「天皇観二新益京路一」がそれで、ここには当時京中の「路」に対する強い関心があったことが示されているからである。このことは日本の都城を見慣れたものにとってはなんら不自然ではないだろうが、しかし中国の都城と比べるとそれがいかに特殊であったかが理解されよう。すなわち中国では「発二長安六百里内男女十四万六千人㆒、城㆓長安㆒。三十日罷[18]」（漢長安城）、「於㆓京四面㆒、築㆓坊三百二十㆒[19]」（北魏洛陽城）、「発㆓丁男十万㆒、城㆓大興㆒[20]」（隋大興城）、「修㆓築京師羅城㆒。和㆓雇雍州四万一千人㆒、三十日功畢[21]」（唐長安城）の例に見られるごとく、都城の造営といったときにその象徴となったのは、まずこれらの城郭を築きあるいは坊を建設することであった。日本とは反対に、街路を整備するなどという記事は、管見では見当たらないのである。

わが国において「路」の存在が本格的に注目を集めるのは七世紀初頭の推古朝以降のことで、『日本書紀』には推古二十一年（六一三）に難波より京に至る「大道」をおいたことが見えるほか、白雉四年（六五三）にも「処処大道」を修治したことが書かれている。この時期はちょうど隋唐や朝鮮三国との交流が活発化した時代であって、倭王多利思比孤が隋使裴世清に対して「今故清㆑道飾㆑館、以待㆓大使㆒」（『隋書』巻八十一東夷伝倭国条）と語ったように、道路の整備も外国使節の訪問が重要な契機になったと考えられている[22]。神亀元年（七二四）十一月には左右京の住居とともに山陽道の駅館が中国風に改められたが（『続日本紀』および『家伝』下巻）、それもまた前年の新羅使入京を契機とするものであった[23]。『日本書紀』には仁徳天皇の時代に難波に「京中大道」をおいたことがみえるが（同、仁徳天皇十四年是歳条）、そのような一種の伝説が生まれたのも難波に外国使節を迎える客館があったことと深い関係があろう。都城における朱雀大路はこれらのうちでももっとも重要な路であって、広い意味での外交関係の中で出現したさまざまな「路」の集大成ともいえる性格を帯びていた。同じく『隋書』東夷伝には七世紀初頭の日本の実情を伝える一節に「城柵無し」ということばが書かれているが、城郭の民たる中国人にしてみれば、それは単なる事実以上に「未開」の象徴でもあったはずである。日本の羅城や坊城は、その後進性を克服しようとして作り出された、きわめて日本的な「城郭」ではなかっただろうか。

ところで当時の為政者は、どのような意図で都城の規定を成文化したのだろう。京城、坊垣、巷街などの字句を含む条文をみる限りでは、日本のそれはかなり忠実に唐の律令の文言を引き写したとみられ、あるいは盲目的にそれらを採用したかとも考えられる。実際そのような条文もないわけではないが[24]、しかしその一方で、唐律に存在したはずの「皇城」の規定を慎重に削除し――たとえば衛禁律第二十二条、賊盗律第二十七条およびそれに対応する『唐律疏議』の条文を参照――、さらに坊令の「坊門管鎰」の職掌を日本令で除外した点などは、日本の都城の構造と対応した、きわめて現実的な規定であったとみなければならない。こうしたことを重視するならば、当時の律令編者はおそらくは大宝令編纂の段階で、平城京や平安京にみられる都城の構造を具体的に描いていたことになる。たしかにそれは大宝令編纂時の都であった「藤原京」の構造を念頭においたものともみられよう。けれども逆に日唐の律令条文の共通性を考えるならば、あくまでそれは長安城の構造を下敷にした、「構想」上の都城プランではなかったか。藤原京がわずか一六年で廃棄され、さらに大宝律令成立後数年で慌ただしく平城京造営が決定されたのも、藤原京が元来そのような計画性のないままに造営されたことと密接に関連するように思われるのである[25]。

さて日本の坊城や坊門が以上のような性格であったとするならば、そこには同時に、当時の為政者たちが都城というものをいかに理解していたかが鮮明になってくる。日本では中国の「坊」に備わった実質的機能は問題にならなかったのであって、換言すれば、彼らは当初から城郭を作って「民」を管理する発想をもたなかったのである。

居二狭郷一者、聴二其従レ寛、居レ遠者、聴二其従レ近。居二軽役之地一者、聴二其従レ重。畿内諸州、不レ得レ楽レ住二畿外一、京兆河南府、不レ得レ楽レ住二余州一。其京城県、不レ得レ住二余県一。有二軍府一州、不レ得レ住下無二軍府一州上。（『大唐六典』巻三戸部郎中員外郎条、『唐令拾遺』戸令第十八条）

徙二寛郷一者、県覆二於州一、出レ境則覆二于戸部一、官以二閒月一達之。自二畿内一徙二畿外一、自二京県一徙二余県一、皆有レ禁。（『新唐書』巻五十一食貨一）

右にみえるとおり、唐の「京城県」（万年・長安県）の住民に対しては、軍事的背景から他県への移住が厳しく制限されていた。その主旨はすでに貞観年間の陝州刺史崔善為の上表にみえるので、遅くとも大宝令の母法たる永徽令段階には法制化されていたであろう。すなわち彼は寛郷への移住を促進せんとした朝廷の議に対し「畿内之地、是謂戸殷、丁壮之人、悉入二軍府一。若聴二移転一、便出二関外一、此則虚レ近実レ遠、非二経通之議一」と上表してその企図を中止せしめたのである（『旧唐書』巻百九十一崔善為伝）。一方、日本令でもまたこの規定を戸令の一条に加えた。

凡戸居二狭郷一、有レ楽レ遷二就寛一、不レ出二国境一者、於二本郡一申牒、当国処分。若出二国堺一、申レ官待レ報。於二閑月一、国郡領送。付領訖、各申レ官。（戸令15居狭条）

しかし日本令では、唐令の兵制との関連事項が完全に抜け落ち、単なる移貫の手続きを定めるものに変質している。『令集解』穴記には「古令云、京戸不レ在二此例一。今除二此文一何」と見えるので、あるいは大宝令には唐令と同じ特殊規定が存在したかもしれない。しかし本条穴記にしても「京戸出レ外者、是軽役之入二重役一、不レ合二禁制一。但外国入二京戸一者、不レ合レ聴耳」とあるように、結局賦役の軽重の観点でしか注釈を加えていないので、唐令の主旨がどれほど理解されていたかは疑問である。この規定が養老令で削除されたのも、京戸の特殊規定が日本の律令体系のなかできわめて異質であったことによるのであろう。

かかる事実は、日本の京の住民が軍事基盤として意識されなかったことを示す。それはまた日本の古代国家の権力基盤が都城とは別の次元に存したことを意味しよう。日本の古代都市になぜ城郭が発達しなかったのか、その直接の理由は、そもそもそこが住民を「閉じ込める」ための場所ではなかったことにある。[26]

三　日本における都城の成立

『日本書紀』には大化改新詔に「京師」造営のことがみえるほか、七世紀後半の記事に「倭京」の名が頻出し、京に対する関心がこのころから急速に高まったことが知られる。発掘調査においても孝徳朝あるいは天武朝成立とみられる難波宮の遺構が確認され、しかもそれが規模や構造の点で後世の宮城と基本的に共通することもあって、『日本書紀』の難波京や飛鳥京の実在を主張する論者も少なくない。しかし現時点ではそのころの「京」の存在を裏付ける調査例はなく、飛鳥に施行されたといわれる計画地割についても否定的見解が有力である(27)。これに対して藤原京については文献からも具体像がうかがえるほか、発掘調査においても道路遺構がほぼ復原プランどおりに検出されるなど、しだいに全貌が判明しつつある。「条坊」で構成された京域が藤原京の段階において初めて成立したことはまず間違いなかろう(28)。

日本の都城に特徴的な宅地班給の記述が本格的に現れるのも、またこの藤原京の時代である。

詔曰、賜㆓右大臣宅地四町㆒。直広弐以上二町。大参以下一町。勤以下至㆓無位㆒随㆓其戸口㆒。其上戸一町、中戸半町、下戸四分之一。王等准㆑此。

右は持統五年（六九一）十二月に出された藤原京造営における記事であるが（『日本書紀』同年十二月己巳条）、造都に先立って宅地を与えることは、これ以外にも天武朝難波京、聖武朝難波京、恭仁京、保良京、平安京の場合にも記録が残っている(29)。宅地班給には二人ないし七人程度の官人が派遣されるのが通例で、都城の造営に先立って土地の「町割」を行い、それを官位などに応じて官人に配分する作業が集中的に行われたとみられる。都城関係の史料が限定されるなかでかかる作業が特記されたことは、日本の都城を考えるうえで注目に値しよう。

これに対して中国での関心は、先にも述べたようにもっぱら「民を徙す」ことに集中する。なかには「呉人投レ国者処二金陵館一、三年已後賜二宅帰正里一」（『洛陽伽藍記』巻三）、「初移レ都以為レ坊、百姓分レ地」（『両京新記』巻三金城条注）などのような日本の場合と類似する表現もないわけではないが、都城の造営過程において「宅地班給」を実施した記事はまったくない。都城における邸宅などの配置については、中国においてもなんらかのかたちで公権力が関与したであろうが、日本でのそれは朝廷主導のもと、きわめて画一的に実施されたと考えられる。

一方、班給をうけた者については、藤原京以外の例をみると「百寮者」（天武朝難波京）、「諸司史生已上」（保良京）、平城京に準じたと考えられる聖武朝難波京の「三位以上一町以下、五位以上半町以下、六位以下四分一町之一」など、いずれも主たる対象は官人にあったとみられる。「京の特質は何よりも根本的には官人の集住する居住地である」[30]との一般的見解も、これだけをみれば至極当然のことと考えられよう。

ただし実際に官位を帯するもののすべてが京に集住したとは考えがたく、事実、左右京以外に本貫をもつ有位者はさほど珍しくない。あるいは九世紀に集中して現れる、六位以下の下級官人が大量に左右京に貫附された事実も[31]、元来そのクラスの官人が必ずしも京に本貫をおいたわけではなかったことを示唆する。逆に五位以上の京貫附は例外的にしかみられないが、それはそうした事実がなかったからではなく、五位相当に昇任した者は必ず京内に宅地の班給を受けるという、そのような原則がすでに自明のこととして受け入れられていたからではなかったか。藤原京以降かなりの庶民が班給に与ったことは間違いないが、その中心はやはり官人とりわけ律令国家の支配層を構成した五位以上であったと考えられるのである[32]。日本の「京の特質」は「官人の居住地」ではなく、厳密には支配集団の集住地とでも表現できようか。そのような性格が位階に応じた宅地班給を実現した藤原京で確立したことは、いまさら多言を要さないであろう。

ところで宅地班給という行為には、そもそもどのような意味があったのだろうか。律令国家における支配層は、大化前代から大和王権の一員となっていた畿内の有力豪族によって構成されたと考えられているから、[33] それは彼らにとってみれば、畿内の本拠地を離れてみやこに居住の場を移すことにほかならなかった。このような政策は、中国における「徙民」と通ずる側面をもつが、しかし「民を徙す」ということであれば、たとえば「以二投化高麗五十六人一、居二于常陸国一、賦レ田受レ稟、使レ安二生業一」（『日本書紀』持統元年三月己卯条）とある渡来人の例、あるいは「陸奥国言。（略）比国三丁已上戸二百烟、安二置城郭一、永為二辺戍一」（『続日本紀』神護景雲三年正月己亥条）とある東北地方の城柵の例など、日本の同時代にも似たような表現がないわけではなく、これらと比べればはるかに緩やかな「移動」でしかなかった。それは中国の都城が戦乱の果てに営まれ、あるいは政権の移動がともなったのに対して、日本での造営が王朝の交代をともなうことなくある意味では安定した政治状況の中で実施されたことと関係があろう。畿内豪族の都城への集住は、一面では彼らが「豪族」の地位を脱し、都城に生活の基盤をもつ官人貴族へと転身することを意味する。[34] 位ごとに宅地面積を制限しそれを一律に実施するなど、日本での都城造営はむしろそのことを通じて彼らを官人として再編成する方に力点がおかれていたのではなかったか。日本における都城造営は中央豪族を対象とする、官僚制形成の一環として実施された点に最大の特徴があったといえよう。

宅地班給の記事は、実は神話の世界にも現れている。大和平定に功のあった大伴氏の祖「道臣命」に対して、神武天皇が「宅地」を賜わり築坂邑に居せしめたとあるのがそれで、このときには「大来目」を畝傍山以西の川辺の地においたことも記されている（『日本書紀』神武天皇二年二月乙巳条）。またこれとは別に「百済人己知部投化。置二倭国添上郡山村一。今山村己知部先也」（同、欽明元年二月条）など、「宅地」の記述はないものの、渡来人を畿内の各地に安置したことが、とくに大化前代の記事に散見する。このような行為はすなわち大王の支配に服し、あるいは大和王権の構成員となることを意味した。

藤原京以降にみられる宅地班給の事実は、それをごく一部の有力者のみならず、当時官僚として編成されつつあった畿内豪族全般にまで拡大したこと、さらにはそれが畿内という広い地域ではなく、都城という限定された場所において実現したことに最大の意義があったと考えられる。そのさい都城における「条坊」は彼らを編成する具体的な場所として不可欠の要素となったであろう。それは、居住地を確定して住民支配を徹底した古代中国の臨淄城の支配形態とも、漢長安城以来の「坊」の性格とも共通した原理である。ただ日本でのそれは、支配層の編成に重点がおかれていたことが大きな違いとなったのである。

律令国家の本質が天皇を核とする畿内豪族の連合政権という点にあったとするならば、「律令」はその権力集中の具体的方法として取られた支配の体系にほかならない。したがって天皇の居住空間を中心とした宮城を設け、その近傍に官人の宅地を一定の秩序に従って配置した都城は、その支配体制を実現する舞台となった。それはまた、制度や抽象的な人間関係によって形成された支配体制をいっそう強固なものとする。(35)

持統天皇が飛鳥浄御原宮から藤原宮に移ったのは持統八年（六九四）のことで、いわゆる藤原京はこの時点で成立したとされる。造営が軌道にのる前年、すなわち持統三年（六八九）には飛鳥浄御原令二十二巻が諸司に頒下されており、さらにこののち、大宝律令制定後しばらくして平城京の造営が決定される。日本における都城の成立は、まさに律令体制の成立と歩調を共にしていたが、そのような現象は、都城の存在が律令制と一体化していたことを前提として初めて理解できるのではあるまいか。日本の都城が「権威の象徴」として造営されたことは重要な事実であるが、同時に都城が「律令都市」ともいうべき性格を備えたこともそれ以上に重要な点として注意する必要があると思う。

おわりに

多少重複することになるが、最後に本章で述べたことをまとめておこう。

①中国古代の城郭は、防御施設であるとともに、当初から住民支配の装置として形成された。隋唐長安城に典型的な「坊」を基本要素とする都城も、権力基盤の確立を目的として、住民を管理しさらに支配集団を編成するために造営された。

②これに対して、日本の「坊」は儀容としての性格が強く、住民管理の機能は当初から想定されていなかった。それは律令国家が京の住民を支配の基盤とする意図がなかったことと対応する。

③しかし日本の都城は単なる儀礼空間であっただけではなく、支配集団の集住地としての実質的な意義を有した。藤原京の造営では初めて条坊を設けて統一的に宅地班給を実施し、以後、都城は律令国家における支配集団の再編・統合に不可欠の役割を果たしていった。

さて以上の点に大過なしとすれば、日本の都城の特徴として、それ自体が権力基盤として確立しなかったことが浮かび上がってくる。天皇と支配集団の関係にしても、坊令・坊長の権威の低さや坊城の性格からみて、京のもつ意義も中国と比べれば相対的に小さかったと推定されよう。

このことは日本の律令国家の弱体性を示唆するかにもみえるが、しかし当時の「畿内」の意義を想定することで、別の説明が可能となるのではあるまいか。官人とくに五位以上に対する畿内出境の制限[36]、畿内における「計帳」の特殊性[37]、そしてなによりも律令国家の権力基盤が「畿内」に存したこと[38]等々。中国でみられた城郭を通じた「民の支配と編成」は、日本にあっては左右京ではなく、むしろ畿内を基本的枠組みとして実施されたといえようか。日本の都城の特質は、こうした律令国家の権力構造を理解することで、初めて全体的把握が可能になるように思われる。

註

（1）岸俊男「日本における『京』の成立」（同『日本古代宮都の研究』所収、岩波書店、一九八八年、初出は一九八二年）。
（2）宮崎市定「中国城郭の起源異説」（同『アジア史研究』第一所収、同朋舎出版、一九五七年、初出は一九三三年）。
（3）『東京帝国大学紀要』工科第三冊（一九〇七年）。
（4）楊寛『中国都城の起源と発展』（西嶋定生監訳、尾形勇・高木智見訳）（学生社、一九八七年）。
（5）臨淄城については註（4）書および註（7）論文のほか、岸俊男編『中国山東山西の都城遺跡』（同朋舎出版、一九八八年）が近年の発掘成果を平易に紹介している。本章でもそれを参考にした。
（6）字句の校訂は楊寛『中国都城の起源と発展』（前掲）第五章によった。
（7）五井直弘「城市の形成と中央集権体制」（歴史学研究別冊特集一九八二年度歴史学研究会大会報告『民衆の生活・文化と変革主体』所収、一九八二年）、同『中国古代の城―中国城址を訪ねて―』（研文出版、一九八三年）。
（8）楊寛『中国都城の起源と発展』（前掲）第五章。
（9）五井直弘「城市の形成と中央集権体制」（前掲）。
（10）葉驍軍『中国都城発展史』（陝西人民出版社、一九八八年）第三章七節。
（11）池田温「律令官制の形成」（『岩波講座　世界歴史5』古代5所収、岩波書店、一九七〇年）。
（12）菊池英夫「府兵制度の展開」（注（11）書所収）。
（13）唐令の復原は以下すべて仁井田陞『唐令拾遺』（東京大学出版会、一九八三年、初出は一九三三年）に依拠しているが、ただ本条に限っては別の見解に従った。仁井田陞氏は、戸令第一条に里坊に関する規定を掲載するとともに、養老令の条文配列を参考として、第四条にも重複して「坊正」条文をあげたが、この点については菊池英夫「唐令復原研究序説」（『東洋史研究』三一巻四号、一九七三年）が、日本令のごとく仁井田案第一条をさらにいくつかに分解して条を立てることを提唱する一方、近年では大町健「戸令の構成と国郡制支配」（『ヒストリア』八六号、一九八〇年）、堀敏一「唐戸令郷里・坊村・隣保関係条文の復元をめぐって」(『中村治兵衛先生古稀記念論叢』所収、刀水書房、一九八六年)が、むしろ仁井田案第四条を削除して第一条に組み込むことを積極的に主張している。本章では大町・堀両氏の見解に従って、里郷村坊の規定が第一条にまとめて掲載されていたものと解し、実際の条文にもっとも近いと思われる『通典』の文言をあげた。

(14) 築山治三郎「京兆尹とその統治」(同『唐代政治制度の研究』所収、創元社、一九六七年、初出は一九六五年)。

(15) 吉田孝「編戸制・班田制の構造的特質」(同『律令国家と古代の社会』所収、岩波書店、一九八三年)ほか。

(16) 岸俊男「難波宮の系譜」(註(1)書所収、初出は一九八二年)ほか。

(17) ここで北魏洛陽城と隋唐長安城の関係について補足しておく。北朝の系譜を引く隋王朝では、均田制をはじめとする諸制度を前代から継承したのみならず、関隴集団と呼ばれる北周系の有力者が権力を保持したこともあって、都城の制においても北魏洛陽城の影響を強く受けたと推測される。しかし隋唐長安城は以下の点で画期的な側面を有していた。一つは、中央北よりに太極殿・東宮・掖庭宮からなる宮城をおき、その南に横街を隔てて新しく皇城を設けたことである。いうまでもなく、皇城には三省をはじめとする諸官署を収容する。『長安志』巻七唐皇城注に「自両漢以後至晋斉梁陳、並人家在宮闕之間。隋文帝以為不便於民、於是皇城之内唯列府寺、不使雑人居止。公私有便、風俗斉粛実隋文新意也」とみえるとおり、官署と民居の混在する「内城」の性格を払拭して両者を明確に分離した点は、この長安城(大興城)に始まるのである。

一方で、一般の居住区となった「坊」は、東西市を含めてその数一一〇坊に上る(『大唐六典』巻七工部員外郎中、『旧唐書』巻三八地理志ほか)。その外側は京城が取り囲み、南面中央の明徳門をはじめとして、東・南・西の各面に三つずつの京城門が設けられていた(『大唐六典』巻七)。北魏洛陽城では内城に建春門以下一三の城門があったが、これに対し、外郭についてはわずかに城東の七里橋の東一里の地点に「郭門」の名が見えるほか(『洛陽伽藍記』巻二景興尼寺条)、城西の「長分橋」が西郭門の機能を果たしたと見なされる程度で(註(4)書一六七頁)、固有名詞を付けた郭門の例が見当たらない。さらに唐長安城では「朱雀門街」(『旧唐書』巻三十八地理志)、「朱雀西第二街」(『両京新記』)、「城内六街」(『冊府元亀』巻十四代宗・広徳元年の条)など、京城内の「街」の記事が頻出するのに対して、北魏洛陽城ではその存在をうかがわせる史料がなく、したがって坊里を区切る街路やそれに対応する外郭諸門はなお整備されていなかったと考えられる。北魏洛陽城では内城の四面に里が点々と散在するというのが、案外実際のすがたではなかったか。『洛陽伽藍記』付図(台湾中華書局印行本による)にはまさにそうした様子が描かれているが、整然とした碁盤目状の街路と坊の配列も、隋唐に至って初めて実現したものと推測されるのである。このような意味において、隋唐長安城は中国都城の歴史上画期的な位置を占めた。日本の都城最大の特徴である見事なまでの計画性は、中国の都城一般ではなく、この長安城の存在を前提として初めて理解できるものである。

(18)『漢書』巻二恵帝紀。
(19)『魏書』巻十八広陽王嘉伝。
(20)『隋書』巻四煬帝本紀。
(21)『冊府元亀』巻十四都邑。
(22) 岸俊男「大和の古道」(註(1)書所収、初出は一九七〇年)。
(23) 今泉隆雄「律令制都城の成立と展開」(『講座　日本歴史2』古代2所収、東京大学出版会、一九八四年、のち『古代宮都の研究』〈吉川弘文館、一九九三年〉に収録)。
(24) 律令のうち「律」についてはとくにこの傾向が強いが、たとえば官衙の「垣」を越えた場合の刑罰を定めた衛禁律第二十四条では、疏文に「坊令市正」による坊門の非時開閉の場合の処罰が書かれており、したがって養老律では、坊門は坊令によって管理することになっていたらしい(表3の(3)参照)。ところが戸令3置坊長条には唐令に存在した「坊門管鎰」の項目がなく、また衛府の行夜を定めた宮衛令24分街条においても、日本令では坊門閉鎖の規定を「原文」の唐令から削除したらしい(表3の(4)(4′)参照)。つまり令文では坊門閉鎖の規定を意識的に除外しているのであり、この点において先の衛禁律の規定とは明らかに矛盾するのである。衛禁律当該条はその中に筑紫(大宰府)や陸奥・越後・出羽などの城柵の規定を取り込んでおり、当時の日本の実情に適うよう改編の手が加えられているが、少なくとも坊門の規定については唐律の字句を「盲目的」に写し取ったのではないか。『唐律疏議』の同条疏議と比べても、両者の間にはほとんど違いがないからである(表3の(3)参照)。
　その一方で、街・鋪・門巷などの字句を含む令文については、当時の「条坊制」に見合うよう、日本風に解釈を変更していたふしがある。「鋪、謂守道屋也」(『令集解』宮衛令24分街条古記)はその一例であるし、中国で里坊内部の「こみち」を意味した「巷」についても、古記は「巷者小道也」として、巧みに「坊」との関連を打ち消している(『令集解』宮衛令6車駕出行条)。ただ次の宮衛令23宮門内条だけは、どうも日本の宮城の構造とは適合しないようである。

凡宮門内及朝堂、不得酣酒作楽、中私敬、行決罰。

なぜなら「宮門内及朝堂」という字句は、朝堂が承天門外（宮城南面の正門）の左右にあった唐の宮城の構造を念頭におくとき初めて理解できるのであって、宮門内部に朝堂が存在した日本にあっては、「宮門内」というだけでおのずと「朝堂」が含まれたはずだからである（集解諸説によると、日本では朝堂院南門が宮門に相当すると理解されていた）。『令集解』同条朱記は「朱云、朝堂、謂宮門外者、未知、令志何」として疑念を呈している。しかし、実際の配置とは一切関係がなかったものと推測される。

(25) 拙稿「わが国における都城の成立とその意義」（『比較都市史研究』四巻二号、一九八五年。本書第二部第二章）。

(26) 京域の「閉鎖性」について一言補足しておく。「京城」が朱雀門近辺にしか作られなかったことは本文で紹介したが、したがって、宮衛令4開閉門条（表3の(1)）の規定どおり京城門開閉が実施されていたとしても、それで通行を制限できたかどうかははなはだ疑わしい。ただ左右京の四周の京極大路の外側には溝がめぐっていたらしいので（『延喜式』左右京職には「自朱雀大路中央、至東極外畔七百五十四丈」と見える）、あるいはそれが「外郭」に相当する役割を果たしたかもしれない。しかしもしそうであったならば、平安京の東郊に鴨川を越えて住宅地域が広がることもなかったであろうし、さらに平城京の東部に条坊が拡張して「外京」を形成することもなかったのではないか。平安京には「佐比大路南極橋」（『日本三代実録』貞観十一年十二月八日条、佐比大路は右京二坊大路のこと）の名が見えるが、多くの場合は橋が架けられて往来も自由にできたものと推測される。

(27) 井上和人「飛鳥京域論の検証」（『考古学雑誌』七一巻二号、一九八六年）。

(28) 狩野久「律令国家と都市」（同『日本古代の国家と都城』所収、東京大学出版会、一九九〇年、初出は一九七五年）。

(29) 『日本書紀』天武十二年十二月庚午条、『続日本紀』天平六年九月辛未条、同天平十三年九月己未条、同天平宝字五年正月丁未条、『日本紀略』延暦十二年九月戊寅条。

(30) 八木充『日本古代の宮都』（講談社、一九七四年）一一二頁。日本の都城形成を概括的に論じた鬼頭清明『日本古代都市論序説』（法政大学出版局、一九七七年）序章および終章、今泉隆雄「律令制都城の成立と展開」（前掲）、山中敏史「律令国家の成立」（『岩波講座　日本考古学』6所収、岩波書店、一九八六年）なども同様の観点に立脚する。唯一、浅野充「律令国家における京戸支配の特質」（『日本史研究』二八七号、一九八六年）、同「律令国家と宮都の成立」（『ヒストリア』一二二号、一九八九年）が、官人から一般民衆に至る住民を編成した点に意義を見出し、諸国とは異なった京戸の独自性を主張する。しかし第二節に述べたように、日本ではむしろ京の一般民衆が独自の意義を付与されなかった点に大きな特徴があったと考えられる。

(31)　松瀬洋子「京貫官人の史的動向」（『寧楽史苑』一七号、一九六九年）。

(32)　拙稿「京戸について—都市としての平城京—」（『史学雑誌』九三編六号、一九八四年。本書第二部第一章）。

(33)　関晃「畿内制の成立」（『山梨大学学芸学部研究報告』五号、一九五四年）、同「律令貴族論」（『岩波講座　日本歴史』3所収、岩波書店、一九七六年）。

(34)　村井康彦『古京年代記』（角川書店、一九七三年）。

(35)　同様の主旨は別の側面から拙稿「わが国における都城の成立とその意義」（前掲）においても述べたことがある。

(36)　大津透「万葉人の歴史空間」（『国語と国文学』六三巻四号、一九八六年、のち『律令国家の支配構造』〈岩波書店、一九九三年〉に収録）。

(37)　杉本一樹「『計帳歴名』の京進について」（『奈良古代史論集』一集、一九八五年）。

(38)　大津透「律令国家と畿内」（『日本書紀研究』一三冊、塙書房、一九八五年、のち註(36)書に収録）。

第四章　条坊の論理

はしがき

日本古代の都城が中国文化の強い影響下に成立したことは、今日多くの人々が認めるところであろう。方形の京域やいわゆる条坊制の存在、あるいは中央北端に宮城を配する形式などは、中国のどの都城に範をとったかは別として、遣唐使の見聞がなければおよそ実現しなかったに違いない。

しかし日本の都城には、こうした「文化」の伝播の問題だけでは捉えられない一面があった。すなわち当時の支配体制を定めた「律令」との一体的関係である。たとえば岸俊男氏によれば、三〇篇約九五〇条の養老令文のうち、「京」は全部で八五ヵ所に見られるというが、(1)このことは律令体制が「京」の存在を前提として構成されていたことを端的に示していよう。また律令には宮城・宮城門、京城・京城門、坊・坊垣、京路・巷街などの、都城の具体的施設をも含んだ条文が存在したから、それは都城の実際の構造をも規定していたはずである。筆者は先に、発掘調査や文献史料から知られる平城京・平安京の構造が基本的に律令の規定とよく符合することを指摘したが、(2)このような意味においても「京」は律令体制とともに出現したといえよう。日本の古代都市は「政治的都市」であった、とはしばしば使われることばであるが、その政治性はまず律令との関係に見出すことができる。

ところで周知のように、日本の律令体制の画期となった大宝律令は、唐の永徽律令を母法として形成されたと考えられている。したがって日本の律令に表現された「京」も、おのずと当時の唐の「京」を意識したものになったに違いない。京の支配に当たった京職や坊令・坊長という行政組織も、また唐令を念頭において創設されたものであろう。もっとも日本の「京」については、唐との共通性がある一方で、城郭が発達しなかったことなど、いくつかの質的な相違もあった。左右京職や坊令・坊長という官名さえ実は唐令になかったのである。このような相違がいかなる理由で生じてくるのか、それについては多種多様な原因が考えられるが、しかしちょうど日本令と唐令が種々の点で異なっていたことと対応して、多くは「京」をめぐる日唐の法体系の相違に還元できるのではなかろうか。

近年の発掘調査の飛躍的増加は、平城京や藤原京をはじめとして、地方のいわゆる国府や郡衙についてもさまざまな事実を明らかにしてきた。それは確かに貴重な成果であるが、しかし古代都市のかかる性格を勘案すると、「事実」とは別に、律令における論理を追究することもあながち無駄な作業ではないと思う。もとより律令は一つの「法」であって、必ずしも「事実」や史実に対応するとは限らない。けれどもそこには、少なくとも当時の為政者が都城や国府をいかに理解していたかが示されているはずである。そしてその構想を捉えることができれば、日本の古代都市の新たな一面を理解することにもつながるのではないか、本章はかかる関心に基づいた、日本の古代都市に関する拙い試論である。

一　京の官制

日唐の都城の相違に着目するとき、しばしば言及される問題に、「京」をめぐる行政組織の相違という問題がある。すなわち、註(1)岸俊男論文によれば、その結論はおよそ次のようにまとめられる。

(A)日本に於いては条坊が施行された京がそのまま行政組織を構成し、京（京職）・条（坊令）・坊（坊長）からなる左右京の支配機構と、国（国司）・郡（郡司）・里（里長）からなる「国」の支配系統が対置されていた。日本の行政組織はいわば京と国の「二本建て」の構造をとったのである。

(B)これに対して唐の長安城では朱雀街の東西を万年・長安の両県が管轄したが、その支配領域は城外の「村」にまで及んでおり、県の領域京城の区画は必ずしも一致していなかった。唐代の行政機構は、「戸」を基準とする、州・県・郷・里を骨格とするが、一方で城郭内外の聚落を坊・村として掌握し、それぞれに坊正と村正を配して住民の管理に充てた。したがって唐では長安城という都城にあっても、一般の県に見られる組織原理が優先していた。

このようなことからすると、日本の都城には中国のような明確な城郭がなかったにもかかわらず、行政組織としてはむしろ独立性が高いという特徴がみえてくる。京が諸国に対置されるというこうした事実については、これを日本古代の天皇制支配の特質として捉える見方（後述）がある一方、国の成立によって「京」の成立過程を検証するなどの多様な研究がなされているが、ここではいましばらく京と諸国との関係を、京職の性格に焦点を絞って追究することにしたい。

さて、日本の左右京職に相当する中国の官制を求めるとすれば、のちの左右京大夫の官職唐名「京兆尹」からもうかがえるように、まず京兆府をあげることができよう。唐の京兆府は長安近傍の諸県を管し、万年・長安両県をはじめとしてその数二十数県に及んだ（たとえば『新唐書』巻三十七地理志では二〇県とし、『元和郡県図志』・『通典』巻百七十三州郡三では二三県を列挙する）。(3)『大唐六典』巻三十によれば、長官である牧（従二品）以下、尹（従三品）、少尹（従四品）らをおくとともに、功曹・倉曹・戸曹・兵曹・法曹・士曹からなる六曹を組織した。仲麻呂政権下の「左右京尹」

（『続日本紀』天平宝字五年十月己卯条）、「京職尹」（『大日本古文書』十六巻五五四、五五七頁）、さらに『万葉集』の「京兆」（巻16、三八五九番）の用例からみて、遅くとも奈良時代後半には左右京職と京兆府を同一視する知識が定着していたと推定される。ただし唐代の京兆府は、開元元年（七一三）十二月に設置されたもので、それ以前は唐初以来「雍州」という州の一つであった。京兆尹の官名もまた、このときに長史・司馬の官名が改訂されてようやく実現する。なおこのときには洛州をも河南府に昇格させ、続いて開元十一年（七二三）には、高祖の出身地であった太原を北京とし、あわせて太原府をおいて、いわゆる三府を形成した。

隋代を別とすれば、日本令と関係の深い永徽律令が制定された当時には「京兆」の名は通用していなかったことになるが、それはともかくとして、京兆府は一般の州と同質の（けっして同格ではなかったが）地方官として位置付けられていたのである。それはある意味では、京兆府（雍州）が日本と同じように「州」と対置される関係にあったことを示す。しかしいうまでもなく、京兆府の領域は京城（城郭）とは対応しなかったし、したがって、日本のようにそれを左右に分割することもおよそ想定できなかったのである。

一方、日本の律令にみられる京と畿内の関係についても、唐制は別の性格を示していた。畿内とは『周礼』などに見られるごとく、天子の居所周辺の直轄地を意味し、曽我部静雄氏の研究以来、北魏以降に法制化されたものの、唐代にあって実現するのは玄宗の開元年間のことと考えられてきた(4)。しかし近年の研究では、唐代でも当初より畿内という領域が設定されていたこと、そしてそれが州県を基本単位としたことが明らかにされている(5)。具体的には京兆府（雍州）を指す用例(6)、「京畿採訪使」「都畿採訪使」あるいは「畿内諸州、不レ得レ住二畿外一」（『大唐六典』巻三）のように、京兆府・河南府とその周辺の諸州を指す例もあって、その範囲はその時々の政策によって変化したが、首都近傍の府州を単位とすることでは一致していた。後述の「畿県」が畿内の県の意であるとすれば、これもまた京兆府（三府）の一例になる。唐にあっては「畿内」は京兆府や京城を含む概念だったのであり、京と畿内が対置される日本の制度とは微妙に異なっていた。

左右京を中心とし、その周囲にさながら同心円的に畿内諸国・畿外諸国を位置付ける日本の行政制度は、唐制ではむしろ県のレベルにおいてみることができる。すなわち、

京都所レ治為二赤県一。京之傍邑為二畿県一。其余別以二戸口多少、資地美悪一、為レ差。（『通典』巻三十三、職官十五京尹）

とある、赤県と畿県の関係である。このうち赤県は別に京県・京城県ともいわれ、京城ないしは三府の城郭とその近傍の支配に充てられた。開元年間の三府設置時に即していえば、長安の万年県・長安県、洛陽の河南県・洛陽県、太原の太原県・晋陽県がそれに当たり、また開元十七年には睿宗の橋陵がおかれたことを契機として、京兆府の奉先県がこれに加わった（『大唐六典』巻三十、『旧唐書』本紀、開元十七年十一月辛卯条）。一方、畿県とは、雍・洛二州あるいは三府に属した諸県のうち、京県を除いたすべての県をいう。奈良時代後半の保良京造営のさい、それを「北京」と称し、その近傍二郡を永く「畿県」としたのもこのような唐の制度を下敷きにしたものである（『続日本紀』天平宝字五年十月己卯条）。唐代の県令は従六品上（上県）、正七品上（中県）、従七品下（下県）の品階を帯したのに対し、京畿県令は正五品上（京県）、正六品上（畿県）と、いずれも他州より優遇されていたほか（『大唐六典』巻三十）、外官ではありながら、京畿県尉は「清要」の官の一つとして唐代貴族の間でことに重視されていた。(7)

さてこのほか、長安城の万年県・長安県のように、京県が二つからなっていたことも、日本の左右京のあり方に類似している。もっとも唐代のそれはいずれも固有名詞の県名で呼ばれていたし、長安城内の地域表示においても「朱雀街西第二街」（『両京新記』巻三）や東市・西市のように、元来朱雀街の東西によって区別するのが一般的な呼称だったらしい。しかし京城内の警備に当たった左右金吾衛が「左右」に分けられ、またそれが「京城内左右六街」（『大唐

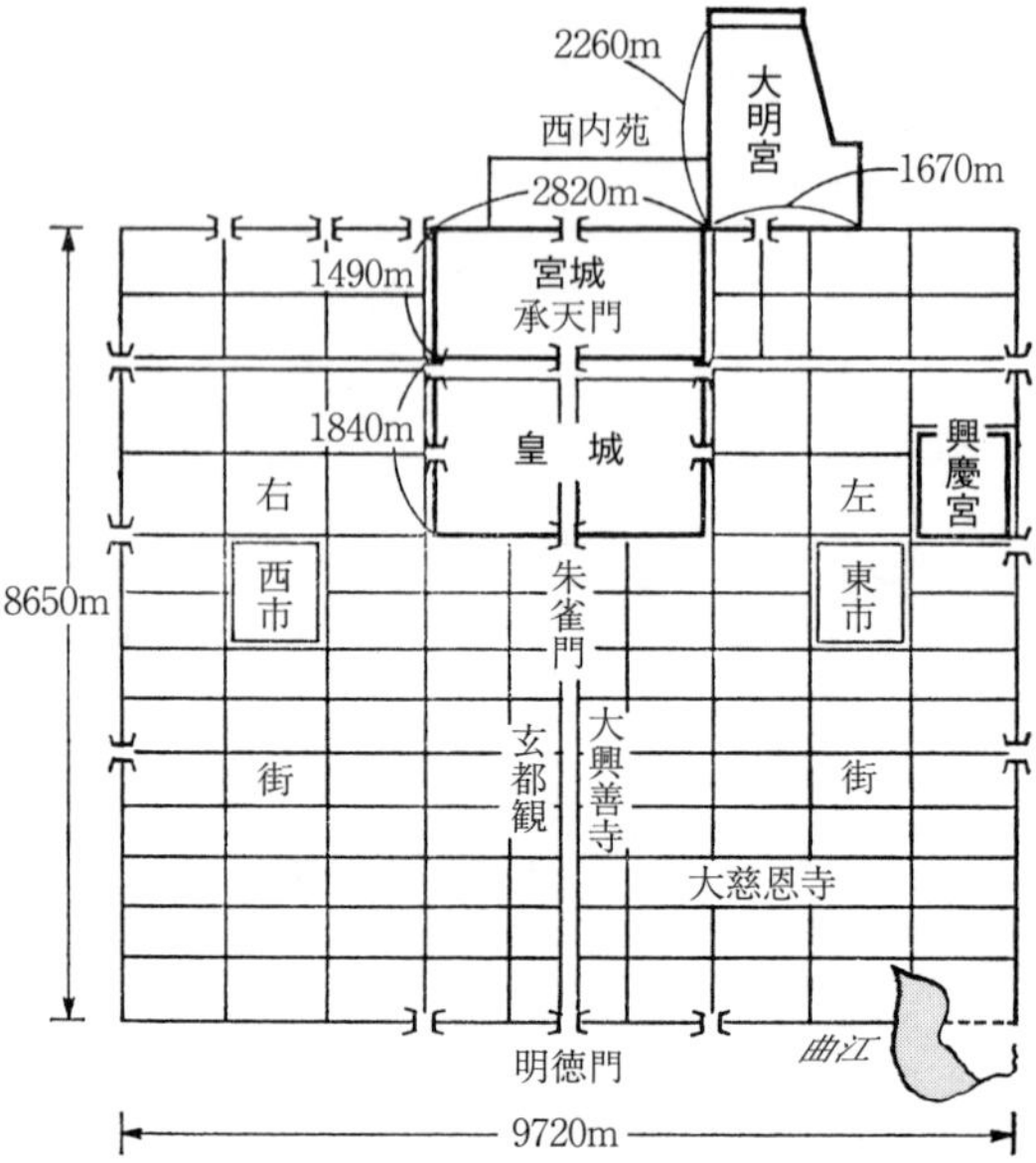

図15　唐長安図（左街と右街）（池田温「律令官制の形成」〈『岩波講座 世界の歴史』6〉より）

六典』巻二十五）を督察したと称されたことよりすれば、長安城内を左右で区別する使用法もある程度普及していたとみられる。したがって、日本の左右京職の名称も、こうした長安城の左街・右街の表示法と密接に関連していたものと思われるのである。おそらくこうした用法は京城が左右対称の構造をとったときに初めて出現したもので、同時代の洛陽や、あるいは北魏洛陽城、漢長安城の場合にはそのような呼称はまだなかったと考えられる。永徽律令を制定した高宗の時代はまた京城や京城九門を築くなど、「坊」を取り囲んだ京城に対する意識が急速に高揚した時代でもあったが、日本の律令における京の左右の分化は、中国の都城一般ではなく、まずこの時代の長安城を念頭において構想されたものと思われるのである。

京兆府（雍州）と諸州の関係が日本の制度に投影していたとすれば、律令国家の行政組織が京と諸国の「二本建て」になっていたことも理解しやすい。なるほど日本令には「京国官司、責二所部手実一」（戸令18造計帳条）、「京国官司、預校勘造レ簿」（田令23班田条）、「京国官司、勘検知レ実」（軍防令46五位子孫条、同47内六位条）、「京国官司、共二輸人一、執レ籌対受」（倉庫令2受地租条）、「京国官司、毎二六年一造二籍三通一（略）一通留二職国一、以外申二送太政官一」（雑令38造僧尼籍条）のように、京と諸国を同格とする条文がいくつもみられる。

また表4は職員令にみえる左右京職・大宰府・諸国の長官の職掌をまとめたものであるが、職員令に見える職・国長官の職掌を比較しても、両者の間には共通項目の方が圧倒的に多く、左右京職が諸国に相当する住民支配の組織を構成していたことは間違いない。しかしその反面、「凡国郡司、須下向二所部一検校上者、不レ得レ受二百姓迎送一」（戸令34国郡司条）、「凡仕丁者、毎二五十戸一二人。（略）大国四人。上国三人。中国二人。下国一人」（賦役令38仕丁条）のごとく、律令には明らかに「京」や坊令を除外する条文も存在した。

さらに考課令では左右京職、摂津職、大宰府、国守の「最」をそれぞれ別個に規定しており、こうしたことからも、律令編者は「京」と「国」を慎重に使い分けていたように見受けられる。

さてかかる観点から改めて律令条文を通覧すると、次のような点が注目されよう。まず、寺院や僧尼の管理につい

表4　京諸国職掌一覧

左京職	摂津職（帯津国）	諸　国	大宰府（帯筑前国）
戸口名籍	戸口簿帳	戸口簿帳	戸口簿帳
字養百姓	字養百姓	字養百姓	字養百姓
糺察所部	糺察所部	糺察所部	糺察所部
貢挙	貢挙	貢挙	貢挙
孝義	孝義	孝義	孝義
田宅	田宅	田宅	田宅
雑徭	雑徭	徭役	徭役
良賤	良賤	良賤	良賤
訴訟	訴訟	訴訟	訴訟
倉廩	倉廩	倉廩	倉廩
租調	租調	租調	租調
兵士	兵士	兵士	兵士
（器仗）	器仗	器仗	器仗
過所	過所	過所	過所
闌遺雑物	闌遺雑物	闌遺雑物	闌遺雑物
僧尼名籍	僧尼名籍	僧尼名籍	僧尼名籍
—	祠社	祠社	祠社
—	勧課農桑	勧課農桑	勧課農桑
—	寺	寺	寺
—	郵駅	郵駅	郵駅
—	伝馬	伝馬	伝馬
—	—	鼓吹	鼓吹
—	—	烽候	烽候
—	—	城牧	城牧
—	—	公私馬牛	公私馬牛
市廛	市廛	—	—
度量	度量軽重	—	—
道橋	道橋	—	—
—	津済	—	蕃客
—	上下公使	—	帰化
—	検校舟具	—	饗讌

※　このほか饗給・征討・斥候（陸奥・出羽・越後），鎮捍・防守・蕃客・帰化（壱岐・対馬・日向・薩摩・大隅），関剗・関契（三関国）の各項がある。

ては、諸国の場合には必ず国司が関与したのに対し、左右京にあっては京職を経ることなく直接僧綱や玄蕃寮が処理することになっていた（僧尼令3自還俗条、5非寺院条、13禅行条、20身死条）。同じく京内の「祠社」についても、道饗祭に関して「釈云。京四方大路最極、卜部等祭。牛皮幷鹿猪皮用也。此為二鬼魅自レ外莫レ来二宮内一祭レ之。左右京職相預。古記無レ別」（『令集解』5道饗祭条）と見えるように、神祇官を中心に執行され、京職は補助的に関与するにすぎなかった。大祓が「諸国」「郡」に限定されていたのも（神祇令19諸国条）、このことと関係する。京職大夫の職掌には、国守に付帯した「祠社」および「寺」の項目が欠如しているが（表4参照）、その理由は律令体系におけるこうした京職と中央官司との関係に存しよう。また諸国と共通する職掌でも、「倉廩」は主税寮とともに検校することになっており（倉庫令2受地租条）、さらに京内の道橋造営もその主導権は木工寮にあったとみられる（営繕令11京内大橋条）。大宰府の職掌にあげられている「蕃客」「饗讌」は、実は左右京を舞台としても実施されたが、その担当は、いうまでもなく玄蕃寮であった（職員令18玄蕃寮条）。

左右京の行政に中央官司が深く関わっていたことは、一面では律令国家における「京」に対する関心の高さを示すが、しかし同時に国守の機能と比較した場合、京職の権限ははなはだ不完全なものであったということになろう。それは確かに日本の実情をにらんで綿密に組み立てられた制度ではあるが、しかし唐の京兆府の場合にはおよそこのような事態は生じなかった。なぜなら『大唐六典』巻三十に「京兆河南太原牧及都督刺史」の職掌が一括して載せられ、あるいは府州の列曹が管する職掌が同一の項目にまとめられているように、唐の府州の官人は一括して地方官として扱われ、その職掌も法的に内容を同じくしていたからである。

とはいえ、こと「京城」に限っては唐にも別の性格があった。たとえば東西市（長安）や南北市（洛陽）は、京兆府や京県ではなく、太府寺に属する都市署が直接統治した（『大唐六典』巻二十）。京内の警察についても、県令や坊正とは別に、左右金吾衛や御史台（監察御史）という中央官が任に当たっていたし（同巻二十五、十三）、太常寺には両京郊社署なる官司もあった（同巻十四）。過所の発給も「在京」は尚書省が行う（同巻六）。当然のことながら、唐にあっても京城内の国家的な施設・機構は中央官司によって統括されていたのである。

日本における弾正台や衛府による左右京の巡行、あるいは神祇官や玄蕃寮の役割もこうした唐の制度を踏襲したものともみられるが、しかし日本では「東西市司」が一般の中央官司ではなく左右京職に属し、また在京の過所発給を京職が行ったように（関市令1欲度関条および同上義解）、かえって中央政府の関与の度合いは低いかにみえる。しかし左右京職を京官（内官）と位置付けたことによって、東西市もまた在京諸司の一つとなった。そればかりか、唐では京兆府や京県の県令に委ねられていた住民支配をも左右京職に移行したことによって、日本では広くその住民をも中央の統制下におくことになる。京兆府に比べれば、左右京職は不完全な組織ではあったが、京（京域）の支配という点では唐制よりもはるかに強化されていたのである。国守と比較した場合の権限の弱さも、左右京に対する律令国家統制力の一面として理解できようか。

ところで、同じく「職」と称された摂津職にも、左右京職と共通する性格を見出すことができる。その職掌のうち「津済」「上下公使」「検校舟具」は摂津職独自の項目であり、摂津職が本来難波津の管理のためにおかれたことが示されている。ただし「舟具」が主船司やその品部によって維持され（職員令28主船司条、営繕令13有官船条）、また外国使節のための「館舎」が玄蕃寮によって統括されたように（『令集解』職員令18玄蕃寮条古記）、ここにも中央官司が深く関与していた。ことに『令集解』職員令18玄蕃令条に引く穴記の文言「穴云。古私記曰、『在二京及津国一館舎惣検校也』。此摂津職在京諸司故云レ爾。於レ今不レ合。為レ成二畿内一故」は、玄蕃寮の関与が摂津職という在京諸司ゆえに可能になったこと、逆に延暦十二年（七九三）に摂津職が国に改められると、その関与も停止されたことを伝え、摂津職を在京諸司とする理由を、その機能を全面的に国守に委ねるのではなく、中央官司の指揮下におくためとする理解がうかがえる点で興味深い。

しかし摂津職は「摂津職。帯㆓津国㆒」（職員令68摂津職条）とあるように、また「国」としての性格をあわせもっていた。「道橋」「市廛」のような京職固有の事項を職掌に含む一方で、京職にはなくかつ諸国と共通する項目が多数含まれるのも、このためにほかなるまい。ただこのうちで、鼓吹、烽候、城牧、公私馬牛の各項目が、摂津職に欠如している点がやや異なっている。地理的条件からみて左右京にないのは当然としても、なぜ「津国」にこれらが欠けるのか、その理由は必ずしも明らかではないが、ただこのうち「牧」についてはある程度説明することが可能かと思う。すなわち「津国」に牧が存在したことは、『延喜式』（左右馬寮式）にいわゆる近都牧として鳥養牧、豊島牧、為奈野牧があげられ、また倭馬飼造と並んで川内馬飼造のウヂ名が知られていることなどから（『日本書紀』天武十二年九月丁未条）、摂津はむしろ良質の牧の所在地として古くから著名であったらしい。しかしこれらは近都牧が左右馬寮に直属していたように、一貫して中央の馬寮や飼丁によって運営されたとみられ、摂津職やその属領たる郡司が介在する余地はなかったと考えられるからである。そして飼丁（飼戸）が集中して配された大和や河内にもこうした性格が当てはまるとすれば（『延喜式』左右馬寮式飼戸条）、この「津国」にみられる特徴はまた畿内諸国にも適用されるのではなかろうか。あるいはこのこととは別に、先の四項目が多く兵部省（城隍、烽火）・兵馬司（牧、公私馬牛）の管轄事項と重複することから、畿内諸国のこうした軍事的事項については、これらの省司が直接掌握するべく構想されたとも考えられる。もしそうであるならば、畿内諸国は京職の場合とは別の面で、畿外国守に比べて権限が限定されていたことになろう。

そしてこのことは次の条文とも矛盾しない。

凡犯レ徒応レ配二居役一者、畿内送二京師一。在外供二当処官役一。其犯レ流応レ住二居作一者、亦准レ此。婦人配二縫作及舂一。

（獄令18犯徒応配居役者条）

すなわち本条では、畿外の徒流囚が当国で使役されたのに対し、畿内諸国の場合は京師（囚獄司）に送還することになっていた。国守としての職掌がありながら国内統治が国守のもとで完結しないという性格は、畿内諸国に共通するものとして、ここにもその一端が示されている。

なおこの原型となったと思われる唐の規定が『唐令拾遺』（獄官令第十七条）に復原されている。

［開七］［開二五］諸犯レ徒応レ配二居役一者、在京送二将作監一。婦人送二少府監一縫作。在外州者、供二当処官役一。当処無二官作一者、聴下留二当州一、修二理城隍倉庫一、及公廨雑使上。犯レ流応レ住二居作一者、亦准レ此。婦人亦留二当州一、縫作及配レ舂。

唐にあっても就役は二種類に分かれていたが、ただそれは「京」と「外州」の二つであった。「京」は外州と対比されていることから、この場合は京兆府を意味する。したがって日本令では、唐令の京（京兆府・雍州）を「畿内」に改変したものと推測されるが、京兆府の領域を左右京ではなく畿内全体に当てはめるこの認識は、日本の京職や畿内諸国のあり方とむしろよく符合するのではあるまいか。

さて、唐では行政区画としての京県と畿県があり、それらが京兆府のもとに統合されていた。これに対して日本では、左右の京職がそれぞれを管轄したので、「左右京尹」がおかれた時期を除けば、厳密には京全体を支配する官司は存在しなかった。そのうえ、京の行政組織が左右に分化していたこと、さらに京と畿内が対置される関係にあったことを勘案すると、左右京職の原型を京兆府に求めるのは、やはり難しいように思われる。京職と畿内諸国との関係は、むしろ京県・畿県の関係に類似するのである。このように考えれば、日本では逆に、京兆府に相当する、京・畿内を統括する官司が欠如していたことこそ、重要な相違点であったといえる。しかし中央官司がそれらに深く介入していたことを想定するならば、中央官司ひいては太政官がその役割を果たしたことになるのではなかろうか。つまり程度の差こそあれ、太政官がさながら唐の京兆府のごとくに左右京および畿内諸国を統合したというわけである。

ところで、摂津職や諸国にありながら左右京に欠ける職掌に、もう一つ「勧課農桑」がある。このことについては、日本思想大系『律令』頭注が、「民部省の所管としたためか」とし、『田』があるのに『勧課農桑』がないのは不審[8]」と注記するが、しかしそうではなく、それは結局、左右京内に口分田が班給されなかった事実を前提にしたものとみられる。「勧農」は、考課令54国郡司条に「其勧二課田農一、能使二豊殖一者、亦准二見地一、為二十分一論。加二一分一、各進二考一等一。毎レ加二一分一、進二一等一」とあるように、戸口増益と並んで国郡司のもっとも重要な職務を構成していたが、本条ではその対象はあくまで「国郡司」にあり、京職官人や坊令は除外されていた。耕地が災害を被った場合の処置についても、その責任は「国郡」（戸令45遭水旱条）や「国司」（賦役令9水旱条）に委ねられている。また「勧課農桑」の職掌が里長にありながら坊令・坊長に欠如するのもこうしたことと対応するのであって（戸令3置坊長条）、浅野充氏も指摘するように[9]京内には口分田が班給されないという点において、あるいは左右京職に勧農権が附属しないという点において、律令条文はきわめて厳密に構成されていたのである。このことに関して『令集解』穴記は、「穴云。勧二課農桑一。謂、勧二課所部一也。問。京職百姓、受二田津国一。未レ知。誰勧課。答。有レ田之国、移二京職一勧課耳。故京職注、無レ云二勧課一」（同職員令68摂津職条）として、口分田の所在する「国司」が実施することを具体的に説明しているが、おそらくそれは実態とも、また令文の本意とも大きく隔たることはなかったと思われる。史実に徴しても、平城京や平安京には一切水田は存在しなかったが[10]、「勧課農桑」をめぐっても、律令条文は周到に一貫性を保っていたのである。

以上、左右京職と諸国の相違を取り上げてみたが、しかしこのことからただちに両者をまったく異質のものとみるわけにもいくまい。両者の職掌には共通項の方がはるかに多く、左右京職が諸国に相当する住民支配の組織を構成していたことは疑いないからである。

唐の行政組織は城郭の有無にかかわらず、一貫して州県制がとられた。それに相当する日本の制度は、いうまでもなく国郡制である。しかし日本では別に京の系統の組織を立てた。それは結局、京が国郡制とは相容れない性格を有したためではなかったか。かつて浅野充氏が問いかけられたように、問題はなぜ「二本建て」の組織となったかにある(11)。その理由について岸俊男氏は最期まで積極的な説明はされなかった。

二　坊

第一節では、日唐における行政組織が微妙な点で異なっていたことを概観したが、おそらくこのような特徴は、左右京の重要な属性の一つである「条坊制」自体にもあてはまるものと思われる。日本のそれが唐の「坊」の制度を踏襲していることは今日衆目の一致するところであろうが、しかし子細に検討すると、次のような相違が見出せるからである。

すなわち、長安や洛陽の「坊」は京城とは別にそれ自体城墻によって囲まれ、また夜間には坊門が閉鎖されて出入が禁じられるなど、いわば閉鎖的な空間を形成する。「遷二司州牧一、嘉、表請。於二京四面一、築二坊三百二十一。各周一千二百歩。乞発二三正復丁一、以充二茲役一、雖レ有二暫労一、姦盗永止。詔従レ之」（『魏書』巻十八広陽王嘉伝）の文言に見られるように、坊は第一に治安維持を目的として設けられたとみてよい。

これに対して日本では、坊城や坊門があったのは朱雀大路に面する箇所のみで、唐の坊正の職掌にあった「坊門管鎰」が日本令で削除されたことに端的に示されるように、日本の条坊や坊門は治安維持の有効な手段にならなかった。(12) 日本の条坊が四坊で一坊（条）を形成したことも（戸令3置坊長条）、またこのことと密接に関係していよう。要するに唐の都城が基本的に「坊」の集合から成り立っているのに対し、日本ではむしろ直線道路を規則的に配し、あるいは大地を方格に区画するという色彩が強く、どちらかといえば「阡陌」との類似性が目立つのである。しばしば言及されるように、基本となる方格の規模や道路の占める比重を除けば、左右京の条坊は条里制と原理を共有するとみて間違いない。(13)「坊」は元来「防」に通じ、それ自体防衛の意義をもったとされるが、日本での古訓は、方格の区画ないし地割を意味する「まち」であった（『倭名類聚抄』巻十居処部）。

日唐の条坊（坊）の相違がいかなる原因で生じてくるのか、この点を解明するには、まず条里制の問題が大きな手がかりとなる。周知のように、「条里制」は田令1田長条に「凡田、長三十歩、広十二歩為㆑段。十段為㆑町。段租稲二束二把。町租稲二十二束」として表現される。これは単に一段の面積のみならず、いわゆる半折り型の条里地割を示し、律令国家はこうした土地区画（同時に農地の開発でもあった）を実施することによって口分田を班給し（同3口分条）、またそれによって初めて田租の徴収も可能となった（同2田租条）。律令田令における田制はこの三つの要素、すなわち条里制・班田制・田租制が骨格を形成し、それらが相互に密接な関連を保った点に大きな特色があったと考えられている。(14) したがって条里制は律令田制を根底で支えた制度であったとともに、直接的には、口分田を一律に班給するための前提として位置付けられていた。

それでは条坊は何を目的として設置されていたのだろうか。律令条文をみる限り、条里のごとき対応関係を示す条文はないようである。よく知られる戸令3置坊長条「凡京、毎㆑坊置㆓長一人㆒。四坊置㆓令一人㆒。掌。検㆓校（大宝令は「按検一）戸口一、督二察姧非一、催二駆賦徭一」にしても、厳密には坊令と坊長の設置が規定されるだけで、坊がどのような規模や地割を指すのかは一切言及されない。しかしいったん律令を離れてみると、都城造営に先だって必ずといっていいほどに「宅地班給」の記事が登場することが注目される。たとえば藤原京の場合には、

詔曰、賜二右大臣宅地四町一。直広弐以上二町。大参以下一町。勤以下至二無位一、随二其戸口一。其上戸一町。中戸半町。下戸四分之一。王等亦准此。（『日本書紀』持統五年十二月乙巳条）

とみえ、また平城遷都時の史料はないものの、平城京を念頭においたとみられる聖武朝難波京造営のさいにも、

班二給難波京宅地一。三位以上一町以下。五位以上半町以下。六位以下四二分一町一之一以下。（『続日本紀』天平六年九月辛未条）

との命が出された。このほか恭仁京（『続日本紀』天平十三年九月己未条）、保良京（同天平宝字五年正月丁未条）、平安京（『日本紀略』延暦十二年九月戊寅条）にも実例があるが、数人の官人の指揮下で、官位や戸口に応じて一律に宅地が班給された。注意すべきはそれが「町」を基準としたことで、その前提には田令1田長条に類する方格の土地区画が存在したと考えられるのである。

いうまでもなくこうした宅地班給は左右京（京）でしか実施されなかったが、また唐制にもない日本独自の現象でもあった。唐以前の時代を含めて、中国では「城」を築き、あるいは坊をおくことが都城を造営することにほかならなかったが、日本ではそのような記事はまったくなく、代わりにこの宅地班給の事実がみられるからである。唐でも「園宅地」班給に当たっては口数に応じて面積（畝）が定まったが、しかし京内は「若京城及州県郭下園宅、不レ在二此令一」（『大唐六典』巻三戸部郎中員外郎条）として除外されていた。また官品に応じて邸宅に制限が加えられることもあったが、「三品已上天子之宮殿、皆施二重栱藻井一。王公諸臣九架、五品已上七架、並庁廈両頭。六品已下五架」（同

巻二十三左校令条）と見えるように、それは建造物の様式に限られて宅地面積には及ばなかった。日唐のこのような相違は、日本の「坊」が土地の面積を決定しうる、一種の土地区画であったからにほかなるまい。

　このようなことからすると、条里が班田制に対応したように、条坊は宅地班給に対応していたとみられる。一般に条坊はそれ自体中国的都城の一要素とみ、あるいは条里と比べた条坊制の特徴を「幅広い道路の存在」(15)に求める見解がある。条坊の特徴の一端がかかる点にあることは事実であろうが、しかし条坊はあくまで宅地班給のために設定されたのではなかったか。「凡戸、以二五十戸一為レ里」（戸令1為里条）とあって里が「戸」と対応しているのに対し、坊がなんら「戸」との対応関係をもたなかったことも、このような坊の性格を裏付けよう。おそらくそれは唐の坊正の職掌を単純に継受したのではなく、日本における坊の性格がかかるあり方を決定したと推定されるのである。そしてこのように考えれば、京内に口分田がなかったことも容易に理解できる。左右京には宅地のための条坊しかなく、したがって「条里」の存在する余地はまったくなかったからである。左右京職の職掌に「勧農」が欠如したのも、かかる条坊の本質的性格に由来していたとみて間違いあるまい(16)。

　またこうした関係からすると、逆に宅地班給をともなわない造都においてはまだ条坊はなかったことになる。たとえば天武朝難波京の「詔曰、凡都城宮室、非二一処一。必造二両参一。故先欲レ都二難波一。是以皆百寮者、各往之請二家地一」（『日本書紀』天武十二年十二月庚午条）はその一例であって(17)、官人の集住や街・衢（ちまた）（同、天武元年七月壬申条）を形成するような直線道路の整備はある程度実現していたにせよ、律令制下の条坊の理念はなお成立していなかったと推測される(18)。それはまた実際の条坊がなかったことを示唆するが、おそらくその性格は難波京の基準となった「倭京」についても当てはまるのではなかろうか。

　かかる事実は、条坊ひいては京が、第一に宅地班給の場であったことを意味するが、一方で、官人以下の百姓にとっては、京は天皇から宅地を賜わる場でもあったことになる。そしてこの事実が、同時に京が「班給」の主体者、つまり天皇の地であるとの認識を生み出していったと推定される。かつて村井康彦氏は、都城の造営過程における天皇による宅地班給の存在から、都城は元来「国有地」の性格を備えたことを指摘し(19)、筆者もまたそれに類する記述をなしたことがあるが(20)、しかし実際には、宅地班給の行為がそのような一種の観念を形成していったものと思われるのである。平安時代、京が「或帝王城都、或明神領地、是万代相伝之処奈利、曽非二一人自由之地爾一」(『小右記』寛仁元年十一月二十四日条、『日本紀略』同二十五日条)と観念され、あるいは「院御領之中、京地等、被レ分二献太神宮以下宗廟霊社等一云々。此事奇異之中奇異、凡非二言語之所一レ及。割二華洛之地一施二入神社一之事、何聖代之例有哉。国之衰微、朝之陵夷、只起レ自二如レ此之政一」(『玉葉』元暦元年八月十八日条)として京にあった院領の寄進が中止せしめられたのも、そのような思想の表面化したものとみてよいであろう。口分田が宅地と相容れない地目であったことは当然としても、京中の水田耕営が時に「京作田罪」(『政事要略』巻五十三延喜三年九月四日宣旨)と称されるほどの「罪」となったのも、その問題が天皇の存在と密接に関係していたためではなかったか。ちなみに唐では、長安城の内部においても「耕懇(墾)種植、阡陌相連」(『長安志』巻七開明坊条注)なる状態であったといい、また『唐律疏議』雑律第十六条によれば、都城をはじめとする城郭の街路での耕作は禁じられたが、しかし「若巷陌寛閑、雖レ有二種植一、無レ所二亡廃一者不レ坐」とあるように、街路でさえ支障なき耕作は許容されていた(21)。

三　条坊

「坊」がこのような性格を備えたとすると、それが四つ集合してさらに一つの「坊」を形成するのは、いかなる意

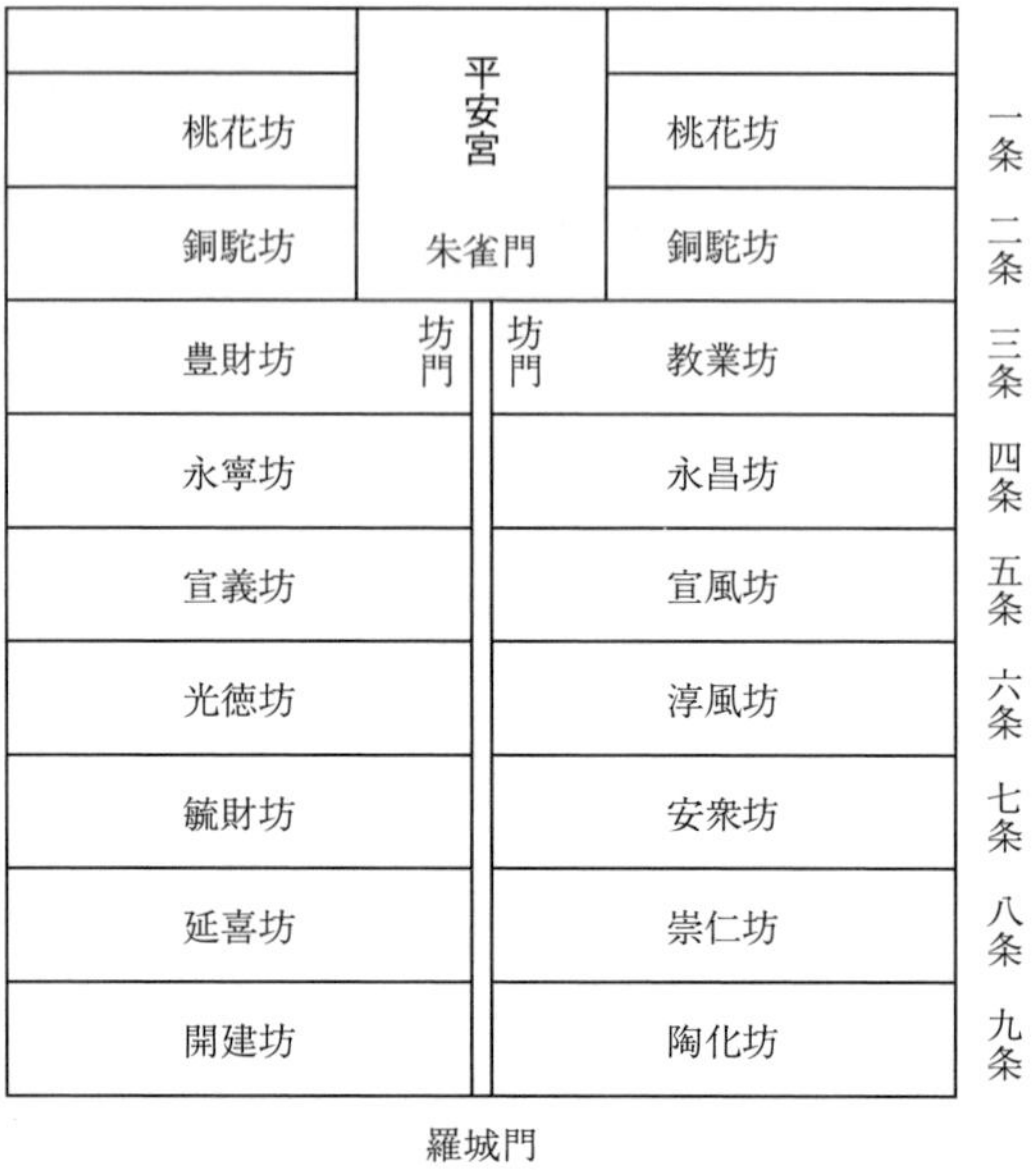

図16　平安京の坊名

味があったのだろう。戸令3置坊長条に「凡京、毎㆑坊置㆓長一人㆒。四坊置㆓令一人㆒」とあり、またその「令」を坊令（同4取坊令条）と称したのは、まさに四坊一坊（条）の論理が示されており、それが律令制当初からの構想であったことを裏付ける。もっとも坊の配列については、「田」字型に組み合わせるのも、あるいは南北に並べて一坊を形成することも、理論的には可能であった。しかし現実にはそのような可能性はなかったといってよい。林坊や小治町などの固有名詞の坊名しか知られていない藤原京はさておくとしても、左京三条二坊のように、平城京では当初から東西に並ぶ坊の集合を「条」と称したことが疑いないからである。平安初期には、一条から九条まで、桃花坊（左右京一条）、銅駝坊（左京二条）、教業坊（左京三条）のごとくに長安・洛陽の坊名が冠せられたが、このような東西の四坊をまた一つの「坊」とする認識は、すでに大宝戸令の中に規定されていたのである。

周知のように、唐の長安や洛陽では坊は固有名詞を冠して呼ばれ、それらをまとめる「条」のような単位も存在しなかった。ただし開元十年（七二二）の成立にかかる韋述の『両京新記』では、各坊の説明に当たって朱雀街西九坊、朱雀街西第二街九坊のように、まず南北の坊の配列を「街」としてまとめ、さらにそれぞれに属する坊を北から順にあげている。したがって唐では、朱雀街に近い街を第一街としてそこから順次第五街までを数えるとともに、坊はむしろ北から南に列挙するのが当時の一般的方法であったと推測される。平安初期の中国風坊名が南北に列するのもこのような長安の制度を踏襲したものであろうが、ともあれ唐の長安では、坊の東西の配列はまず意識されなかったとみて間違いない。

かかる日本の「坊」の特徴は、おそらく日本の都城にみられる実際の構造の特殊性と無縁ではあるまい。すなわち日本にも坊とともに、それにともなう「坊垣」（衛禁律24越垣及城条）や「坊門」（同条律疏）が存在したが、しかしその坊垣はすべての坊の周囲にめぐらされたわけではなく、基本的には朱雀大路に面した箇所にしか作られなかった。ことに平安京ではこのことが明瞭で、平安京では朱雀大路の両脇にある南北の小路を「坊城小路」と呼んでいたが、すべての坊に坊城（坊垣）があったとすればこのような名称が生まれるはずもなく、したがって東西方向についても、坊垣があったのは朱雀大路から坊城小路までの一町分にとどまったと考えられる。一方平安京の三条以南では二条大路、三条大路などの東西の大路の間に「三条坊門小路」をはじめとする「坊門小路」が通じていたので、坊門があったのも各「条」が朱雀大路に面する地点だけであ

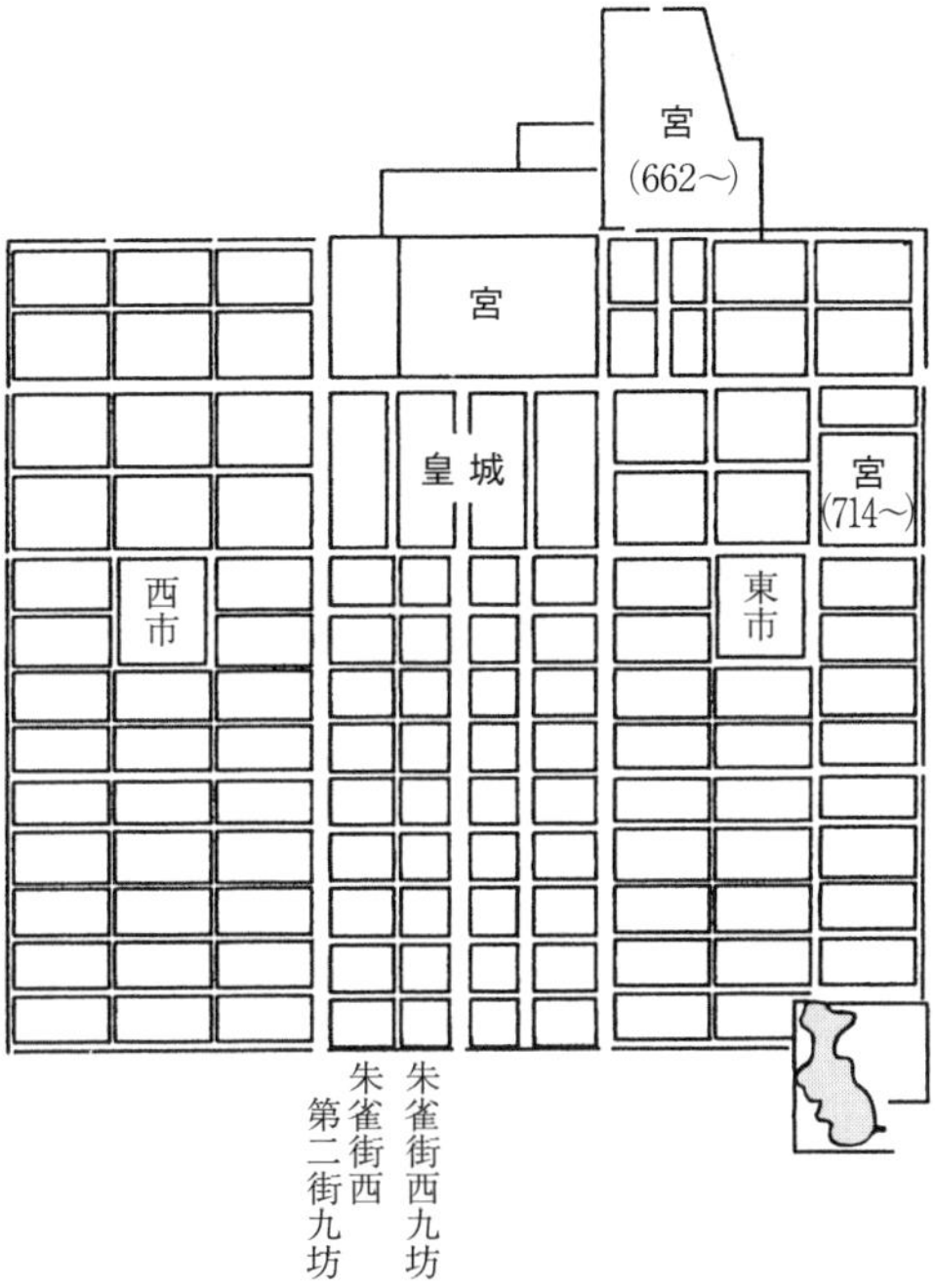

図17　長安城の坊と街

った。(22)それを律令によって再現すれば、朱雀大路の両側には中国風の築地が続き、南端には「京城門」（宮衛令4開閉門条）とそれに取り付く「京城垣」（衛禁律闌入踰闕為限条逸文）、北進すれば宮城（同上）・宮城門（宮繕令11京内大橋条）に突き当たる、となろうか。そのような光景は、まさに長安の、明徳門から朱雀門に至る朱雀大街の光景を再現したものにほかなるまい。逆にいえば、日本では朱雀大路だけにそのような中国風の装飾を施したのである。

　このような事実は、日本の「坊」が一面で唐の朱雀大街の光景を意識した、一種の儀式的建造物であったことを意味する。それは今日からみれば中国文化の表面的な模倣にすぎなかったが、しかしそのようにして国家の威容を整えることが京成立の重要な契機になったことは疑いない。それがはたして平城京の時代まで遡るのか、まだ発掘では証明されていないけれども、しかし坊垣・坊門が結局坊令の管理する四坊の「坊」に対応する施設であったとすれば、そのような具体的プランはすでに律令の四坊一坊（条）の論理の中に組み込まれていたのではなかろうか。つまり日本における東西の坊の配列は、右のような坊門・坊垣の具体的構造を前提とし、ひいてはそのことを表現したとみられるのである。

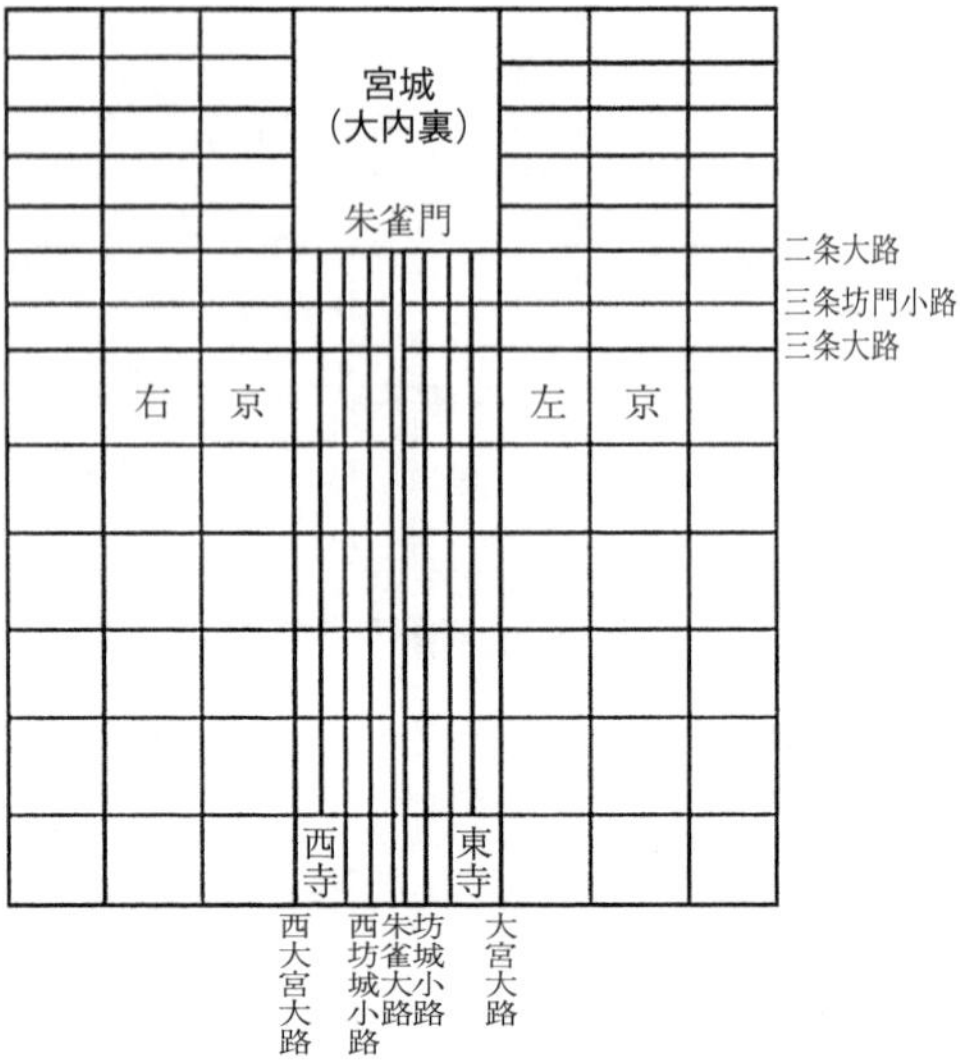

図18　平安京の坊城小路

　日本の京が左右に分割されたのも、あるいは朱雀大路の特殊性と関係があったのかもしれない。なぜなら朱雀大路がこのような性格を有したからこそ、それを境界にして左右の京をおき、さらにそれぞれに京職をおくことが現実的となるからである。逆に大宝律令以前の藤原京のように、京・京職とのみあって左右の区別がなく、しかも「条」の表示が見られない場合には、律令に表現された「朱雀大路」はまだ出現していないのではあるまいか。現在もっとも信頼を得ている岸俊男氏による藤原京復原プランにおいては、京城門（羅城門）は北側に傾斜した丘陵上に位置することになり、したがって現実にはそれは存在しなかった可能性が高い。京城門のない「京」をはたしていかに評価するのか、藤原京ことに大宝律令以前のそれについては、なお慎重な検討を要すると思う(23)。

四　京

日本の京の存在が「宅地班給」と一体の関係にあったとするならば、このことをいかに理解するかによって、おのずと日本の都城の特質も定まってこよう。京は「官人の居住地」のために設定された、とはこれもしばしば指摘される点であるが、しかし単に宅地を官人に提供するのであれば、ちょうど京以外の諸国がそうであったように、ことさら「坊」という形態をとる必要はなかったであろう。筆者はこのことに関して、以前次のように述べたことがある。

すなわち、宅地班給には庶人を含むとはいえ、その主たる対象は当時の支配層を構成した五位以上であったとみられる。したがって天皇による統一的な宅地班給の実施は、天皇のもとに支配層を集住せしめる行為にほかならなかった。律令国家の本質が天皇を核とする畿内豪族の連合政権という点にあったとすれば、都城はまさにそのような支配層の権力集中の実現の場となった、と(24)。

このような見解に対して浅野充氏は、官人以外の一般京戸が班給に与ったことを重視し、日本における京は、超越的存在としての天皇（ないしは宮）を頂点とする、「百姓」を含んだ擬制的共同体を実現した点に左右京の独自性を見出す。[25]そして京畿内班田使や「調」にみられる、畿内諸国と京戸との緊密な関係についても、大化前代からの政治構造とは無関係に、京が成立した時点で「政治的」に設定された付随的制度にすぎないとの認識を示された。[26]

天平五年「右京計帳手実」その他にみられるように、たしかに京の住民には官人以外の者が多数含まれていた。それはまた令文中に「京国官司」の語を含む条文がいくつもみられるように、京と国とを同格の組織とする律令の規定とも一致しよう。しかし都城の坊が「宅地」のためだけに設定されたとき、その構成員の性格もおのずと限定されていったのではなかったか。それは少なくとも、諸国と同じような班田農民を主体とする人々ではなかったであろう。

実際の宅地班給がほぼ官人を対象に実施されたことも、このことと無縁ではあるまい。ただ藤原京の宅地班給において「勤以下至無位、随其戸口。其上戸一町。中戸半町。下戸四分之一」（前掲『日本書紀』持統五年十二月乙巳条）とあり、「無位」が含まれる点がむしろ異彩を放っている。しかしこれが庶民を指すものでないことは、同時期の次の史料からおそらく間違いないと思う。

　詔曰、百官人及畿内人、有位者限六年、無位者限七年、以其上日選定九等。四等以上者、依考仕令、以其善最効能、氏姓大小、量授冠位。（同持統四年四月庚申条）

「無位」は位無き者の意味ではなく、出身しながらまだ初叙に与っていない、官人の末端に列した者を指す用例があるからである。このようにみてくると、藤原京の宅地班給はまさに官人そのものを対象としたことになり、むしろ大宝令制ともまた陪都以外のそれ以降のケースとも、異質な面を示していることになる。しかしそれはともかく、藤原京の宅地班給（聖武朝難波京でも同じ）では官人の位階秩序が鮮明に反映したこと、さらに五位以上の宅地面積が位階に対応したのに対し、六位以下は位階との対応関係がないことに示されるように、五位以上と六位以下とで、取扱いの内容を異にしたことが注目される。なぜならここで問題になっているのは、あくまで官人制内部の身分秩序であり、官人対庶民の関係ではないからである。以上の点を考慮すると、通説のごとく、都城の「根本住民」はあくまで官人であったとみるのが自然であって、そこに庶民を含む「共同体」実現の意図を見出すのは無理ではなかろうか。しかしさりとて筆者もまた、京の特質を官人の存在だけで説明できるものとは考えていない。それは以下に述べるように、日唐の京の住民の法的地位が著しく異なるからである。

そもそも中国ではいかなる目的で京（京城）を設けたのだろうか。周知のように中国では古くより城郭が発達し、唐の長安や洛陽はその集大成ともいうべき性格を帯びていた。一般に城郭は敵の攻撃を防ぐため、つまり軍事目的のために設けられたとイメージされているが、しかし近年の五井直弘氏の研究はその発達がむしろ中央集権体制の成立と相関し、一面では君主が民衆を支配・管理するための、一種の支配装置たる機能を果したことを明らかにされた(27)。五井直弘氏はこのことを「民の支配編成の場」ということばで表現されたが、中国では城郭あるいは多数の里坊の民衆こそが、君主にとっての直接の「権力基盤」であった、ということになろうか。あるいは、唐代の京城や州城県城が設けられたのも、京兆府・京県、州県の行政組織に対応して、それぞれに支配の拠点となる「民の支配編成の場」を設定したともみられるが、ともあれ、城郭の民衆は君主にとって、「被支配者」にほかならなかったのである。皇帝の宮城と指呼の間にありながら、京城の住民支配に当たった京兆府や京県の官人が一律に地方官（外官）として位置付けられたのも、このような支配の論理が介在したからであろう。浅野氏が想定された「超越的」権力関係も、あるいは唐においてなら実現していたかもしれない。それは、形式的にせよ万人に対して専制的権力を保持した唐の皇帝の性格にふさわしいからである。

これに対して日本の律令国家は、ちょうど唐とは逆に、左右京職を在京諸司の一つとして位置付けた。このことによって、左右京の住民、京戸は中央官司ないしは朝廷の構成員となったのである。官人がそれにふさわしいのは当然として、それ以外の「一般京戸」についても、当初の設置目的はあくまでさまざまなかたちで朝廷に「奉仕」させることにあったと想定される。京戸の京職に対する関係は、あるいは中央官司に所属する雑戸に相当する一面さえあったのではなかろうか。左右京職は国家の支配の対象ではなく、いわば統治の拠点として位置付けられたのであり、そのことが国郡制とは別の支配系統をおく理由となったと推定されるのである。その機能は北魏洛陽城でいえば「九六城」と呼ばれたいわゆる内城に近く、長安城の場合には、京城ではなくむしろ皇城がそれに近い。

では日本の「権力基盤」はどこにあったのであろうか。唐と日本では政治社会の組織に大きな違いがあり、それを単純に比較してもさほど意味はないが、しかしあえてそれに相当するものをあげるとすれば、「畿内」以外にはないと思う。大津透氏が指摘されたように、日本の律令国家においては、畿内と畿外とで二重の民衆支配構造がとられ、畿内は天皇の直轄地として個々の民衆に対して強力な支配がなされたのに対し、畿外は旧来の在地首長の権力を利用することで初めてその支配が可能となったからである(28)。中国の城郭が果たした住民の支配・管理の機能は、日本では代わりに、負担体系や民衆支配でとられた強力な支配の個々の制度によって維持されたということになろうか。あるいは、左右京ではなく畿内を境界として官人の出境制限が実施されたことも(29)、畿内がさながら城郭に相当する機能を果たした一面を伝えていよう。日本では律令国家がこのような意味において、畿内豪族による畿外豪族の支配という基本的枠組みをもったことは否定できないと思う。大化改新詔以来、「京及畿内」などと両者を並称する史料が集中して現れるが、京と畿内が一体のものとして史料に登場しながらその一方で両者が峻別されたのも、かかる両者の性格を想定すれば容易に説明される。

さて、日本の京が唐とは異なって統治拠点として規定されていたとすると、日本では京の住民をむしろ支配層の一員と見なしていたことになろう。それはある意味では、天皇が京の住民を支配の対象とはしえなかったこと、つまり浅野充氏の想定とは反対に、天皇が官人に対して「超越的」関係を保持しえなかったことを暗示する。この点に関して浅野氏は別に、京の宅地は天皇から一律に班給されるのであるから、天皇と京の住民とは「首長制的」な支配構造をとったとされた。しかし宅地の班給は、当初から身分秩序を反映し、むしろ階層制をともなった点に特徴がある。条坊は単にそこに居住を強制するのではなく、一面ではその差異を表現するためにこそ都合がよかったのではなかったか。そしてその条坊が、結果的には天皇の「宮」をも規定する。京における天皇とその「住民」との関係は、むしろ日本の天皇制における貴族制的要素という特質によく符合するのではあるまいか。(30)

大宝令・養老令にみる限り、行政組織の基本は京と諸国の「二本建て」であって、畿内あるいはウチックニの伝統も国郡制の原理に解消されていたとみてよい。律令制の施行と同時に畿内豪族の没落が始まるという現象も、(31)彼らが都城に結集して「都市貴族」に変質したことで、伝統的基盤であった「畿内」の意義が軽減したことと密接な関係があったであろう。その意味で、京の存在とウチックニの伝統とは、基本的に相反する指向性を有していたと考えられる。そして大局的にみれば前者の原理が後者を凌駕していったことも疑いない。大津透氏は「大宝、養老律令ではその形式性ゆえ畿内の直接の規定はもはや消え」ざるをえなかった、と解されたが、(32)しかしその形式性の中にあってさえ、日本の行政制度が京と国の「二本建て」という構成をとったことに、そしてわずかではあるが畿内の語を含む条文が存在することに、日本の律令体制が伝統的な支配構造を解体することなく、むしろそれをもとにして安定・拡大を図ったことが示されているのではなかろうか。同じように、藤原京や平城京に代表される日本の都城もまた、律令制成立の過程で忽然と誕生したのではなく、伝統的な「ミヤコ」のあり方を基盤として成立したと考えられるのである。

浅野充氏の見解に対する筆者の意見は以上のとおりである。氏の論考にはこのほか「倭京的存在形態」など傾聴すべき点も多々あるが、しかし以上の理由から、筆者はなお旧説を墨守したいと思う。

おわりに

最後に本章で述べたことをまとめておく。

①日本の古代国家は唐の律令を範とする国家体制をつくったが、同時にそこに表現された「京」の制度をも継受した。ただし京城の住民支配についてみると、唐のそれが州県制に組み込まれていたのに対し、日本では左右京職を京官とし、京と諸国の「二本建て」の構成をとった。両者は並列的な関係にもあったが、同時に律令条文では両者を異質のものとして、周到に区別されていた。

②京の諸国との異質性は、なによりも左右京が「坊」の集合によって形成されたことに起因する。日本の坊は唐制と異なり、ちょうど「条里」が口分田班給の前提であったように、宅地班給のために設けられた土地の区画であった。それは今日からみれば奇異な印象さえ与えるが、しかし当時の為政者はそれを厳格に実行した。

③東西の四坊がさらに一坊（条）を形成することも、唐制にはない独自の制であるが、これは日本の都城が朱雀大路を重視し、そこだけに中国的な景観を再現したことと関係した。京を左右に分けて各々に京職をおくという発想もこのような具体的プランと関連していた可能性が高い。

④こうして日本の「京」は、一面では中国風都城の建設という性格があったが、しかし天皇による宅地班給を通じて、律令に構想された政治体制を具現化する場ともなった。それはたしかに中国の都城やその支配体制に対する指向性を内抱していたが、左右京職を京官としたことに象徴されるように、日本ではむしろ旧来の支配体制の枠組みを温

存した点に、唐制とは異なる特徴が見出される。

以上、律令にみえる「京」の諸相について、粗雑な推論を重ねた。残された問題はなお多いが、ただ結論らしきことをいえば、日本の都城が唐制を基本としながらも、きわめて日本的なあり方を示したということである。それは都城がけっして架空のものではなく、日本の古代社会の中で現実的に機能したことを示そう。かつて井上光貞氏は日本における律令法の摂取について「権力を集中し、国家としての威儀をととのえること」をその理由としてあげられたが、(33)都城はこの二重の意味で律令の構想を実現する舞台となったのである。

もとよりここで述べたのは、大宝・養老律令によってうかがわれる京の構想にすぎず、その後の推移や律令制以前の「京」の問題にはほとんどふれなかった。その点については今後発掘調査の分析をはじめとして多角的な考察を要しようが、ただこうした律令制都城がそれ以前の「京」と無関係に出現したわけではなかったことや、あるいはそれ以降の「京」がさまざまな変遷をたどったにせよ、その原型がこの段階に形成されたことは、以上の記述で確認されたのではないかと思う。このような理解が日本の都城解明に少しでも寄与するところがあれば、それにすぎる筆者の喜びはない。(34)

註

（1） 岸俊男「日本における『京』の成立」（『東アジア世界における日本古代史講座』六所収、学生社、一九八二年、のち同『日本古代宮都の研究』、岩波書店、一九八八年に収録）。
（2） 拙稿「日唐都城比較制度試論」（池田温編『中国礼法と日本律令制』所収、東方書店、一九九二年。本書第二部第三章）。
（3） 愛宕元「唐代京兆府の戸口推移」（唐代史研究会編『律令制――中国朝鮮の法と国家』所収、汲古書院、一九八六年）。なお県の数が違うのは、時期によって所属する県に異同があったからである。
（4） 曽我部静雄「日中の畿内制度」（同『律令を中心とした日中関係史の研究』所収、吉川弘文館、一九六八年）。

（5）西本昌弘「畿内制の基礎的考察―日本における礼制の受容―」（『史学雑誌』九三編一号、一九八四年）、礪波護「唐代の畿内と京城四面関」（唐代史研究会編『中国の都市と農村』所収、汲古書院、一九九二年）、大津透「中国における畿内制」（同『律令国家支配構造の研究』所収、岩波書店、一九九三年）。本書の記述は、主に大津論文に依拠した。

（6）『旧唐書』巻四十八食貨上。上元元年六月詔によって「京中及畿県内」に限り「重稜銭」の価値を開元通宝三〇文相当に改正したが、同じことを同七月勅では「重稜五十価銭、先令畿内減至三十価行」と表記している。

（7）池田温「律令官制の形成」（『岩波講座　世界歴史5』所収、岩波書店、一九七〇年）。

（8）同書一八九頁。執筆は青木和夫氏による。

（9）浅野充「律令国家における京戸支配の特質」（『日本史研究』二八七号、一九八六年）。

（10）拙稿「日唐都城比較制度試論」（前掲）。

（11）浅野充註（9）論文（前掲）。

（12）註（2）拙稿。

（13）岸俊男「方格地割の展開」（『日本書紀研究』八冊所収、塙書房、一九七五年）、同「条里制に関する若干の提説――郷里制・条里制・条坊制」（『条里制研究』一号、一九八五年。ともにのち註（1）書に収録）など。明言されているわけではないが、多くの論者はこのような理解が前提になっていると思う。

（14）大津透「律令国家と畿内―古代国家の支配構造―」（『日本書紀研究』十三冊所収、塙書房、一九八五年。のち註（5）書に収録）、弥永貞三「条里制の諸問題」（『日本の考古学』Ⅳ所収、河出書房、一九六七年、のち同『日本古代社会経済史研究』〈岩波書店、一九八〇年〉に収録）。

（15）狩野久「律令国家と都市」（『大系　日本国家史Ⅰ　古代』所収、東京大学出版会、一九七五年、のち同『日本古代の国家と都城』〈東京大学出版会、一九九〇年〉に収録）、今泉隆雄「律令制都城の成立と展開」（『講座　日本歴史2』古代2所収、東京大学出版会、一九八四年）。

（16）条里の存在が京の坊の存在と相容れないものであることはすでに岸俊男氏が指摘している。たとえば「条里制に関する若干の提説」（註（13））において、

中央の京は坊が基本単位で、京職―坊令―坊長という組織になっており、地方の諸国は里が基本単位で、国（国司）―

郡（郡司）—里（里長）という組織になっています。これはまた条坊制と条里制、都市と農村とをはっきり区別したものと考えられるのでありまして、こう考えると、京内に口分田をおかないという原則も容易に理解できると思います。と見えるのはその一例である。ただし、そもそも「坊」が何を目的に設定されたかということに関しては、見解を示されなかった。

(17) 浅野充「律令国家と宮都の成立」（『ヒストリア』一二二号、一九八九年）。氏は「請」によって宅地が形成されていることから、「班給」が実施されなかったことを推測している。

(18) 沢村仁氏は『日本書紀』仁徳紀の造京記事が大化・白雉年間の難波京造営のことを遡って造作した可能性を指摘され、あわせて残存地割の存在から、孝徳朝の難波京造営の実在を主張される（同「難波京について」〈難波宮址顕彰会・難波宮址研究会編『難波宮址の研究』研究予察報告第六所収、一九六〇年〉）。結論の当否はさておき、仁徳紀・孝徳紀にみられる「難波京」造営が、宮室・京中大道・堀江の開削に限定されていることは、後世の「坊」を主体とする京のあり方とはかなり異質なのではあるまいか。以下にも述べるように、「条坊」の形成は官僚制の成熟と密接に関係していたとみられ、それは天武朝の制度改革を経てようやく実現したとみられる。したがって、大化改新時にはまだ「条坊」は存在しなかった可能性が高い。

(19) 村井康彦『古京年代記』（角川書店、一九七三年）。

(20) 拙稿「わが国における都城の成立とその意義」（『比較都市史研究』四巻二号、一九八五年。本書第二部第二章）。

(21) 金田章裕氏は、いわゆる大宰府の条坊が純友乱以降の十世紀中葉になってようやく成立したこと、そしてそれが実は面積八段の坪を単位とする、「田」の表示を最大の目的に設置されたことを指摘している（同「大宰府条坊プランについて」〈『人文地理』四一巻五号、一九八九年〉）。それが事実であるとすれば、大宰府の条坊は表面的には都城と酷似しながら、造営の原理はまったく逆であったことになる。

(22) 岸俊男「難波宮の系譜」（『京都大学文学部紀要』一七、一九七九年、のち註(1)書に収録）。

(23) 拙稿「藤原京と平城京」（加藤稔先生還暦記念会編『東北文化論のための先史学歴史学論集』所収、今野印刷、一九九二年。本書第一部第三章）。

(24) 註(20)拙稿参照。

（25）浅野充註（17）論文。
（26）同（9）論文。
（27）五井直弘「城市の形成と中央集権体制」（歴史学研究別冊特集一九八二年度歴史学研究会大会報告『民衆の生活・文化と変革主体』所収、一九八二年）。
（28）大津透註（14）論文。
（29）大津透「万葉人の歴史空間」（『国語と国文学』六三巻四号、一九八六年、のち註（5）書に収録）。
（30）関晃「律令貴族論」（『岩波講座　日本歴史3』古代3所収、岩波書店、一九七六年）、吉田孝「『律令国家』と『公地公民』」（同『律令国家と古代の社会』所収、岩波書店、一九八三年）など。
（31）長山泰孝「古代貴族の終焉」（『続日本紀研究』二一四号、一九八一年、のち同『古代国家と王権』〈吉川弘文館、一九九二年〉に収録）。
（32）大津透註（14）論文。
（33）井上光貞「日本律令の成立とその注釈書」（『日本思想大系　律令』所収、岩波書店、一九七六年、のち同『日本古代思想史の研究』〈岩波書店、一九八二年〉に収録）。
（34）本章成稿後に次の二つの論考に接した。①阿部義平「日本列島における都城形成（二）—近江京の復元を中心にして—」（『国立歴史民俗博物館研究報告』四五集、一九九二年）、②仁藤敦「倭京から藤原京へ—律令国家と都城制—」（同上）の二つである。①はいわゆる大藤原京説を主張する著者が、天智朝の近江京はもとより、孝徳朝難波京および同時期の大宰府にも方格地割（条坊）が展開したことを緻密に考証している。本章に関わる範囲でいえば、そうした都市的地割がいかなる意義を担っていたのか、その点の理解がなお不明確であるように思われる。②は日本の初期都城の発展過程を、倭京・新城・新益京・藤原京の各段階に分けて理解する。都城が権力構造の変化と密接に対応していたとする点、あるいはその前提になる条坊の理解なども比較的本章に近い。ただし律令制下の京は「天皇の支配地という観念を意識的に作り出す場であり、京戸としての一体性・優越性を感じさせる場であった」とあるように、都城を観念の問題と捉え、「官僚制・天皇制が成立する原理的転換の軌跡」（以上、傍点筆者）と理解する点で、筆者とはかなり立場を異にする。

付論　京の和訓
――「みやこ」と「みさと」――

杜の都、花の都という表現があるように、現代でははなやかな都会のことを指して「みやこ」と呼ぶことも多い。しかしそれは本来、政権の処在地を意味することばとして用いられ、一般に京ないし都の漢字が当てられてきた。平城京や平安京、あるいは京都の存在から知られるように、「みやこ」ということばは、まず古代国家の中で誕生した。

八世紀初頭に編纂された大宝令・養老令には、この「京」に関する条文が数多く含まれている。そこでは地方の「国」に対して、中央に左右京という特別の行政区画を設けること、その内部は坊・条を基礎単位とする土地区画が施行されること、さらにはそれらの支配のために左右の京職や市司をおくことなどが定められている。古代国家の枠組みを規定した律令にこうした条文が盛り込まれていたことは、京が律令制の維持・運営にとって不可欠の存在であったことを物語る。今日では遺存地割や発掘調査によって平城京などの全体像が判明しているが、そこで示された広大な規模や、内部の整然とした条坊制は、律令で構想された「京」の実態であった。

ただ厳密にいえば、「京」が「みやこ」と訓まれたのかどうかは、律令の条文だけでは判断できない。しかし『万葉集』を通覧すると、「奈良乃美夜古《ならのみやこ》」（巻5、八〇六番）、「弥夜古《みやこ》」（同、八四三番）のように、ミヤコを万葉仮名で表記する例が散見する。『万葉集』の原文には、京に類似する用字として、都、王都、皇都、京師、京都などの多様な表現が使われているが、これらもすべて「みやこ」と読まれていたとみてよい。奈良時代には「みやこ」ということばが社会的に定着していたのである。

多くの研究で指摘されてきたように、「みやこ」とは、宮（ミヤ）という語に接尾辞「こ」が付け加わって成立したやまとことばである。この場合の宮は天皇の住まい・建築を示し、こ（処）は、イヅクのク、スミカのカと同根で、かしこ・ここ・そこなどの用例があるように、場所の意を示している（『岩波古語辞典』）。したがって「みやこ」は本来、宮のあるところ、天皇の住まいの所在地を意味した。『万葉集』には、「兎道乃《うぢの》宮子《みやこ》」（巻1、七番）のように、宇治の行宮のような用法があるほか、「荒野らに里はあれども大君の敷きます時は都となりぬ」（巻6、九二九番）の歌には、天皇が身をおくことでそこが都となる、という観念が示されている。「みやこ」はなによりも、天皇の存在と密接な関係のあることばであった。

さて、古代の「京」が律令制の成立と関わっていたとすると、律令制の導入以前には、まだ「京」は存在しなかったと推測される。事実、『古事記』には、歴代の天皇が構えた宮を詳細に紹介しているのに対し、「京」の表現は一例もない。ところが『日本書紀』では、古事記と同じ歴代遷宮の事実を記すのに、都・遷都の字句を用いる場合が大半を占めている。「葛城に都つくらむとす。是を高丘宮と謂ふ」（綏靖紀）、「都を石上に遷す。是を穴穂宮と謂ふ」（安康紀）などとあるのがそれで、同書にはこのほか京中（仁徳紀）、京都（景行・雄略紀）、京城（允恭紀）、皇都（神武即位前紀）などの表現も見えている。さらに、最初の天皇とされた神武の橿原宮造営にあたっては、「然して後に、六合《りくごう》を兼ねて都を開き、八紘《はっこう》を掩《おほ》ひて宇《いへ》と為さむこと、亦可《よ》からずや」（同）とする神武のことばも記されている。もちろんこれは漢籍から引用された章句であるが（六合は東西南北に上下を加えた六つの方位を、八紘とは天下の八つの隅を謂う）、律令国家の人々が都市の存在をどのように理解していたのかをうかがうことができ、興味深い。

ところで、「京」については、みやことは別に、「みさと」という訓が存在した。その根拠となるのは、十世紀前半に成立した『倭名類聚抄』巻五官名の記述で、そこには左京職について「比多利乃美佐止豆加佐《ひだりのみさとづかさ》」の和名が記されているのである。「みさと」はおそらく、里ということばにみ（御）という美称が付けられて成立したことばである。里は人家が集落をなしていることを示す、古代ではごく一般的な語句であり、したがってそれは、サトの中でとくに尊く格の高いもの、ひいては天皇の住む里を意味した。京の内容を示すのにふさわしい訓みであるといえるが、ただどちらかといえば、住民に視線を向けた表現ということになろうか。これに対して「みやこ」は、あくまでも天皇の宮を中心とし、その外側に広がる場所としての性格が濃厚である。「みやこ」には、宮の延長部分としての、あるいは宮と同質の空間であるとする意識が垣間見える。

「京」については、ある時期まで、この二つの訓みが同時に存在した。しかし『万葉集』では「みやこ」を表記した万葉仮名の例が多数見られるのに対し、実は、みさとの実例は皆無である。万葉の時代にはすでに「みやこ」が「みさと」を圧倒していたのである。

ところで、日本の律令制が範をとった唐では、京に関して次のような措置がとられていた。すなわち、唐では全国に州・県が置かれ、また郭内を坊、それ以外を村とする制度が採用されていたが、この原則は三都（長安・洛陽・太原）にも一律に適用された。首府長安城でいえば、城内は朱雀大街を境に長安・万年の二県の一部とされ、さらに二県はその他の二十余りの県とともに雍州（これは開元元年〈七一三〉に京兆府に改称された）に所属していた。長安は皇帝の権力拠点となった重要な城郭であるが、それにもかかわらず、一般の行政区画に組み込まれていた。全国のサトの中で最も重要なサトであったという点で、「みさと」の訓はむしろ唐の都城にこそふさわしい。

これに対して日本では、条坊制で区切られた区画だけを左右京とし、それを一つの行政組織として独立させて、地方の「国」と対置する存在としていた。しかも京の支配を担当した左右京職は、二官八省などと並んで中央官制の中に組み込まれていた。唐の長安や洛陽が州県制の一部を構成していたのに対し、日本の京は中央官制の一部を構成したのである。それはまた日本の京が「国」とは異質の、宮の拡大された空間すなわちミヤコとして、天皇を中心に結びついた支配集団の所在地となっていたことを示している。「みやこ」ということばが広く定着していく背景には、おそらくこのような日本の京の現実が存在していた。

本章では先に、『日本書紀』に限って、大化前代から京・都の表現が現れることを紹介した。神武即位前紀の文章からもうかがえるように、『書紀』編者に修飾の意図があったことは否定できない。しかし同時に、宮の外部に「みやこ」と意識される特殊な空間が存在したことは、律令制以前の時代にあっても、ごく自然なことのように思われる。もしそうであるなら、そして「みやこ」の訓が定着していたならば、『書紀』の編者にとって京や都の字句を使うことは、あまり抵抗がなかったのではなかろうか。見方を変えれば、律令制の左右京は、そのような「みやこ」が発展・拡大したものとして成立したのである。

第三部　国家と社会

第一章　首都論と日本古代の都城

はしがき

今回、「首都論の創造」というテーマのもとで、日本古代史の立場から短い報告をまとめることになった。そのテーマのキーワードとなるのは「首都論」という用語であるが、日本史の分野ではあまり取り上げられたことのない論点であり、おそらく人によってさまざまな捉え方があろう。単なる都市論ではなく、あえて「首都」という、一国の政治拠点を意味することばを使用する点が注意を要するところであるが、この点については、以前に横田冬彦氏が使われている表現が参考になる。すなわち首都論とは、「都市史と国家史が交差する点」に生まれる視点だということである。(1)

この場合に都市とは、政治や経済、文化などとして表現される、さまざまな社会的関係の集約点として捉えることが必要となる。つまり単に商工業の存在だけが、都市であるか否かを決定するのではないということである。そしてこのことは逆にいうと、都市というものが、社会を統合するための手段ないし一つの方策として機能していることを示していよう。このような都市の機能は、律令制の時代はもとより、弥生時代や縄文時代にも存在したはずで、今後はそれぞれの時代において、どのような都市が誕生していたのかを見極めていくことが必要になろうかと思う。(2)「都市」と「首都」をこのように理解するとすれば、「首都論」とは一面で、都市の存在に重点をおいた国家史であることになる。

さて本章では、筆者がこれまで勉強してきた日本古代の社会において、こうした問題を検討することとしたい。周知のとおり、この時期には日本列島に律令国家という高度に組織化された国家が出現し、今日の「日本」という国家の枠組みの基本が形成された。またそれと同時に、藤原京や平城京という都城が、その律令国家の拠点として造営されている。そして多くの先行研究が言及しているように、都城と律令国家とは一体となった存在であったから、そのような点で、都城はまさに「首都」と呼ぶにふさわしい都市であったことになる。

以上のようなことから、ここでは、律令国家が形成されるうえで、都城が果たした役割を明らかにすることを目的にしたい。言葉を換えるとそれは、なぜ「首都」が形成されたのかという問題を、都城の成立過程を通じて考察していく作業にほかならない。

一　歴代遷宮における宮の特質

最初に、都城が成立する以前の時代に、どのような都城的施設、つまり「宮殿」が造られていたのかを確かめておきたい。都城成立以前の特徴としては、第一に、天皇あるいは大王が、即位のたびごとに新たな宮を造営し、そこに遷ったことがあげられる。ここではそれを「歴代遷宮」と表現することにするが、この慣行は中国・朝鮮半島にもまったくみられず、また藤原宮や平城宮などが複数の天皇に使用されたのと比べても、きわめて特徴的な現象であった。

歴代遷宮はまた今日からみてもたいへん非合理な慣行のように思われるが、『古事記』や『日本書紀』には、天皇の治世を示すのに「〇〇宮に天の下治すスメラミコト」という常套句が使われており、その慣行がきわめて強固であったことが推測される。実際には一人の天皇が複数の宮を使用したことも記録に見えるが、しかしそうであっても、天皇の治世が特定の宮によって表現されていたのである。またこの点は、稲荷山古墳出土の鉄剣銘文に「ワカタケル大王」の治世を「シキの宮に在る時」と表現していて、銘文が作られた五世紀後半には、すでにこうした関係が成立していたことが推測できる。

ところで、このような歴代遷宮の慣行は、どのような理由で行われていたのだろうか。よく知られるように、この点については、江戸時代以来、いくつかの説明がなされてきたが、ここでは主だった五つの説を紹介しておきたい。すなわち①父子別居の慣行、②天皇の死穢を忌避するため、③天皇の死にともなう神宝の穢れを避けるため、④掘立柱建築の耐用年数・式年遷宮との類似、⑤即位式との関連、の諸説である(3)。

①の「父子別居の慣行」に由来する、と考えたのは本居宣長で、これは、当時の夫婦が妻問いの形態をとっており、したがって夫と妻が別々の場所に居所を構えていたこと、また次の天皇となる皇子が母方に居住していたと考え、新しい天皇が即位するときには、小さいころから育った母方の住居がそのまま新宮殿になったと理解する説である。これに対し、②、③の説は、天皇の「死」のケガレから逃れるために、新しい天皇は古い宮殿を捨て、別の宮殿に遷らなければならなかったとするものである。一方、④は掘立柱建築の耐久性に着目した見解で、この時期の宮殿は、神社建築の様式などを参考にすると掘立柱の建築であったと考えられるが、地面に直接柱を埋め込む掘立柱の様式は、礎石を用いた建物と比べても、確かに耐用年数の面で劣っていた。伊勢神宮の式年遷宮の慣行などは、その欠点を補う巧みな方法であると解釈されよう。

最後の⑤は和田萃氏によって提起された説で、当時、天皇の即位はある場所を占定したうえでそこに小規模な壇を築き、そこでレガリア（宝器）の献呈が行われた。そしてその壇を築いた場所が、新しい宮殿となった、つまり、常

に新たな場所を選んで即位儀を行ったため、必然的に歴代遷宮という現象になったということである。(4)

さて、以上の①から⑤までの説は、いずれも事実の一面を捉えているものの、どれか一つだけで歴代遷宮のすべてを説明することは、今のところ難しいように思われる。もっとも新しくかつ精緻な和田萃氏の説についても、『日本書紀』に従う限り、即位の一、二年後に新宮に遷る実例も少なくなく、さらには、「なぜ古い宮ではなく、新たな場所で即位式をする必要があったのか」という問題が、別に生じてくるのではなかろうか。おそらく当時の歴代遷宮は、これらの要素が複雑に絡み合って成立したというのが、平均的な見方ではなかろうか。

この問題については、筆者にも「決め手」となるような解決法があるわけではないが、ただこれまであまり注目されてこなかった要素をここではあげておきたい。それは「再生」という要素で、その根拠となるのが以下の三つの点である。

第一は『延喜式』に収める祈年祭および月次祭の祝詞の一節である。周知のとおり、月次祭は毎年六月と十二月の末に、また祈年祭は二月に行われる国家的祭祀で、この二つの祭りで読み上げられる祝詞には共通部分が多く、本来は月次祭の祝詞がもとになって祈年祭の祝詞が成立したものと考えられている。(5)左に、その月次祭の祝詞の一節を掲出しておこう。

山能口坐皇神等乃前尓白久。飛鳥、石村、忍坂、長谷、畝火、耳無登御名者白氐。遠山近山尓生立流大木小木乎、本末打切氐、持参来氐。皇御孫命乃瑞乃御舎仕奉氐、天御蔭日御蔭登隠坐氐。四方国乎安国登、平久知食須我故。皇御孫命乃宇豆乃幣帛乎、称辞竟奉久登宣。

この部分は月次祭の中で、大和の山口の神の安泰を祈願した箇所である。そしてここには、「飛鳥、石村、忍坂、長谷、畝火、耳無と御名は白して、遠き山近き山に生ひ立てる大木小木を、本末打ち切りて持ち参り来たりて、皇御孫の命の瑞の御舎（みあらか）仕え奉りて」という一節があり、飛鳥近辺の大和の山々の木を切り出し、それによって、「みあらか」すなわち大王の宮殿を造営した様子がうかがえる。つまり宮殿の造営は、大和の神々の木々を用いる、一種の宗教的な意味合いをもっていたことがわかるのである。

これと同様のことは、「大殿祭」の祝詞(6)にも見出すことができる。こちらの方は、新嘗祭や月次祭のほか、新たな殿舎を造営したときに行われる祭祀で、文字どおり、宮殿の新築を寿ぐ内容のものである。そしてそこには「皇御孫の御殿（みあらか）を、今奥山の大くき小くきに立てる木を、斎部の斎斧をもって伐採て、本末をば山神に祭りて、中間を持ち来たりて、斎鉏をもって斎柱立て」云々ということばが見えている。つまり「みあらか」の造営は、忌部の特別な斧やスキを使用して行う宗教的儀式の一つとして理解されていた。

なおこのような忌部の職掌のことは、九世紀初頭に斎部広成が著した『古語拾遺』にも書かれている。それによれば、筑紫から大和に入った神武天皇が橿原宮を造営したとき、忌部の祖先に当たる「天富命」が正殿（みあらか）を作り、「斎斧・斎鉏」を使用したことが見える。

このように、宮殿の造営には、大和というごく狭い地域と密接な関係があり、また神事と関わりの深い忌部とも深いつながりがあったのである。ところで、かつて早川庄八氏は「律令制と天皇」という著名な論考において、律令国家の天皇に二つの面があることを指摘したことがある。(7)一つは律令に規定される律令国家の政治的首長としての面、もう一つは、大和を中心とする畿内王権の首長としての面である。あるいはそれは、「日本」という国家の首長としての一面と、律令制以前の伝統的な畿内豪族の王としての一面と表現してもよいと思われるが、早川氏はそれを象徴するものとして、祈年祭と月次祭という二つの祭祀を取り上げたのである。

月次祭は、その祭祀の対象を畿内の神々に限定し、しかも祝詞の中で語られるのは、大和の神にまつわることがらである。これに対して祈年祭は、畿外を含んだ全国の神々を対象にした神事であった。早川氏はこの対照的な性格から、月次祭を畿内王権の時代から行われてきた伝統的な祭祀、祈年祭を月次祭を原型とする、全国的統治が確立した律令国家段階のものとして理解されたのである。これまで取り上げてきた都城以前の宮殿造営の様子も、月次祭と同じく、天皇が「畿内豪族の首長」であった時期の古い形態を伝えているとみて間違いない。

さて、やや説明が煩雑になってしまったが、以上が第一の根拠となる事項である。歴代遷宮に関して注意すべき第二の点は、建築とその主人との分かちがたい関係である。

天皇次起自整二衣帯一。為二室寿一曰。築立稚室葛根。築立柱者。此家長御心之鎮也。取挙棟梁者。此家長御心之林也。取置椽橑者。此家長御心之斉也。取置蘆萑者。此家長御心之平也。蘆萑。此云二哀都利一。萑音之潤反。取結縄葛者。此家長御寿之堅也。取葺草葉者。此家長御富之余也。（『日本書紀』巻十五）

ここにあげたのは、『日本書紀』の顕宗即位前紀に収められている「室寿」（むろほぎ）の一部である。周知のとおり、弘計皇子すなわちのちの顕宗天皇は雄略から逃れるため、弟の億計とともに播磨の縮見屯倉に身を隠すが、その屯倉で執り行われた「新嘗」でのムロホギの詞章が、先のように書かれているのである。そしてここには「築き立つる稚室葛根、築き立つる柱はこの家長の御心の鎮まりなり。取り挙ぐる棟梁はこの家長の御心の林なり」などと、「新室」を寿ぐ文句が次々に続いていく。新嘗という特殊な祭祀であるとはいえ、家とその主人の人格とが密接な関係にあったことが読みとれよう。そしてこのことからは、天皇（大王）という人格と家というものの一体性が、いっそう強固なものであったことが推測されるのである。

さて、残るもう一つの根拠となるのは、皇位継承に関する近年の研究、とくに義江明子氏や大津透氏などの見解である。「万世一系」ということばがあるように、これまで一般に天皇は代々の血筋を継承する側面が強調されてきたが、大津氏はそれと同時に、天皇の即位に、新たに「祖霊」を更新する一面のあることを指摘したのである。賀茂祭の中に「ミアレの神事」があるが、神が霊力を更新して若神として誕生することが「アレ」ということばの意味であり、それと同じように、天皇家も始祖の霊を更新しながら、代々霊を継承してきたというのである。(8) このような観念を義江明子氏は「アレ継ぐ」(アレは生まれるの意)ということばで表現したが、(9) だからこそまた、天皇の代替わりごとに、天皇に仕えた豪族の地位の承認が必要になったのだろう。

さて、以上の三つの点を総合すると、次のような見通しが得られそうである。それは天皇の即位が、祖霊の更新、霊の再生であったとすれば、またそれにふさわしい新たな宮殿が必要とされたのではないか、ということである。それを裏付けるかのように、宮殿はその主人の人格を象徴する建築でもあったらしい。そしてこのような宮殿造営の具体像が、月次祭の祝詞の中に見出せるということなのである。

一方で、藤原京をはじめとする都城が成立したことは、同時に歴代遷宮の否定を意味した。先にもふれたが、藤原宮以降の宮では複数の天皇の使用が一般的になり、あるいは、即位と都城との関係が消滅するからである。それには、大極殿・朝堂院や官衙を含む広大な宮城やさらには左右の京を設けたために、新しい京を即位のたびに造営することが事実上不可能になったという現実的な理由があったのも事実であろう。ただ歴代遷宮の時期と対比して考えると、都城の成立が、宮殿と天皇の人格との分離を意味した点も見逃すことができない。都城というものが天皇の人格を超越し、いわば国家的な存在になったということである。それは早川庄八氏のいわれた「律令国家の政治的首長」たる天皇の一面に対応するのであろうが、都城とそれ以前の宮殿には、このような異質な点が存在したことを、まず指摘しておきたい。

二　外交儀礼と宮の構造

さて、これまで取り上げてきた歴代遷宮の時期の宮殿は、天皇の「人格」との一体性などから判断して、のちの内裏に相当する施設であったと考えられる。ただ、『古事記』や『日本書紀』には、舎人や采女が天皇のそば近くで仕えたことがしばしば見えるので、これらの宿所や、さらには家政機関に当たるものもあったに違いない。また『古語拾遺』には、斎蔵・内蔵・大蔵の有名な三蔵が雄略朝に作られ、しかもそれが「宮内」にあったと書かれているので、宮に倉庫群が付属していたことも想定できよう。しかしそうだとしても、一代限りで別の場所に移動することを前提としていたわけであるから、それらがどれだけ永続性のある施設であったのかは、疑問視せざるをえないのである。

こうした中にあって、六世紀末に即位をした推古天皇の時期には、いくつかの点で、宮殿の構造や性格に大きな変化があったと考えられている(10)。

推古天皇の即位は西暦五九二年で、天皇はこの年豊浦宮に遷り、また六〇三年すなわち推古十一年の十月には、新たに小墾田宮に遷った。これ以降、平城京に遷都するまでの約一〇〇年の間は、大和盆地東南部の飛鳥とその近辺に宮が固定していく。その地域を指して「飛鳥京」という表現を用いる研究者も少なくないが、推古朝以降は、大化改新直後や近江に都を遷した天智朝のごく短い期間を除いて、ここに国政の中心がおかれるようになったのである。

もう一つの変化の兆しは、宮殿の構造に表れている。よく知られるように、推古十六年（六〇八）には最初の遣隋使小野妹子とともに、隋の使者裴世清が来朝し、さらにその二年後の推古十八年には新羅・任那の使節が来朝した。詳しい史料をあげての考証は省略するが、この二度の外国使節が小墾田宮を訪れたときの記録（『日本書紀』）によれ

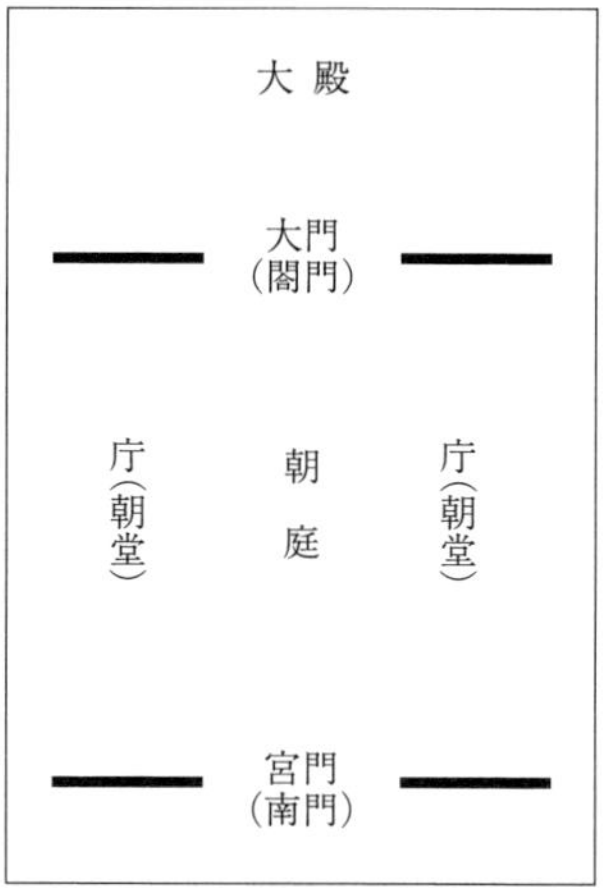

図19　小墾田宮の構造(岸俊男『日本の古代宮都』より)

ば、小墾田宮は次のような構造であったと推測される。図19として、この点を最初に指摘した岸俊男氏の作成された図を載せておいたが、小墾田宮は南門を入ると、その北側に広場(史料では庭中、朝庭という表現が使われている)を囲むようにして庁(まつりごとどの)が並んでおり、さらにその北側に大門があった。そしてその奥に、天皇が出御した「大殿」が存在する。南側からたどっていくと、南門、朝庭とその両側の庁――ここには、大臣や大夫(まえつきみ)らの座があった――、そして大門を隔てて天皇の大殿が控えている、という構成になっているのである。岸俊男氏は、『日本書紀』からこのような小墾田宮の構造を復元し、これが藤原宮以降の大極殿・朝堂院の原型になったことを指摘し、さらに小墾田宮以降の宮殿も、基本的に同じ構造であったと推測された。白雉三年(六五二)に完成した難波宮では一六堂以上の朝堂が確認されているし、藤原宮と平城宮では、一二堂の朝堂が存在した。大極殿と広大な朝堂・朝庭をもつ都城の形式は、この小墾田宮が出発点になったとみて間違いない。

このような考えは、今日多くの人々が認めるところであり、筆者もそれに異議があるわけではないが、ただ一方で、次のような史料があることにも注意しておく必要があろうかと思う。それは難波の大郡や小郡、難波の館(むろつみ)に関する史料である。

難波は古くから大和王権の外港として栄えており、ここには高句麗や百済など、朝鮮三国の外交使節が宿泊する客館が、すでに六世紀には存在した。またこれとは別に、朝廷の有力者が遣わされて外国の使節と対面する施設も存在していた。多少乱暴な表現をすれば、迎賓館が難波館だとすると、「難波大郡」は後者の外交施設に相当するものと思われる。天皇の宮が一代ごとに転々としたのに対して、難波の外交施設が一貫した、いわば不動の存在であったこともたいへん興味深いが、それはともかくとして、たとえば『日本書紀』の欽明二十二年是歳条には「是歳。復遣二奴氏大舎一献二前調賦一。於二難波大郡一次二序諸蕃一。掌客額田部連。葛城直等使レ列二于百済之下一而引導。大舎怒還不レ入二館舎一。乗レ船帰二至穴門一」とあって、難波大郡で三韓のミツキ貢献の儀が行われたことがわかるが、このとき新羅の使者である大舎ヌテは、百済の下位に位置せしめられたことを無礼として本国に戻ってしまう。これをきっかけとして新羅は「任那」を併合するに至るのであるが、事件の経過はともかく、難波大郡には外国使節を列立させるような広場があったことがうかがえるのである。なお欽明二十二年は西暦五六一年で、小墾田宮造営よりも四〇年以上も早い時期になる。

　またこれと関連して、敏達十二年（五八三）、朝廷が任那復興のため百済から呼び寄せた「日羅」という人物を慰問するときの記事が、次のように書かれている。

是歳（略）復遣二大夫等於難波館一使レ訪二日羅一。是時日羅被レ甲乗レ馬到二門底下一。乃進二庁前一進退跪拝歎恨而曰。於二檜隈宮御寓天皇之世一、我君大伴金村大連奉二為国家一使二於海表一。火葦北国造刑部靭部阿利斯登之子、臣達率日羅。聞二天皇召一恐畏来朝。乃解二其甲一奉二於天皇一。乃営二館於阿斗桑市一使レ住二日羅一、供給随レ欲。（『日本書紀』巻二十）

　すなわちここには「復た大夫等を難波館に遣わして日羅を訪わしむ。このとき日羅、甲を被り馬に乗りて門底下（みかどのもと）に到り、すなわち庁（まつりごとどの）の前に進み、進退し跪き拝み嘆き恨みて曰く」云々とあり、難波館に「門」と「庁」があったことがうかがえる。ただし、いわば迎賓館であるムロツミに「庁」があることは不審で、小学館日本古典全集版の『日本書紀』の頭注では、難波館ではなく「難波大郡」の方がふさわしいか、という解説を施している。そうだとすれば難波の大郡は、前掲の記事をも参考にすると、門と「まつりごとどの」、そして広場とで、中心部が構成されていたことになる。『日本書紀』の記述に従えば、これこそが当時の外交の場の形式であったのである。そして小墾田宮の庁と朝庭の空間（ここがまた朝政などにおいて、天皇と臣下とが対面する場になるのであるが）の原型は、まさに難波の外交施設にあったのではなかろうか。

こうした推測が当たっているとすれば、七世紀初頭の小墾田宮は、天皇の住まいたる内裏と、庁すなわちのちの朝堂とが結合した最初の宮だということになろう。小墾田宮の構造が、裴世清の来朝や新羅使などの訪問で初めて詳細に知られるようになることも、まためながち偶然とは考えられないことになる。

これに対して、いわゆる乙巳の変直後には、孝徳天皇によって難波への遷都が断行され、さらに白雉三年（六五二）には未曽有の規模の難波長柄豊碕宮が完成するが、これはある意味で、難波という外交の場に、飛鳥にあった内裏を移動させた結果であると評価することができる。したがって難波遷都の理由の一つには、当時の改新政府が、日本国内よりも、朝鮮三国の存在を強く意識していたことがあったと考えられるのである。

さて、豊碕宮がそのまま使用されていれば、それは律令制下の都城と同じものに発展した可能性が高いように思われる。しかし白雉五年、政界の中心人物である中大兄皇子は、孝徳一人を残して飛鳥に移り、翌六年には孝徳自身が死んで、豊碕宮は「宮」としての地位と役割を失った。そしてこれ以降、斉明、天智、天武の各天皇の時代にも「宮」が造営されるが、難波宮に匹敵する規模の朝庭や朝堂は、ついに作られなかったのである。それが実現するのは持統八年（六九四）の十二月に遷都のなった藤原京においてであった。

ところで、このような宮の構造の変化は、当時の外交儀礼とも密接に関係していたと考えられる。

田島公氏によれば、わが国で中国風の「賓礼」が採用されたのは、推古朝に来日した隋使裴世清以降のことであり、使者が「宮」の中に入ることも、このときに初めて実現した。これ以前に、朝鮮三国の使者を迎えて外交儀礼を執り行ったのは、実は難波においてであったと考えられている。ただし、推古朝の小墾田宮では、天皇が直接外国の使者と対面して言葉を交わすことはなく、この点で中国の賓礼とは大きく異なっていた。裴世清が小墾田宮に入ったときも、大夫等がその言葉を取り次ぐだけで、天皇は大門の向こう側にいるだけであったし、使者を慰労する饗宴にも大夫等を派遣するだけで、天皇の出御はなかったのである。田島氏はこうしたあり方を、「外交権が、倭国王のもとにはいまだ確立されていない状態」と表現している。そしてこうした状態が解消され、天皇が直接外国使節と会見するようになるのが、文武二年（六九八）および大宝元年（七〇一）の新羅使入朝においてであった。それはちょうど藤原京の時期、大宝律令がまさに成立する時期になるが、このことによって、外交権あるいは対外交渉権は、ようやく天皇のもとに確立することになったのである。[11]それは天皇（大王）が「畿内豪族の首長」から、律令国家の頂点に立つ「天皇」へと飛躍した姿でもあった。

さて、このようなことからすると、藤原宮の構造と天皇による外交権の掌握とは、密接な対応関係があったと考えられよう。ここに至って初めて、天皇の宮と外交の場が完全に一致したのである。見方を変えればそれは、「宮」がようやく律令国家の拠点たるにふさわしい様式を備えるようになったことを示すものといえる。そして外交権の掌握が、一方で外国の文化と文明の独占を意味したことからすれば、都城は、日本列島の中で外国の文化や情報を独占する空間となっていったのである。

三　都城成立の背景

さて、これまでは都城の中でも、主に宮城、とりわけその中心部分に注目してきたが、都城のもう一つの特徴としては、宮の外側に広大な条坊を設けた点をあげなければならない。

たとえば藤原京についていえば、岸俊男氏の復原案では、東西二・一㌔、南北三・二㌔になり、面積は六〇〇㌶ほどになる。近年小沢毅氏などによって提起されている、いわゆる大藤原京説ではさらに規模は拡大し、約五・三㌔四方、二五〇〇㌶ほどにも及んでいる[12]。平城京は外京が東側に張り出している点などで形式がかなり異なっているが、面積はこの大藤原京に匹敵する。七世紀初頭以来、数々の宮殿や寺院が設置されたいわゆる飛鳥の地と比べると、条坊の部分だけでゆうに数倍の広がりをもっていたのである。

このような条坊が設定されたのは、そこに数多くの多様な住民を居住させるためであったと考えられるが、律令国家形成においてとりわけ重要な意味をもったのは、その支配層を構成した畿内の豪族層を集住させた点にあった。逆にいえば彼ら豪族層は、みずからの本拠地から切り離されて都城に居住すると同時に、浄御原令から大宝律令の時代になると、五位以上の官人として、律令国家の支配層を形成していったのである[13]。

このような急激な変化は、これもよく知られるように、七世紀後半の律令国家形成の動向を背景としていた。この時期の大和朝廷は、白村江の戦いで唐・新羅連合軍に敗れたことをきっかけに、急速に国力の強化を進めていく。さらに壬申の乱で勝利を得た天武天皇を中心として、官僚制の整備、地方制度の整備とそれに基づく税制・兵士制が確立されていった。これらはいずれも、天皇のもとで権力集中を実現する方向性をもっていたものといえるが、都城を作り、そこに畿内の豪族層を凝集することも、このような権力集中の一面だと考えられるのである。

ただ、そもそも当時の豪族たちは、この集住の強制という急激な変化をなぜ簡単に受容したのであろうか。『日本書紀』などを見ても、豪族層がこのような動きに抵抗した形跡はまったく見出せないのであるが、本章では最後に、この畿内豪族の存在に着目して、都城形成の背景を考えておきたい。

さて、都城成立以前、いわゆる大化前代の畿内の有力豪族はどのような特徴をもつ存在だったのか、基本的な理解としては、まず彼らが民（カキ）とか「部曲」として表現される部民を所有していたことがあげられる。鎌田元一氏が指摘されるように、彼らが豪族の私有民であると同時に、一面で大王に仕える「べ」としての性質をもっていたことも、また間違いない。(14)また、しばしば大伴氏の本拠地、葛城氏の本拠地という表現が使われるように、有力豪族には拠点となる施設があったはずで、それには、古墳時代の群馬県三ツ寺I遺跡のような、いわゆる豪族居館を想定するのがもっとも自然であろう。有力豪族の具体的イメージとしては、こうした居館と、彼らを有力ならしめた農民集団——ここではそれを「共同体」と呼ぶことにしたい——の存在が、多くの人々の共通した理解になっているものと思われる。

ただそれ以上に詳しいこととなると、不明な点が数多く残されているようにも思われるが、ここではこの点について、近年の研究の中で重要だと思われる指摘を、四点だけ紹介することにしたい。

第一は、大化前代の大王による支配のうえで、刀や鏡などの神宝の授受が大きな役割を果したという大津透氏の指摘である。(15)つまり全国から発見された古墳の副葬品に見られるように、大和王権の大王からは、畿内畿外を問わず、大刀などの宝物を与えて服属の象徴としていたが、それと同時に、それらを大王のもとに献納させることによっても、大王の支配を確立していったということである。有名な『古語拾遺』の記録では、斎蔵、内蔵、大蔵の三蔵のうち、最初に神宝を収める斎蔵が宮に作られたことになっている。また石上神宮のクラには豪族の神宝が収められていて、それをその子孫に返還したことが『日本書紀』の天武三年（六七四）の条に見えている。さらに、これも有名ないわゆる甲子の宣（六六四年）では、氏上を定めるとともに、その証しとして大氏・小氏・伴造などに刀や弓・楯を与えている。

ところで、宗教性を帯びたこうした品々を有力者が与えられるということは、それを誇示する相手――それは民衆とか共同体と表現してよいと思われるが――と豪族との一体的関係を裏付けるものといえる。またそのような社会にあっては、共同体と分離して、首長層だけを一ヵ所に集住させることは、おそらく現実的ではなかったのではなかろうか。なおこのような慣行は、実は七世紀後半を最後に姿を消し、律令制下には一片の文書である「位記」に取って代わられていく。そのような意味で、都城が成立する時期は、古墳時代の慣行が確認できる最後の時期だということになるのである。

さて、豪族層と共同体との関係は、以上のことからも確認できるのであるが、以下の三つの指摘は、むしろこれとは異質な特徴を示唆している。

一つは熊谷公男氏の研究で、それによると、大伴、物部などの畿内の有力豪族は、大和と河内の双方に拠点を確保していた。またこれと対照的に、河内には彼らに匹敵する有力豪族が見当たらないのである。この点は、大和王権のごく早い時期から、河内と大和が一体化した存在であったこと、ひいては畿内という地域が、早い時期から統合された地域であったことを示唆するものといえよう。(16)

もう一つは、かつて栄原永遠男氏が「奈良時代の流通経済」という論文で提起された「中央交易圏」の存在である。(17)栄原氏はその中で、奈良時代の難波や泉津などの港、軽市や海石榴市などの「市」を舞台とする活発な交易の姿を明らかにし、これらが平城京の東西市を中心として、体系化された交易圏を形成していたことを指摘された。もちろん論文の表題にあるとおり、これは奈良時代の状況であるが、東西市以外の交易圏は、すでに七世紀の段階に形成されていたと見るのが自然であろう。もしそうだとすれば、畿内ではおそらく一般民衆もこの「交易圏」に組み込まれる状況にあったに違いない。そしてこのことは、当時、「共同体」よりもさらに小さな集団が自立した活動を行っていた状況を想定させる。つまり個々の共同体が孤立しているのではなく、むしろそのまとまりの弱さを暗示しているということである。それはまた、「大和」と「河内」が一体化した地域性をもっていたことと、裏腹の関係にあるものとみられるのである。

さて、最後の指摘としてあげるべきは、義江明子氏の研究である。義江氏は豪族の「系譜」意識を検証する中で、「児（こ）の系譜から娶りて生む系譜」への変化を見出している。たとえば五世紀の稲荷山鉄剣には「上祖名はオオヒコ、其の児タカリのスクネ、其の児名はテヨカリワケ」のように、最後の「ヲワケの臣」まで、全部で八代の名が記されているが、義江氏はこの「児」という表現が血縁関係ではなく、地位の継承を示す言葉であることを実証した。そしてそれを在地の首長霊の継承を表すものとし、「首長と共同体の一体性に基礎づけられた」関係と捉えたのである。これに対して六世紀以降には、「〇〇を娶りて生む子〇〇」というように、父と母、そしてその子供の血縁系譜を示す史料が出現する。義江氏はその変化の背景として、首長と共同体との一体性が緩みはじめたために、血縁系譜という新たな関係が意味をもちはじめたのだ、ということを主張したのである。(18)

さて、以上、畿内社会の特質を知る手がかりとして四つの指摘を取り上げた。このうちとくに二番目以降の三点を参照するならば、首長と共同体を基本的枠組みとする古墳時代以来の伝統的支配が、畿内にあっては行き詰まりつつあった状況をみることができるのである。そして、畿内豪族の都城への集住が意外なほど円滑に実施されたことも、このような社会状況を想定すれば、容易に理解できるのではなかろうか。都城の造営とは、首長と共同体との関係を維持することが困難となっていた畿内豪族にとって、その矛盾を解消する手段であったのである。もしそうであるならば、それはまた、部民制を基盤とする畿内王権にとっても、自己の危機を克服する手段でもあったはずである。律令国家の形成とは一面で、王権による畿内豪族層の再編の動きでもあったが、都城はまさにそのための空間であったことになる。またこのような動きが、天皇の地位をより強固で安定したものに変えていったことも、容易に想像されるところである。さらにこうした権力構造の変化が、広大な規模の大極殿と朝堂院を生み出したことも間違いない。このような点で、外交の場の統一と条坊制の成立とは密接な関係があったことになるし、律令国家が形成されるうえで、両者が不可欠の要素となっていたことが、あらためて確認されるのである。

おわりに

以上、「首都論と日本古代の都城」という表題で、三つの項目に分けて論を進めてきた。

日本の古代国家、律令国家の形成について語るときには、一般に律令に含まれるさまざまな制度が、その検証の対象になってきた。制度史に関わる研究は枚挙に暇がないし、またそれらは古代史研究の中で、もっとも正統的な位置を占めている。しかしこの報告では、それらと同等のものとして、都城の形成という事実を評価することになった。ただここで筆者は、そうした諸制度の変化を無視して、都城ができたからすべてが一新されたのだと主張したいのではない。また単純に、都城がなんらかの制度を「反映」するものだと見なすことも、都市やあるいは建築の存在を過小評価するものだと考えている。実際には、律令制のさまざまな制度と、そしてその背後にある権力関係が都城を生み出す原動力になったのであるし、またそれと同時に、都城という一つの空間が、そうした関係を目に見える形で固定化していった、ということがあったのではなかろうか。そういう点で、都城に限らず都市というものは、人間関係を確実に変えていく「力」をもっていたものと確信しているのである。

註

(1) 横田冬彦「近世武家政権と首都」(『年報 都市史研究』九号、二〇〇一年)。
(2) 拙稿「日本都市史研究ノート―古代都市論と中世都市論―」(『山形大学史学論集』一九号、一九九九年。改題して、本書第四部第二章に収録)。
(3) 田村圓澄「歴代遷宮考」(『史淵』九二輯、一九六四年)、同「飛鳥浄御原宮の成立」(『日本歴史』六三六号、二〇〇一年)、八木充『古代日本の都　歴代遷都の謎』(講談社、一九七四年)。
(4) 和田萃「殯の基礎的考察」(同『日本古代の儀礼と祭祀・信仰』上巻所収、塙書房、一九九五年、初出は一九六九年)。
(5) 早川庄八「律令制と天皇」(同『日本古代官僚制の研究』所収、岩波書店、一九八八年、初出は一九七六年)。
(6) 『延喜式』(巻八神祇八)大殿祭祝詞。なお原文は宣命体で書かれている。
(7) 早川庄八「律令制と天皇」(前掲)。
(8) 大津透「大王とウヂ―稲荷山鉄剣銘を手がかりに―」(同『古代の天皇制』所収、岩波書店、一九九九年)。
(9) 義江明子「出自系譜の形成と王統譜」(同『日本古代系譜様式論』所収、吉川弘文館、二〇〇〇年、初出は一九九二年)。
(10) 岸俊男「都城と律令国家」(同『日本古代宮都の研究』所収、岩波書店、一九八八年、初出は一九七五年)。
(11) 田島公「外交と儀礼」(岸俊男編『日本の古代7　まつりごとの展開』中央公論社、一九八六年)。
(12) 小沢毅「古代都市『藤原京』の成立」(『考古学研究』四四巻三号、一九九七年、のち同『日本古代宮都構造の研究』〈青木書店、二〇〇三年〉に収録)。
(13) 拙稿「わが国における都城の成立とその意義」(本書第一部第一章)、同『平安京―その歴史と構造―』(吉川弘文館、一九九五年)。
(14) 鎌田元一「『部』についての基本的考察」(同『律令公民制の研究』所収、塙書房、二〇〇一年、初出は一九八四年)。

(15) 大津透「天日嗣高御座の業と五位以上官人」(註(8)書所収、初出は一九九五年)、同「クラとカギ―クラの思想―」(同上、初出は一九九九年)。
(16) 熊谷公男「畿内の豪族」(『新版 古代の日本』五所収、角川書店、一九九二年)、同『日本の歴史』第03巻(大王から天皇へ)第三章(講談社、二〇〇一年)。
(17) 栄原永遠男「奈良時代の流通経済」(同『奈良時代流通経済史の研究』所収、塙書房、一九九二年、初出は一九七二年)。
(18) 義江明子「出自系譜の形成と王統譜」(前掲)。

第二章　古代の都市問題

はしがき

筆者が大学生として日本史の勉強を始めたころ、すなわち一九七〇年代の後半には、都市の存在に対して否定的な雰囲気ともいうべきものが濃厚に支配していた。都市といえば、朝夕の通勤ラッシュや渋滞などの交通事情の悪さ、大気汚染や河川の汚濁などの公害など、たえず「都市問題」が新聞やテレビで取り上げられていた。都市とはいわば克服すべき対象であったのである。大学に入学するために上京した自分自身も結果的にその一員となったが、そのような「問題」が山積する都市になぜかくも多くの人々が集まり続けるのか、そのことが不思議でしかたがなかったのが強く印象に残っている。

ところが現在二十歳前後の学生と話をしていると、少なくともこの一〇年ほどの間に、右のような感覚がずいぶん稀薄になったことに気づく。たとえば、藤原京や平城京などの条坊制を授業で説明すると、学生の方は都城の整然とした都市計画を高く評価し、反対に現代の日本の街並みに対しては雑然として計画性のないことをあげ、きわめて低い評価しか与えない。筆者からみると、自然を欠き人工的で単調な都城の景観よりも、変化に富み多彩な様相を示す現代都市の方がはるかに魅力を感じるのであるが、それはともかくとして、都市あるいは都会というものに対し、人々の多くはむしろ肯定的な感情を抱いているのではないかという思いが強くなってきた。実際に筆者が講義をしていた大学があったのは、東北地方にある人口二十数万の県庁所在地であったが、こうした感覚の変化は、東京や大阪のような大都市でもおそらく大差ないはずである。

このような変化はいったい何に由来するのだろうか。現代都市についてのすぐれたエッセイ、養老孟司『都市主義』の限界」(1)によれば、現代はまさに日本社会に「都市化」が定着した時代であり、その転換点が七〇年代にあったという。その場合に都市化とは、一言でいえば人間が意識的に作り上げた快適で便利な社会環境であり、逆に、制御できない「自然」を極力排除する生活様式を指す。現代人にとって、都市は克服すべき対象というより、ある意味で生活の前提となる存在である。そのために、現代はかえって都市が抱える問題が見えにくくなっているのかもしれない。『都市主義』の限界」はまさにこの点に警鐘を鳴らしたレポートでもある。

一　人口と集住の実態

都市の特徴の一つは高密度の集住形態にある。持統八年（六九四）十二月に遷都がなされた藤原京や同じく和銅三年（七一〇）の平城京は、それまでに経験したことのない大規模な集住形態を生み出したと想定される。

このうち藤原京については、遷都に先立って持統五年十二月、「詔曰、賜二右大臣宅地四町一。直広弐以上二町、大参以下一町、勤以下至二無位一、随二其戸口一。其上戸一町、中戸半町、下戸四分之一。王等亦准レ此」（『日本書紀』）として、右大臣以下の官人に宅地の班給がなされている。またさらに慶雲元年（七〇四）十一月には、

始定二藤原宮地一。宅入二宮中一百姓一千五百五烟、賜レ布有レ差。（『続日本紀』）

として、藤原宮の「宮地」を定め、その内にあった百姓一五〇五戸に布が与えられた。この場合「宮」「宮中」はい

ずれも「京」のことと解さざるをえないが、それにしても遷都後一〇年を経て初めてその境域が決められたとあるのはいかにも不審である。ただそのことはさておき、ここでは藤原京に存在したのがおよそ一五〇〇戸であったことを確認しておきたい。またの点に関連する史料としては、天平五年（七三三）に記された「右京計帳手実」がある。これは、平城京の右京三条三坊および同八条一坊の各「戸」が提出した文書であるが、人数のわかる九戸分を平均すると、一戸当たりの人数は約一六人となる。

以上の数字を基本として古代都城の人口を算出したのが岸俊男氏であった。氏は藤原京の人口を多くとも三万人ほどと考え、さらに平城京の規模が藤原京の約三倍に相当するとの理解から、平城京についてもその人口を四五〇〇〇戸、約七万四〇〇〇人とし、人口増を見積もっても一〇万人には届かないものとされた(2)。

一方で近年は平城京内の発掘調査の事例が増加し、いわゆる長屋王邸などのように、京内の邸宅そのものの実態が明らかになりつつある。長屋王邸は左京三条二坊一、二、七、八坪（町）の四町を占め、長屋王が居住した主殿のある一画や家政機関がまとめられた北側の一画など、内部は板塀によっていくつもの空間に分割されていたことが判明している。神亀元年（七二四）には「其板屋草舎、中古遺制。難レ営易レ破、空殫二民財一。請仰二有司一、令下五位已上及庶人堪レ営者構二立瓦舎一、塗為中赤白上」（『続日本紀』同年十一月甲子条）として、五位以上などに瓦屋根や朱塗りの柱さらには漆喰の白壁を家屋に用いることを定めているが、このような規模の大きさや大陸風のデザインは、都城の中でも貴族層に特有のものであったと考えられる。

これに対して、六位以下の下級官人や庶人の住宅は、それらとはかなり異なっていた。正倉院文書には、東大寺の写経所で働いた下級官人の家の様子を記す「月借銭解」が数通残っているが、それによれば土地は一坪の十六分の一ないし三十二分の一を基本とし、そこに二、三棟の屋舎が建つ程度である。またこの点は実際の発掘成果とも一致し、さらに黒崎直氏によれば、建物配置の点で、平城京には二つの形式が認められるという。すなわち一つはL字型に二つの掘立柱建物を配置するものであり、もう一つは、二棟が棟方向をほぼ揃えて横ないし前後に連なる「雁行型」の形式である。しかもこうした建物の配置や規模は、いずれも畿内の村落で検出される建物跡と変わるところがない。先の神亀元年の史料では「板屋草舎」は中古遺制として都城から排除される存在であったが、数の上では圧倒的多数を占めたであろう貴族以外の住居は、基本的に畿内のムラのそれを再現したものにほかならなかったのである(3)。

ただここでは、黒崎氏が指摘したもう一つの点にも留意しておきたい。それは、平城京の宅地が条坊制という方格地割に規制され、またそれぞれが築地や塀・溝などの施設で明確に区画されているのに対して、畿内村落にはそのような例が見られないことである。個々の住居そのものはムラのそれであったとしても、それらを規則正しく限られた場所に配置することは、やはり都城の成立によって初めて実現したのではなかろうか。それは現代のわれわれの感覚からすると、あるいは田舎の景観に当たるのかもしれない。しかしそうであったとしても、それは古代社会にあって体験したことのない空間だったはずである。

八世紀初頭の藤原京の時代には、こうした集住形態がすでに社会問題を引き起こしている。すなわち慶雲三年（七〇六）には「又如レ聞。京城内外多有二穢臭一。良由二所司レ不存二検察一。自レ今以後、両省五府、並遣二官人及衛士一、厳加二捉搦一、随レ事科決。若不レ合レ与レ罪者、録レ状上聞」（『続日本紀』同年三月丁巳条）とあるように、京内での「穢臭」が取り締まりの対象にあげられていた。ここにある文言だけではその正体を判断することは難しいが、のちの平安京の時代には「汚穢」を街路の側溝にそのまま排出することが問題となっているので、これも同様の事態を指すものとみられる。すなわち弘仁十年（八一九）十一月五日太政官符（『類聚三代格』巻十六）の中に「如レ聞。頃者京中諸司諸家、或穿レ垣引レ水、或壅レ水侵レ途」「不レ責レ流二水於家内一、唯禁レ露二汙穢於墻外一」などの文言が記されているように、京中の邸宅では街路の側溝から水を引き込み、それを再び下水として側溝に流していたのである。近年では平城京や藤原京で相次いで「トイレ」の遺構が発見され、右のことが発掘調査においても確かめられるようになった。邸宅の外を流れる水を引き、排泄物をまた外に流す方法は、すでに藤原京の時代に存在したのである。(4)

　こうした状態が放置されれば、糞尿はどんどん側溝の下流に堆積したことが推測される。ただ平城京や平安京は、宮城が中央北端部に位置し、しかも南に向かって土地が低くなっていたので、その影響も限られたものであったに違いない。しかし藤原京の場合には、宮城のある場所から京域が広がる南の方向にしだいに土地が高くなっていたので、宮城ひいては天皇が受ける被害は致命的であっただろう。実際には街路や側溝の清掃が頻繁に実施されたと思われるが、藤原京がわずか一六年で廃棄された原因には、このような重大な欠陥があったことも想定しておかなければなるまい。

二　疫病流行とその背景

　人々が高密度で集住したことは、また急速な疫病の感染を引き起こす原因になった。その端的な事例が天平年間の疱瘡つまり天然痘の流行である。

　この流行の端緒になったのは、天平四年（七三二）以来続いた雨不足と凶作であった。『続日本紀』によれば、天平四年の五月ごろから「亢旱」が見えはじめ、ついに八月には「是夏少レ雨、秋稼不レ稔」という状況を迎える。さらにこの凶作のために、翌五年の前半には次々に諸国で賑給が実施されたが、天平六年四月には大地震が重なり、民衆の疲弊が一気に高まっていった。「天平四年亢旱以来、百姓貧乏。宜下限二一年一借中貸左右京、芳野、和泉、四畿内百姓大税上」として京畿内に大税借貸が実施されたのは、この年の五月のことである。

しかし翌天平七年、同八年には再び凶作が襲い、同時に疫瘡が流行しはじめた。そして天平九年（七三七）になると、西海道で流行の兆しを見せはじめていた疫瘡が一気に中央まで到達する。この年の四月にはまず参議民部卿藤原房前が死去し、続いて六月には中納言多治比県守が亡くなった。さらに七月には参議兵部卿藤原麻呂、右大臣藤原武智麻呂が、そして八月には参議式部卿藤原宇合が死去し、ここに五人もの議政官がいっきょに失われることになったのである。『続日本紀』にはこのときの様子が、

是年春、疫瘡大発。初自二筑紫一来、経レ夏渉レ秋。公卿以下天下百姓、相継没死不レ可二勝計一。近代以来未二之有一也。

と記されている。

このように、一つの場所に多数の人間が集住することは、疫病流行の危険を絶えず抱えることになった。これに対して、たとえば宝亀元年（七七〇）には「祭二疫神於京師四隅、畿内十堺一」（『続日本紀』同年六月甲寅条）とあるように、「疫神」が京や畿内の堺で祭られている。こののち平安時代になると、貞観五年（八六三）、神泉苑で執り行われた例を嚆矢として、「御霊会」が京の庶民の祭礼として定着するが、周知のように、それもまた疫神を鎮める京の祭祀である。十一世紀になると祇園社、北野社、松尾社などの御霊会が京の代表的な祭祀となるが、そのことは、京の住民にとって疫病が常に畏怖の対象となっていたことを示していよう。

ところで、先に紹介した天平九年の疫瘡は、同年正月に帰国した遣新羅使が感染源になったものと一般に考えられている。『続日本紀』によればまず西海道に広がり、それが長門、大和、紀伊などに及んだことは、その推測を裏づけることになろう。左右京での流行もその結果であるが、ただこのほか伊賀、若狭、駿河、伊豆にも感染が広がっていたことにも注意しておきたい。疫病は平城京を越え、確実に東日本にまで蔓延していたのである。朝廷はこのとき

に詳細な治療法を記した太政官府を発しているが（『類聚符宣抄』巻三）、その充所には「東海東山北陸山陰南海等道国司」とあり、文字どおり全国的な規模に拡大していたことがうかがえる。

このような事態に至ったのは、人の移動がそれだけ活発になっていたことを裏付けるものといえる。とりわけこの時期には毎年全国から農民が上京し、衛士や仕丁として中央での労役に従事していた。また調庸を京に運ぶため、運脚という形で京に上り、そして郷里に戻っていく。さらに臨時の造営がある場合には、雇役という形式をとって全国の農民が京に集められていた。地方から中央へ、中央から地方へという都城を中心とする人の移動と交流が、疫病を全国に拡散する契機となったことは疑いがない。疫病はいわば都城を媒介として全国に波及したのである。

八世紀初頭に成立した大宝律令は、地方に国郡司を配置するとともに、籍帳を通じた農民の支配と管理を徹底し、定期的に課役を徴発する体制を整えた。その意味で律令制の定着は中央と地方との交流を飛躍的に高めることになったし、またそこに都城が出現したことも、そうした制度を定着させる実際の舞台となっていた。都城がいわば閉じられた地方世界の結節点となっていたのである。そしてこのことは、古代に限らず、都市が社会の中で果たす重要な機能にほかならない。天平九年の全国的な疱瘡の流行は、平城京がそのような都市として定着しつつあったことを示す事件でもあったのである。

三　撫民政策と治安維持

江戸に首都をおいた徳川幕府の時代には、「江戸は諸国の掃き溜め」「江戸は諸国の立入」ということばで江戸の住民のあり方が表現された。江戸の庶民は文字どおり国々の農民たちが集まって形成されたのであり、「掃き溜め」の表現からもうかがえるように、貧困の陰を引きずった存在でもあった。それにもかかわらず町人が増え続けたのは結局、江戸の方が農村にいるよりは、多少なりともまともな暮らしができたためである。とくに限られた田畑しかなく、また家の制度が確立した地域では、嫡男以外の者は身の置き場所がなかったに違いない。多少極端にいえば、江戸に集まった「富」のもとに、また多くの人々も集まっていったのである。

これと同様のことは、古代の都城においても起こっていたと推測される。平城京の場合でいえば、衛士や仕丁はいわば正規の在京者であったが、それ以外の人々も京に留まりはじめていたのである。そのような人々が集まったのは、第一に物資が集散する二つの市、東西市であった。

たとえば『続日本紀』天平宝字三年（七五九）五月甲戌条には「頃聞。至二于三冬一間市辺多二餓人一」と見え、三冬つまり前年の十月から十二月にかけて満足に食事もできない人々が集まっていた。その史料には続けて「尋二問其由一。皆云、諸国調脚不レ得レ還レ郷。或因レ病憂苦、或无レ糧飢寒」とあるように、それらは運脚として上京したまま郷里に戻ることができない人々であった。そのために律令政府は常平倉をおいて米価の安定を図り、左右の平準署にこれを管理させている。

また同じく天平宝字八年三月己未条には「頃年水旱、民稍餧乏。東西市頭、乞丐者衆」とあり、東西市の周辺に飢人が集まったことを伝える。いわゆる恵美押勝の乱が起きたのはその年の九月のことであったが、この年は年頭から四月にかけ、山陰、山陽、南海道の諸国で飢饉が広がりをみせていた。左右京ではこのとき、私財を投じて窮民を「資養」した官人に対し、とくに位階を昇叙することとしているが、それによれば二〇人以上は一階、五〇人以上は二階を加えるとある。その数は無視できない規模に拡大していたのである。

この一方で、天平二年（七三〇）には「又近レ京左側山原、聚二集多人一妖言惑レ衆。多則万人、少乃数千。如レ此徒深違二憲法一」（『続日本紀』同年九月庚申条）とあるように、平城左京の郊外に一〇〇〇人単位の人々が集まることもあったが、「深く憲法に違へり」との表現から判断すると、京畿内の共同体から没落した者が多数を占めたものと推測される。また宝亀十一年（七八〇）には、やはり左右京で次のような事態も出現している（『続日本紀』同年十二月甲辰条）。

勅二左右京一。如レ聞。比来無知百姓、搆二合巫覡一妄崇二淫祀一。蒭狗之設、符書之類、百方作レ怪、塡二溢街路一。託二事求福一、還渉二厭魅一。非二唯不レ畏二朝憲一、誠亦長二養妖妄一。自レ今以後、宜二厳禁断一。如有二違犯一者。五位已上録レ名奏聞。六位已下所司科決。

すなわち左右京では「淫祀」「妖妄」と記される信仰が広まり、それが社会的不安を引き起こすまでになっていたのである。その主体となったのは、先の例と同じく貧民層であったと考えられるが、しかしそれだけにとどまらず、「五位已上」「六位已下」の官人にも及んでいることが注目される。こうした混乱が支配層の中にも浸透していたことは、社会的秩序が崩れていくことの前兆でもあった。

いかなる時代であれ、困窮層の集中は都市にみられる普遍的現象であったし、そのために都市はたえず社会不安の要因を抱えることになった。平城京の場合、そうした状況に直面した朝廷は、先に見たように米価の安定を図り、あるいは賑給を実施することで、不安の要因を取り除こうとしたのである。しかし同時に、強権的に不安を抑制することも律令国家の基本的政策であった。すなわち、都城の治安を維持することが一方の施策となったのであり、その具体策の一つが京中における夜間の警護であった。

宮衛令24分街条には「凡京路、分レ街立レ鋪。衛府持レ時行夜」とあって、京中の夜間巡検には衛府があたり、街路に「鋪」を建てたことが規定されている（「鋪」は『倭名抄』に「助鋪、和名古夜。一云比太岐夜。如二衛士屋一也」とあるのが参考になろう。漆黒の闇の中でかがり火をたく光景が目に浮かぶようである）。ただし「衛府」の箇所は大宝令では「四衛府」となっていたことが『令集解』古記から判明するので、大宝令制では左右衛士府、左右兵衛府の四つが担当官司として明記されていたことになる。もっとも同じく『令集解』の古記には「今行事。中衛左右兵衛共行夜。一夜巡行一夜停止。衛士不レ預也」とあるので、古記が成立した天平十年（七三八）ごろには、左右兵衛府と令外官である中衛府とが一日交代で「行夜」を実施していたことが判明する。

また平安京の時代、貞観四年（八六二）には朱雀大路に面した坊門に左右京職配下の兵士を一二人ずつおき、その管理を「夜行兵衛」に行わせたことも知られる（『類聚三代格』巻十六、同年三月八日太政官符）。その記述によれば、朱雀大路は「昼為二馬牛之闌圏一、夜為二盗賊之渕府一」とあり、人の往来が少ないため、昼には馬牛が多く集まり、夜には盗賊が出現したのだという。ただし昼の記述に関しては、「柳樹之条自無二摧折一」とあるので、貴人の乗る馬や牛車・荷車用の牛が道端の柳につながれ、そのために路肩に植えられた柳の枝が折られたり傷ついたりした状態を指すのだろう。

さらに嵯峨朝の弘仁年間（八一〇～八二四）には令外官として検非違使が設置されているが、その職掌については「使所レ行之事、非下唯巡二検京中一拷上二決犯盗一、臨時勘事触レ類繁多」（『類聚三代格』巻二十、天長九年七月九日太政官符）と見えて職務内容の多様さが強調されているが、しかしここではむしろその基本が京中の巡検と犯罪の取り締まりにあったことを読みとることができる。周知のように、検非違使はこの時期以降、京職や刑部省・弾正台の権限を吸収し、平安時代を通じてしだいに政治的地位を高めていった。

さて、以上のように、都城における治安維持は、賑給などの撫民政策と表裏の関係をなし、都城における社会不安を除去することを目的としていたことがわかる。それは今日からみるとやや過敏にさえ思えるが、しかし貧民層を中心とする混乱は、そのまま支配体制の秩序を崩す危険をもはらんでいたのである。したがってそれは、国家体制そのものを維持していく行為にほかならなかった。

四　都市と自然

近年の発掘調査は古代社会のさまざまな事実を明らかにしてきたが、地方社会に比して平城京に特徴的なことの一つに、祭祀・宗教関係の遺物の多さをあげることができる。人面墨書土器、土馬、ミニチュアのかまどなど、平城京では二条大路や朱雀大路の側溝を中心に多数の遺物が発見されているが、その代表的なものとして人形がある。

人形は文字どおり木の薄片に切込みを入れて人をかたどったもので、一〇～二〇㌢程度の粗雑な出来映えのものが多い。金子裕之氏によると、その用途はおよそ次の三点に整理できるという(5)。一つは「祓え」に使用されたもので、「一撫一吻」といわれるように、これで人の身体を撫で、息を吹きかけて自身のツミ・ケガレを移していた。それは人間の形代であって、人形をそのまま川や溝に流すことで、自己の清浄を保つことができたのである。

これがさらに具体的に用いられると、病気平癒・治療のための道具となる。平城宮内の大溝からは「左眼病作」と書かれた人形が発見され、二条大路側溝からも下腹部に「重病受死」と大書された例が出土しているが、これらは病気というツミ・ケガレを、この人形に移し入れたものということになろう。律令制のもとでは典薬寮に呪禁師が配置されているが、それは道教系の呪術によって治療を行う者のことである。この種の人形はその呪禁師の活動をほうふつとさせる。

さて、もう一つ最後にあげるべきは、呪いに使用された人形である。平城宮内からは胸や眼・頭部に木製の釘を打ち付けた例が出土しているが、これらは「呪いの人形」そのままに、呪詛に使用されたらしい。このような明確な事例は実はきわめて少数なのであるが、『続日本紀』を見ると、「私学二左道一欲レ傾二国家一」（同、天平二年二月辛未条）として密告された長屋王の変、「巫蠱」をなして皇后の地位を追われた井上内親王とその子他戸親王の事件（同、宝亀三年三月癸未条）など、呪詛・厭魅の発覚がきっかけとなって政変に発展する例がしばしば見られる。これらに人形が用いられたかどうかは不明だが、こうした呪いの呪術は宮廷内にも深く浸透していたのである。

ところで、このような人形の使用は、六世紀に成立した中国の道教教典『赤松子章暦』に記述があるように、中国の道教の影響のもとで広まっていったと推定されている。先に紹介した宝亀十一年十二月の勅にも「搆二合巫覡一妄崇二淫祀一。蒭狗之設、符書之類、百方作レ怪、塡二溢街路一」とあるが、蒭狗は草・わらで作った犬を、また符書は符籙ともいって道教で用いられた書き付けを意味するが、道教に由来する呪術は都城の庶民層にも広がっていたことがうかがえよう。ちなみに同じ勅の末尾には「但有二患禱祀一者、非レ在二京内一者許レ之」ともあるので、同じ呪術が上述の二番目の効用、すなわち病気治療を目的として使用されていた事実も垣間見える。

さて以上のように、平城京の内部ではまじないの世界が広がっていたことがわかるが、まじないとは、通常では人の力でどうしようもないことを超自然の力を借りて実現しようとする行為である。その存在は当時の社会不安の一面を反映するのであろうが、しかしここではむしろ、自然の摂理ともいうべきものに対して抵抗を示す心理、あるいは自然を意のままに操ろうとする感覚が鮮明に現れていることに注目したい。

このような感覚に共通するものとして、古代ではまた陰陽道の存在も忘れることができない。陰陽道がわが国に伝わったのは推古十年（六〇二）、百済僧観勒によってであった。『日本書紀』同年十月条には「百済僧観勒来之。仍貢二暦本及天文地理書、幷遁甲方術之書一也」とあるが、そこにもあるように、陰陽道とは天文の運行を見極め、またそれをもとに占筮を行って人間のとるべき行動を決定する思想である。ここにある「暦」も単に月日を数えるだけでな

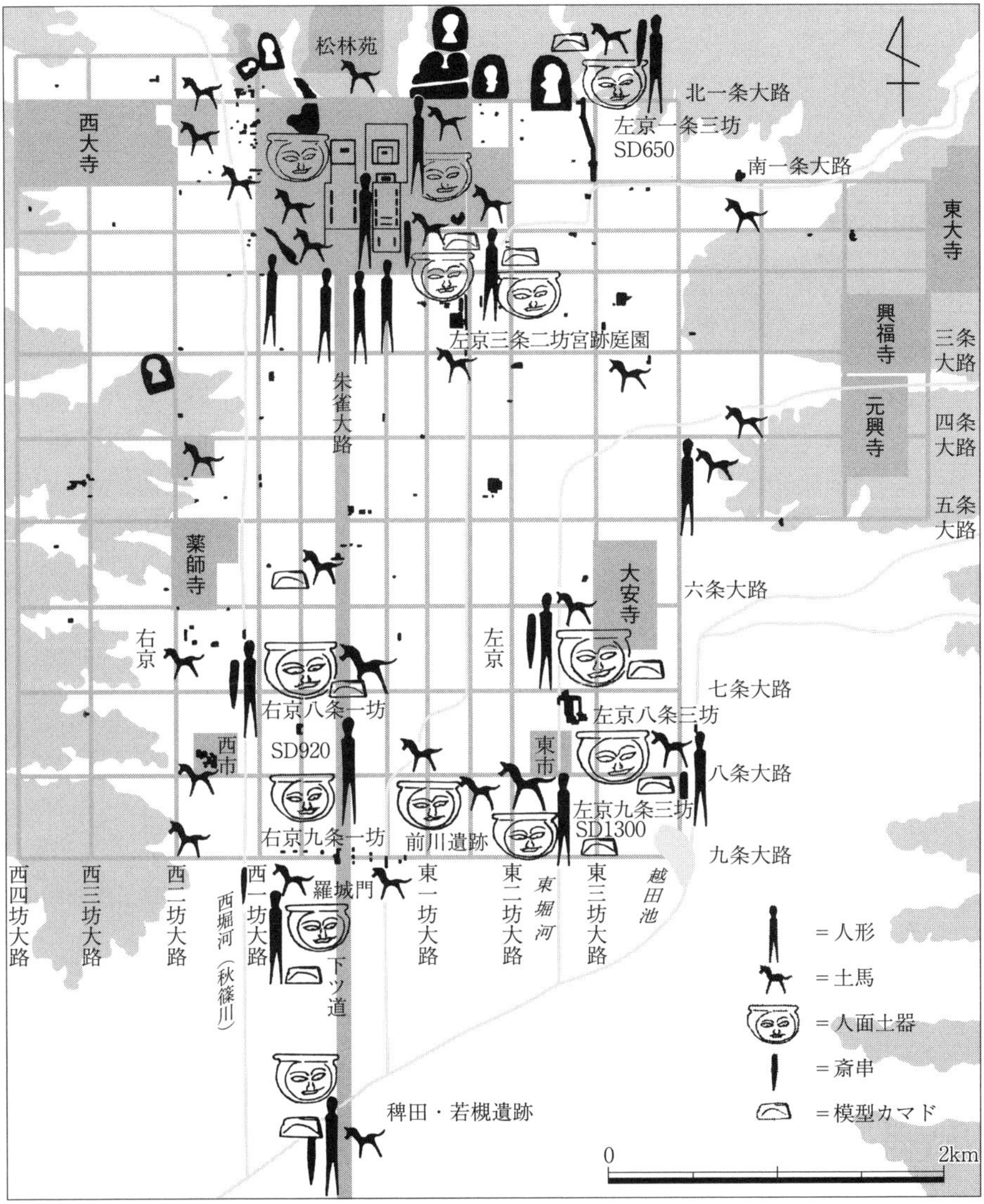

図 20　平城京の祭場（金子裕之「都人の精神生活」〈岸俊男編『古代の日本　都城の生態』〉より）

く、その時々に応じてなすべき行動を規定するものだったのである。

陰陽道が平安貴族の間に深く浸透していたことはよく知られているであろうが、正倉院文書に天平勝宝八歳（七五六）の「具注暦」が残されており、すでに平城京の時代からある程度の影響力を有していた事実がうかがえる（『大日本古文書』〈編年文書〉四巻二〇九～二一七頁）。そこにはまず大将軍をはじめとする八将軍の位置する方位が示され、「穿鑿」や「動地」などに都合の悪い方角が記されるほか、血忌日、修宅日、九坎日等の規定と、なすべき行為の吉凶が記載される。ついで暦日の部分が始まり、正月の一日から、一日ごとにどのような日であるかが克明に書かれていくのである。(6)

ここにもまた、自然を客観視してむしろそれを操ろうとする思考をみることができようが、しかしこのような自然観は奈良時代にあってどれほど普遍性をもっていたのであろうか。たとえば『播磨国風土記』（揖保郡広山里）の「意志川」の項には、その地名起源を語る伝承として、品太天皇（応神）が「出雲御蔭大神」を制圧した話を載せているが、その大神は往来の人々に悪事をなし、ついには「半ばは死に、半ばは生きけり」という状況であったという。神が自然の象徴であったとすれば、ここには獰猛で人の手ではどうすることもできない自然が存在していたことになる。そのような神に対してはおそらくは畏怖の念を抱くほかはなかったであろうし、またこうした神を朝廷（天皇）が制圧したからこそ、その支配が地方にまで進展していったのに違いない。しかし古代の社会にあっては、このような危険にあふれた「自然」は、実はいたるところに点在していたのではなかっただろうか。

そのような世界の対極にあるものが、都市という人工的な空間であった。そこでは人間に対しての危険は極力排除され、さらに花鳥風月ということばで表現されるように、自然は観賞の対象にさえなった。そして都城とは古代社会の中に形成された、まさにそのような空間であったことになる。自然を畏怖すべきものとしてとらえるのでなく、客観的に理解しさらにはそれを自在にコントロールしようとする姿勢は、きわめて都市的な感性でもあったのである。その意味で「まじない」は都市的な現象でもあったし、むしろ都市でこそ展開していく要素をもっていたといえる。

おわりに

本章では、「古代の都市問題」という表題のもと、高密度の集住の実態と、それにともなういくつかの社会問題を紹介してきた。都市問題といえば一般的にこのような事実を指すのであろうが、しかしここではそれに加え、養老孟司氏の文章を手がかりとして、都市というものが根元的に抱える問題をも扱ったつもりである。都市が人工的ないわば「意識された世界」であり、その過剰なまでのあり方が問題になるとするならば、都城はそのような「都市問題」の原点ともなっていたのである。

註

（1）『中央公論』一一三巻七号、一九九八年六月。のち同『「都市主義」の限界』（中央公論新社、二〇〇二年）に収録。
（2）岸俊男「人口の試算」（『古代宮都の探求』塙書房、一九八四年）。
（3）黒崎直「平城京における宅地の構造」（狩野久編『日本古代の都城と国家』塙書房、一九八四年）。
（4）舘野和己『古代都市平城京の世界』（山川出版社、二〇〇一年）。
（5）金子裕之「都人の精神生活」（岸俊男編『日本の古代9　都城の生態』中央公論社、一九八七年）。
（6）岡田重精『古代の斎忌——日本人の基層信仰』（国書刊行会、一九八二年）。

第三章　首都の治安と防備
――礼制と都城――

はしがき

日本では七世紀末から八世紀初頭にかけて藤原京や平城京が造営され、国家支配の拠点になった。都市ということであれば、縄文・弥生時代にも大規模な集落が形成されたことが知られており、それらを「都市」とみる考え方も示されているが、しかし国家体制と密接に結びついた首都と呼ぶにふさわしい存在は、これ以前には想定することが難しい。この時期には律令制と呼ばれる国家体制が形成されるが、広大な都城が営まれたのは、このような天皇を中心とする支配体制が成立したことと一体的な関係にあったのである。一方で、国家的支配の拠点という点に着目すれば、首都としての存在は中世以降にも認めることができる。中世の鎌倉や京都、江戸をはじめとする近世の三都、そして近代における東京は、それぞれの「国家」における拠点として機能していたといえる。

首都はさまざまな時代にあって、多様な役割を果たしたが、いずれの時代にあっても、首都の治安の安定を図ることは、政権にとって大きな課題になっていた。首都が政権の所在地である以上、そこでの支配の安定は、そのまま政権の安定と発展につながっていたからである。江戸幕府は江戸の住人を管理するために武家地や町人地の設定に配慮し、支配機構を細部にわたって整備していたし、近代にあっても、明治政府による東京の都市改造が進められ、また軍隊や警察機構などの整備が進展した。しかしそれにもかかわらず、都市において犯罪を絶滅することは難しく、時として町人の打ちこわしや都市民の民衆運動も出現した。そうした混乱がいったん起こると、それを完全に押さえつけるには多大の困難がともない、たとえば大塩平八郎の乱や日比谷焼き討ち事件のように、時の政権を大きく揺さぶることもあったのである。

このようにみると、首都における治安の維持は、都市の問題であると同時に、それぞれの政権の問題であったことに思い至る。治安の維持と防備を分析することは、おのずとこれら三者の相関関係を述べていくことになるが、本章ではそれを、平城京に注目して論を進めていくものである。そしてそれは、古代国家の一面を示す記述ともなるはずである。

一　城郭の機能

宮城を中心としその周囲に条坊という格子状の街区をもつ都市は、一般に都城と呼ばれているが、先にふれたように、日本では六九四年に遷都のなった藤原京や、七一〇年の平城京が、最初の本格的都城であった。周知のように、これらは中国王朝が造営した都市の形式に強い影響を受けていたが、中国大陸の都市の特徴としては、第一に堅固な城郭で囲まれていたことをあげることができる。

こうした城郭は、一般に敵対する勢力が侵入するのを防ぐために設けられたと考えられている。北方民族の侵入に備えて築かれた〈長城〉の存在が物語るように、城壁を築くことは、そこに大量の兵士を配置するのと同じ効果を生み出していたのである。しかし、都市の城郭に関していえばむしろ、治安の維持がその理由としてあげられることが多い。

北魏の平城城は、五世紀初頭、現在の大同盆地に作られた王都である。この時期の中国大陸はさまざまな勢力が攻防を繰り返していたが、華北平原を統一した鮮卑族の拓跋氏は、北魏を建国するとともに、最初の政治拠点としてこの平城城を設けたのである。造営にあたっては、「其の郭城は宮城の南にめぐらし、悉く築きて坊となして、坊には巷を開く。坊の大なるは四、五百家を容る。小なるは六、七十家なり。毎に坊を閉ざして捜検し、以て奸巧に備ふ」(『南斉書』巻五十七魏虜伝)(原文は漢文であるがすべて訓読文で表記した。以下すべて同じである)とあって、多くの「坊」を築いて住民を収容したことや、それが悪事に備えた措置であったことが明示されている。住民の居住区を垣・牆で囲む形式を坊牆制というが、これはのちの長安城などにも継承されていく(1)。

さらに北魏では、四九四年になって平城城を離れ、新たに関中の洛陽に都を遷している。この北魏洛陽城は、『洛陽伽藍記』などで詳細な様子が知られているが、ここでも多数の「坊」が作られた。「司州牧に遷りて、嘉、表請す。京の四面に坊三百二十を築く。おのおの周一千二百歩。乞ふ、三正復丁を発し以てこの役に充つれば、暫労ありといへども奸盗永く止まむ、と。詔して之に従ふ」(『魏書』巻十八、広陽王嘉伝)と見えるように、この場合にも、「坊」築造の効果として「奸盗」を未然に防ぐことがあげられている。たしかに、住民の居住区を坊牆で囲んでしまえば、盗賊もその中に閉じ込められる。犯人はたやすく捕らえられたであろうし、ひいてはそれが犯罪の発生を防ぐことにもつながったのである。

平城京と関わりの深い長安城でも、この原理は踏襲された。五八一年、北周から政権を奪った楊堅は隋を建国し、文帝として即位したが、その直後から、漢長安城の南方に新たな都を造営する。その都城は、文帝が北周時代にうけた爵号「大興郡公」にちなんで大興城と名付けられたが、これが唐長安城の原型となったのである。このののち五八九年、隋は南朝の勢力を滅ぼして中国大陸を統一するが、次にあげるのは、二代皇帝煬帝のときに出された詔の一節である（『隋書』巻四煬帝紀、大業十一年二月庚午条）。

今天下平一にして、海内晏如たり。宜しく人をして悉く城居せしめ、田は近きに随ひて給ふべし。強弱を相容れ、力役兼に済さしむれば、穿窬は其の姦宄を厝くところなく、萑蒲は其の逋逃を聚むを得ず。有司具に事条を為し務めて所を得さしめよ。

この法令が出されたのは隋末の大業十一年（六一五）二月のことで、すでに国内で反乱が相次ぎ「天下平一」とは名ばかりの状態であったが、しかしそうした中で、城郭を築いて人々を収容することが求められたのである。文中の「穿窬」はコソ泥のこと、また「萑蒲」は湿地に生えるガマを意味する。人々の城居が実現すれば、盗人は悪だくみをなす余地がなくなり、湿地のガマのような隠れ家にも逃亡した者が集まることはなくなる、ということである。(2)

このように、多数の坊を築いた中国の都城では、それが社会全体における犯罪防止の一環であることが強調されているのであるが、しかしはたして、それだけが坊を設ける目的であったのであろうか。そもそも、権力者にとって都城の住民は、単なる支配の対象だったのではなく、政権を支える軍事的・経済的基盤となる存在であった。やや時期はくだるが、唐代の政治体制をまとめた『大唐六典』には、住民の移住に関して、耕地の少ない狭郷からゆとりのある寛郷へ移ることを認める一方で、畿内から畿外、京県から他県への移住を厳しく制限している（『大唐六典』巻三戸部郎中員外郎条）。このときには同時に、軍府のある州から軍府不在の州への移住も禁じられているが、「京県」や「畿内」は政権の安全を守るための軍事負担地でもあったのである。

ただし、住民の側も、権力者の命令だけで唯々諾々と城に集まったわけではなかったに違いない。〈権力者〉と同様に、おそらく彼らもまた、みずからの安全と安定を求めて城郭に集まったのであって、それらが保障されなければ、住民はただちにその場所を離れたのではなかろうか。ことに、隋・唐による統一以前の中国大陸では激しい戦闘が繰り広げられており、そうした思いはいっそう切迫したものであったと推測される。そのようなとき、坊牆によって囲まれた城郭は、外部の敵から身を守る重要な施設となり、自己の安全を保障する場となった。坊牆制の存在は、政権に対する抵抗を防ぐとともに、犯罪の少ない安定した社会生活をも提供した。だからこそ住民は、政権に対して支配されることを受け容れたのであろう。

社会学者の藤田弘夫氏は、その著書『権力と都市』において、都市を築く主体となった〈権力〉が、住民に安全、衣食住、幸福などを保障すると同時に、人々の行動を制約し支配した存在であったことを端的に述べている。(3)〈権力〉は民衆に対し、支配と保障という二面性を併せもっていたのであり、それが果たされなかったとき、〈権力〉はたちどころに支持を失うことになったのである。住民に対して〈平和〉と〈支配〉を提供した坊牆制は、このような権力の二面性を象徴するものであった。

二　平城京の治安政策

日本の平城京は、右のような中国の都城、とりわけ長安城の影響を受けて計画・造営された。中央北端に宮城を配し、そこから一直線に伸びた朱雀大路を中心軸として左右対称に条坊が広がる光景は、中国の都城の中でも長安だけにみられる特徴である。しかし周知のように、日本では坊牆制は発達しなかった。平城京には条坊制と呼ばれる格子状の土地区画がつくられ、北魏や隋唐と同じように、その一つ一つは坊と称されていた。けれども、坊牆に相当するような築地塀は、基本的に朱雀大路に面した箇所にしか作られなかったと考えられている。(4)『延喜式』（左右京職）には「凡そ大路に門屋を建つるは、三位已上及び参議は聴せ。身薨卒すといへども子孫居住の間はまた聴せ。自余、門屋に非ざるは、除きて制の限りにあらず。其れ城坊（坊城の誤りカ）の垣は開くを聴さず」とあって、原則として三位以上と参議だけが大路に宅門を開くことが許されていた。これはこの時期の有力者の邸宅が、周囲を築地塀で囲みその一部に門を取り付ける構造であることを物語っている。また条文の末尾では、いかなる場合にも「坊城」に門を開くことが禁じられているが、もしすべての坊に「坊城」が存在したとすると、この条文は全体として意味が通じない。平安京では朱雀大路の東西にある道を坊城小路と呼んでいたが、「坊城」が作られたのは、朱雀大路に面した箇所とその両側だけに限られていたと考えられるのである。日唐の都城は、平面図に描けばどちらも格子状の土地区画が見えるだけであるが、その内実はまったく異なっていたのである。

このように、平城京の条坊制は、それ自体に治安維持を図るような機能は備わっていない。しかし、京内の警備そのものは厳格に実施されていた。養老令の宮衛令24分街条によると、「凡そ京の路は、街を分ちて鋪立てよ。衛府時を持りて行夜せよ。夜鼓の声絶えなば行くことを禁めよ。暁鼓の声動かば行くこと聴せ。もし公使及び婚家喪病有りて、相ひ告げ、医薬求め訪ふべからむは、勘問するに、明らかに実有りということ知りなば、放し過せ。（以下略）」とあって、都城の街路では「衛府」が夜間の巡回を行ったこと、また住人は原則として、夜鼓と暁鼓の間は外出することを禁じられていたことがわかる。八世紀前半に成立した『唐律疏議』によれば、唐の長安でも夜間の外出が禁じられており、それを「犯夜」と表現していたが（雑律第十八条）、日本でもこうした制度が継承されたのである。『令集解』にも、この犯夜の条文の一部と思われる逸文が「雑律」として伝えられているので、養老律にも犯夜を禁ずる条文が存在したと考えられる（『令集解』宮衛令4開閉門条）。

もっとも、これらはあくまでも法制上の規定であって、実際にどの程度まで実現していたのかは慎重に判断しなければならない。しかし、同じ『令集解』所載の諸説にはいくつか具体的な記述が残っており、実際にもこれと同様の措置がとられていた可能性が高い。たとえば「衛府持時行夜」の令文に対し、次のような注釈が添えられている。

古記云はく、四衛府時を持りて行夜す。とは謂ふこころ、左右兵衛左右衛士なり。今行事、中衛左右兵衛共に行夜す。一夜巡行、一夜停止す。衛士は預からざるなり。

古記は、天平十年（七三八）ごろに成立した大宝令の注釈書である。ここではまず、養老令の「衛府」が大宝令では「四衛府」であったことが示されているが、具体的には左右兵衛府、左右衛士府の四つの衛府によって担当されていたことがわかる。しかし「今行事」としてあげられているように、天平十年ごろには左右衛士府に代わって、中衛府がその任にあたっていたのである。史料の中の「一夜巡行、一夜停止」は意味がとりにくいが、これは中衛府と左右兵衛府が一日ずつ交代で行夜を担当したことをいうのであろう。巡回が一日おきでは、実質的に警備の意味をなさないからである。

また、同じ24分街条には京中の街路に「鋪」を設けたことを規定しているが、これについて古記は「鋪は謂ふこころ、守道屋なり。鋪は必ず人有る意なり」と註を加え、篝火のような照明施設だけでなく、警護人の詰め所となる舎屋であることを説明している。『倭名類聚抄』（巻十居処部）では、これに似た「助鋪」という語句をあげ、「古夜」「比太岐夜」という訓みを記して「衛士の屋の如し」と説明しているが、これは宮城内の施設を念頭においたものであろう。これに対し、平安京の大路・小路には「道守屋」が作られていたことがよく知られているが、古記がこれに似た「守道屋」の表現を用いていることは、同様の施設が平城京に存在したことを示唆するものではなかろうか(5)。

この一方で、古記は「夜鼓」に関して、「夜鼓声絶えなば、とは謂ふこころ、坊門には皆鼓有るべし。未だ行はざるのみ。一云はく、漢法用、鋪ごとに鼓有るなり」とし、住人に時を告げる「鼓」が平城京には存在しなかったことを伝えている。「漢法用」とは、日本令のもとになった唐令の規定をいうのであろうが、長安の鋪に存在した鼓は、令の規定に反して日本には定着しなかったのである。

では、これらの警固は、どの程度の規模で実施されたのだろうか。大宝令のもとでは、衛門府・左右衛士府・左右兵衛府からなる五衛府が主たる武力を構成していた。このうち兵衛府については、左右それぞれに兵衛四〇〇人が属したことが規定されている。これに対して、衛門府・左右衛士府には衛士が属したが、「数は臨時に定むべきなり」(『令集解』職員令59衛門府条朱記)とあるように、とくに員数は定められていない。しかしやがて定員が定まったようで、天平十三年(七四一)には、「常額」のほかに、左右衛士府の衛士各四〇〇人、衛門府衛士二〇〇人が新たに加増されている。増員分だけで、あわせて一〇〇〇人に達したのである(『続日本紀』天平十三年五月庚申条)。このうち衛門府は大同三年(八〇八)七月に廃止され、弘仁二年(八一一)十一月には左右衛士府が左右衛門府に改称されているが、『延喜式』では、両府に各六〇〇人の衛士が属したことが規定されている(同巻十二、中務省)。

これに対して中衛府は、神亀五年(七二八)八月に創設された令外官である。その武力を構成した中衛舎人は「東舎人」ともいわれ、創設当初の定員は三〇〇人とされた。これは規模としては左右兵衛府よりも小さいが、四等官の相当位をみると、衛門府をはじめとする五衛府の長官が正五位上、従五位上であるのに対し、中衛府の長官(大将)は従四位上であって、両者の違いが際立っている(『続日本紀』神亀五年八月甲午条ほか)。中衛府は令制五衛府と比べると、それよりも高い地位のものとして創設されたのである(6)。

このような関係は、それぞれが守衛した場所にも反映している。宮衛令1宮闇門条は宮内諸門の担当官司を示す条文であるが、大宝令では宮内に内門・中門・外門の三種があり、内門は兵衛府が、中門は衛門府・衛士府が、外門は衛門府所属の門部がそれぞれ守衛を担当することとなっていた。平城宮内の平面構造が複雑なため、この三種の門を

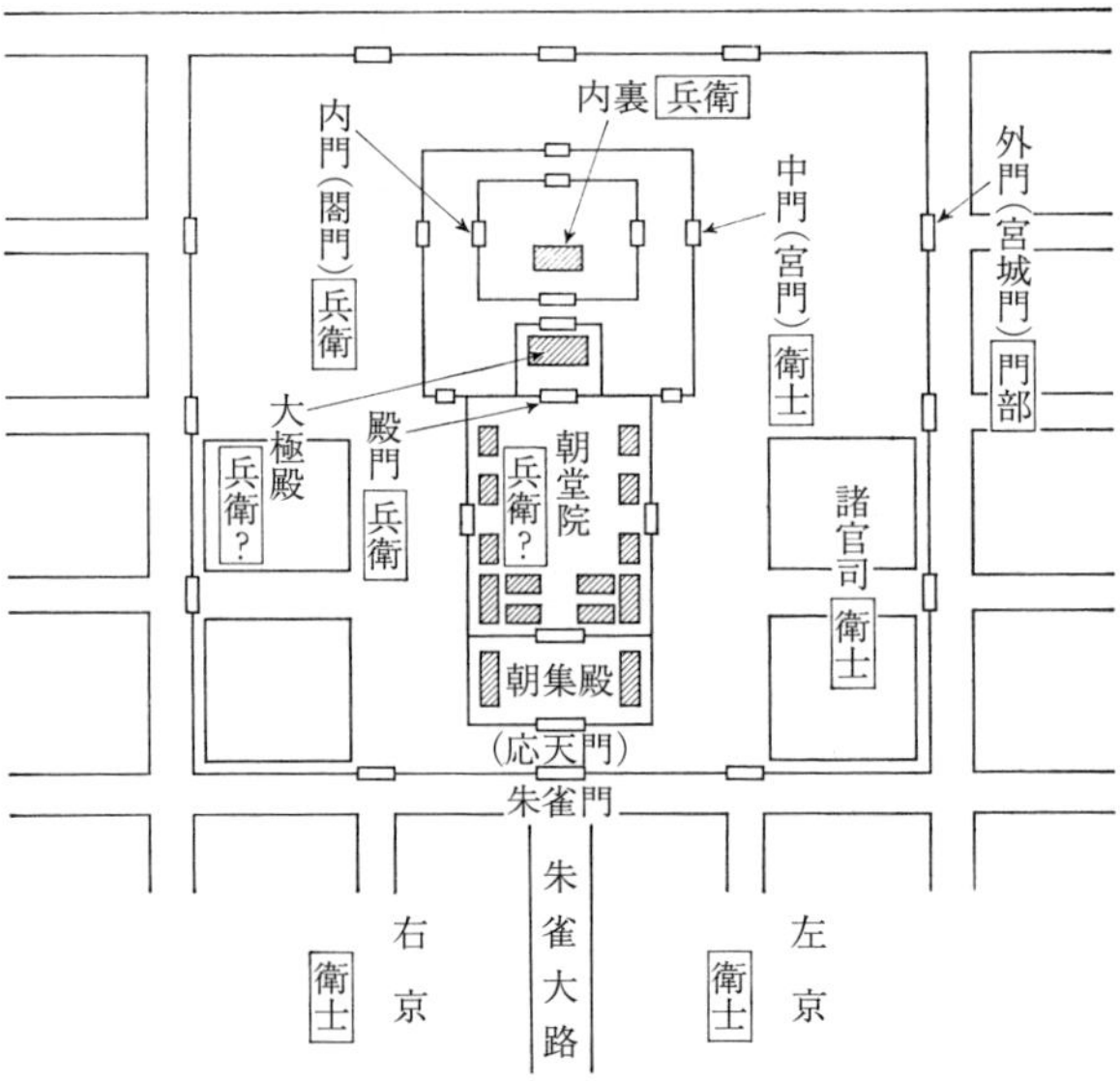

図 21　宮城の守衛担当（笹山晴生『古代国家と軍隊』より）

どこに比定するかは問題が残るが、このうち外門は「宮城四面十二大門」（古記）とも書かれるように、いわゆる宮城十二門を指した。この警備を担当した門部は、大化前代から宮殿の警備を行った軍事的氏族から選ばれた武人のことで、大伴門、佐伯門のように、平城宮の宮城門には、これらの氏族名が付されている。また内門は閤門ともいわれ、天皇が起居した内裏の諸門が含まれることも間違いない。宮城の警備は、天皇を中心として、兵衛府、衛士・衛門府、門部が同心円的に配置されていたのである。

　これに対して中衛府は、その地位の高さから、警固の範囲も特殊であったものと想像されるが、事実その職務として「常に大内に在りて、以て周衛に備ふ」（『続日本紀』）との説明がなされている。中衛府は天皇の身辺を警護する、もっとも中心的な武力として登場したとみてよい。

　さて、ここでは先に、京中の夜間巡行が左右兵衛府・左右衛士府によって行われていたこと、そして天平年間には衛士の関与がなくなり、代わって中衛府が加わったことを紹介した。「大内」を主たる担当とする中衛府が京内の行夜に当たったことは、ある意味で意外であるが、しかし当時の政権は、京の治安に対してそれだけ強い関心を抱いたものと理解できる。平城京は一面で、「大内」と同質の空間として認識されはじめたのである。

三　治安の維持と思想的背景

以上のように、平城京では恒常的な治安体制が確立していたが、ただ実際に起きる事件はさまざまであり、そのたびに新たな対策が講じられた。たとえば天平勝宝九歳（七五七）五月には、京中に対して次のような法令が出されている（『類聚三代格』巻十九、天平勝宝九歳六月九日勅）。

一、諸氏長等、或は公事に預からず、恣に己が族を集む。自今以後、更に然するを得ざれ。

一、武官を除き、以外は京裏に兵を持つを得ざれ。勅旨前已に施行す。しかれどもなほ止まず。宜しく所司に告げ固く禁断を加ふべし。

一、京裏は二十騎以上、集ひ行くを得ざれ。

この三条はいずれも京内の貴族層の行動を制限した法令で、必要がないのに一族を集めることや、騎馬二〇騎以上で群行することを禁じたものである。同じ日には別に、王臣が決められた以上の馬や武器を保有することも禁じられて、合計五条の禁制がだされているが（『続日本紀』同日条）、この時期は、藤原仲麻呂が紫微内相に就任して政権を掌握した直後であり、また翌七月二日には、いわゆる橘奈良麻呂の変が発覚している。橘諸兄の子奈良麻呂は、仲麻呂と光明皇太后の勢力に対抗し、皇太子大炊王を廃して、代わりに道祖王らを天皇に擁立せんとしたのである。右の法令は、こうした貴族層の対立が激しさを増すなかで出された、特殊な法令であるといえる。しかし五条のうち史料としてあげた三条は『類聚三代格』に収録されており、これらが格（弘仁格）として恒常的な効力を保持していったことがうかがえる。京内の貴族の活動、とくに政権と敵対するような行動は、日常的にも規制されていったのである。

こうした貴族の動向に対し、庶民層においても政権に対抗する活動があったことが知られている。とくに僧行基に属する集団の活動は、平城京における著名な事件であった。『続日本紀』養老元年（七一七）四月壬申条によると、時の政権は彼を「小僧行基」と呼んで最大限に非難しているが、その活動は「街衢に零畳して、妄りに罪福を説き、朋党を合わせ構へて、指臂を焚き剝ぎ、門を歴て仮説して、強ひて余物を乞ひ」とあるように、僧尼令で定められた国家仏教の規範を逸脱した行為であった。そして主な舞台となったのは、「街衢」と呼ばれた、平城京の大路・小路であった可能性が高いのである。

これと同じ趣旨の法令は、養老六年にも出されているが、そこでは「或は路衢に於て経を負ひ鉢を捧げ、或は坊邑に於て身を害ひて指を焼く」（『類聚三代格』巻三、養老六年七月十日太政官奏）と書かれている。「路衢」（衢はチマタの意）といい「坊邑」といい、托鉢をして施物を乞い修験にも似て身体を傷つける行為が、京中深くまで浸透していたことがうかがえよう。

一方、天平二年（七三〇）九月には、平城京東方の山の麓に、「妖言」をきっかけとして多数の人々が集まった事態も知られている。「また京に近き左側の山の原に多くの人を聚め集へ、妖言して衆を惑はす。多きとき万人、少なきときも乃し数千、此のごとき徒、深く憲に違へり」（『続日本紀』同年九月庚辰条）とあるように、群集は時に一万人に及ぶこともあった。ここには行基との関係はとくに示されていないが、「妖言」の表現、さらに「聚宿を常となし、妖訛群を成す」（前掲、養老六年七月十日太政官奏）という記述から判断して、行基集団と共通する要素があることは間違いない。それはあるいは、俗世間を離れ、山腹で集団生活を行うまでに発展していたのであろうか。

さて、こうした事例はいずれも著名な〈事件〉であるが、左右京を対象とする治安関連の法令は、このほかにもしばしば出されている。とくに『類聚三代格』巻十九（禁制事）には、そうした事例がまとまって収録されている。

たとえばその中の(イ)延暦十七年（七九八）十月四日太政官符では、京畿内の「夜祭歌舞」が禁止の対象となっているが、それは、酒宴の席で「酔乱」という事態が起き、そのため「闘争」にまで発展することがあるからであった。飲酒が原因でトラブルが発生することはいつの時代も変わらないようであるが、ここでは、祭礼が原則として夜に行われることや、それに酒宴がともなっていたことがうかがえ、当時の祭祀の実態を知るうえで興味深い。大嘗会のように、神々との交感がなされる神事は、夜間に行われる例が多いからである。官符では「祭は必ず昼日にして、昏に及ぶを得ざれ」とあるが、はたして命令はどれくらい守られたのだろうか。

これに対し、(ロ)宝亀十一年（七八〇）十二月十四日勅、(ハ)大同二年（八〇七）九月二十八日太政官符は、いずれも京内における「巫覡」の活動を禁じた法令である。このうち(ロ)は呪符の類を禁じたもので、それに加わった「五位已上」「六位已下」も処罰の対象となった。史料には「比来、無知の百姓、巫覡を構へ合はせて妄りに淫祀を崇め、蒭狗の設、符書の類、百方に怪を作して街路に塡ち溢る」とあるが、こうした宗教行為は庶民ばかりでなく、五位以上の有力者の間にも広がっていたのである。またこのときには、「祓除」のような一般的行事も禁じられたが、ただそれは、京外では何ら問題とされなかった点に注意しておきたい。「但し、患有りて禱り祀る者は、宜しく京外に祓除せよ」とあるように、病気平癒を祈って祓えを行うことは、平城京の外であれば普通に行われていたのである。ここでいう「淫祀」とはそうした存在であった。

ところで、治安に関連して、京内を清浄に保つことが実は「礼」の理念と密接に関連していたことを、近年、櫛木謙周氏が指摘されている。(7)

詔して曰く、夫れ礼は天地の経義、人倫の鎔範なり。道徳仁義も礼に因りて乃ほ弘まり、教訓正俗は、礼を待ちて成る。比者、諸司の容儀多く礼儀に違へり。加之、男女別無くして、昼夜相会ふ。また聞くならく、京城の内外に多く穢臭あり。まことに所司、検察を存せぬに由れり。今より以後、両省五府、並びに官人と衛士とを遣して、厳しく捉搦を加へしめ（以下略）(8)

これは慶雲三年（七〇六）三月に出された詔で、藤原京を対象とした法令であるが、京の「穢臭」が諸司の欠礼や男女の別なきことと同様、礼に反するものとして理解されているのである。いうまでもないが、ここにいう礼は、単なる礼儀・作法ではなく、中国の国家思想である儒教の政治理念を指している。右の史料にも、礼が社会秩序の基本を構成する要素であることが述べられているが、これとは別に「上に事へて忠を尽し、下を撫で慈有るを礼となす」（『続日本紀』天平宝字三年六月丙申条）とあるように、礼とは、君臣関係を前提に、下の者は上に仕え、上の者は下の者を庇護することを定めた、君臣関係の社会的秩序そのものである。儀礼や儀式は、そうした社会秩序を確認し再生産する装置でもあった。そして逆に、礼を欠いた行為は、社会秩序を乱す行為として糾弾されたのである。

先に紹介した(イ)〜(ハ)の太政官符でも、こうした表現が散見する。「夜祭歌舞」を禁じた(イ)では、「男女別くことなく、上下序を失ふ」ことが問題となっているし、「巫覡」を禁じた(ハ)では「積り習ひて俗をなし、淳風を毀虧損す」とあるように、社会秩序の破壊が非難された。これより先、天平宝字二年（七五八）には宴での飲酒自体が禁じられているが、そこでもその目的を次のように記している（『続日本紀』同年二月壬戌条）。

（前略）冀はくは、将ちて風俗を淳にして、能く人の善を成し、礼を未識に習はしめ、乱を未然に防がんことを。

「礼」の秩序に反することは、そのまま「乱」につながった。一般に治安維持の問題とされる事件が、平城京の時代には礼の文脈の中で語られたのである。

このような礼の概念は、律令制の基礎を構成していたが、それ以前の政治秩序を否定する一面を合わせもっていた。大隅清陽氏は、儒教に基づいた礼に対比される存在として「呪術的かつ宗教的な首長制社会の政治秩序」をあげ、律令制の時代が両者のせめぎ合いの中で展開したことを論じている。(9) 天皇を頂点とする礼的秩序のもとでは、民間に浸透していた、大化前代以来の呪術的慣行が否定される場合があったのである。

京畿内での「夜祭歌舞」が禁じられ、宴席での飲酒が禁じられたことも、おそらくこうした「礼」の概念と対立したためである。また、「巫覡の徒、好みて禍福を託す」とする宗教的行為が、妖言・淫祀と称されて厳しく排除されたのも、同じことの一面である。「子は怪力乱神を語らず」(『論語』述而)の語句で知られるように、儒教では超自然的な存在を否定する傾向が強かった。

他方で、これらの禁制が主に左右京を対象とする法令であったことも、また大きな特徴である。先にも述べたように、祓えのような行為も「淫祀」として禁止されたが、それが京内でのみ禁止されていたことは、この点を象徴するものといえる。そしてこのことは、京の存在が、「礼」を実現する特別な空間として意識されていたことを物語っている。律令制下の都城は、在来の信仰や社会秩序を否定し、天皇を頂点とする「礼」を意識した、きわめて観念的・人工的な空間として位置づけられていた。

ところで、養老考課令では、左右京の支配を担当した京職について、「礼教を興し崇め、盗賊を禁断せむを、京職の最とせよ」(考課令21最条)と規定している。最とはそれぞれの官職が果たすべき職務の中心を説明したものであるが、「礼教」と「盗賊」とは、これだけでは関係がないようにみえる。しかしこれまで述べたように、礼を興すことは社会・政治的秩序を固定することであり、盗賊禁断は、それに対抗する勢力を物理的な力で制圧することを意味する。したがってこの二つの要素は、秩序維持を、思想と現実の両面から説明したものといえるのである。これに対して、国司の「最」は「諸の事を強く済し、所部を粛め清む」(考課令46最条)とあって、国内の諸事をとどこおりなく果たし、担当地域の安定を図ることがあげられている。この点においても、礼と結びついた京の特殊性が際立っているといえよう。

おわりに

いかなる時代であれ、都市の治安を維持することは、その時代の社会の安定にとって不可欠の課題である。平城京をはじめとする日本の都城は、それ以後の都市と異なり、条坊制を基本とする整然とした都市計画が施されていた。また、天皇制という強固な支配体制が維持されていたことからも、ある意味で特異な時代であったといえるかもしれない。しかし、平城京もまた多くの歴史的都市の一つであって、治安の維持に多くの力が注がれた点でも、基本的に他の都市と変わることはない。違う点があるとすれば、古代国家が中国思想である礼を直接的に導入し、それを都市の支配原理の一つとしたことである。ただ、隋唐の礼制が社会全体を対象としたのに対し、日本では左右京だけにその理念が強調されており、両者の間には質的な相違があったことも見逃せない。本章では、平城京の治安維持が礼の観念に裏打ちされていたことを指摘したが、礼が天皇を頂点とする政治秩序を維持する理念であることを考えたとき、都城を作ったこと自体が貴族や庶民に対する支配強化の機能を果したことに思い至る。その意味でたしかに、平城京は政治都市であった。

註

（1）妹尾達彦『長安の都市計画』（講談社、二〇〇一年）。
（2）拙稿「日唐都城比較制度試論」（池田温編『中国礼法と日本律令制』所収、東方書店、一九九二年。本書第二部第三章）。
（3）藤田弘夫『都市と権力―飢餓と飽食の歴史社会学―』（創文社、一九九一年）。

（4）岸俊男『日本古代宮都の研究』（岩波書店、一九八八年）ほか。多くの論者はこうした見解で一致している。ただ近年では、井上和人氏が平城京の各坊に坊城が存在したこと、また平城京の四面全体を囲む京城が存在したことを積極的に主張している（同『日本古代都城制の研究─藤原京・平城京の史的意義─』吉川弘文館、二〇〇八年）。

（5）慶雲三年（七〇六）三月十四日詔によると、諸人の儀礼欠如を矯正し、また京内外の穢臭に対処するため、五衛府とともに「明舗の衛士」が遣わされている（『類聚三代格』巻十六）。ここにいう「鋪」は、藤原京に設けられた道守屋の可能性が高い。なお「明」はアカリ（灯り）を意味するか。

（6）笹山晴生『古代国家と軍隊──皇軍と私兵の系譜』（講談社、二〇〇四年、初出は一九七五年）。

（7）櫛木謙周「古代の『清掃』と国家の秩序」（栄原永遠男ほか編『律令国家史論集』塙書房、二〇一〇年）、同「古代国家の都市政策」（『日本史研究』五一七号、二〇〇五年）。

（8）『続日本紀』慶雲三年（七〇六）三月丁巳条。なお、『類聚三代格』巻十六にも同日の詔が収録されているが、字句に若干の異同がある。

（9）大隅清陽「儀制令と律令国家」（池田温編『中国礼法と日本律令制』所収、東方書店、一九九二年、のち同『律令官制と礼秩序の研究』〈吉川弘文館、二〇一一年〉に収録）。

第四章　平城宮の「外司」

はしがき

日頃われわれが手にする歴史辞典の類には、必ずといってよいほど宮城図（大内裏図）が載せられているが、そのもとになったのは平安宮の古図である。もっとも平安宮は九世紀後半に半条分北に拡張されたことが知られるので(1)、厳密にはそれ以降の宮城をみていることになり、それより前の平城京をはじめとする諸宮の構造を知るには、なお慎重な考察を要する。とはいえ、天皇の住居たる内裏、儀式や政務を行う大極殿・朝堂、そして宮庁の立ち並ぶ曹司の三つからなる宮城の基本的性格は、おそらく七世紀の時点にまで遡るものと推定され、それゆえにこそ平安宮の形式が日本古代の宮を考えるさいの一つの基準として採用されているのである。

けれども、いったん両者の相違に注目すると、そこにはなお無視できない点のあることが判明する。ことに発掘調査の進んだ平城宮では、宮城が方形ではなく東辺の四分の三が東に張り出していたことや、二つの〝朝堂〟が存在したこと、あるいは内裏と大極殿が分離していなかったことなどが確認され、また遺構や木簡・墨書土器によって、いくつかの曹司の配置も異なっていたことが明らかになりつつあるのである（図22、図23参照）。

長岡宮や藤原宮においても、おそらくは固有のプランや性格がみられるのだろうが、ここでは、律令国家の代表的な都城である平城宮の独自の一面に着目し、当時の〝実態〟を反映した文献史料を通じて、その構造解明の手がかりを得たいと思う。

一　衛府の守衛担当

周知のように、宮衛令4開閉門条には諸門の開閉とその守衛に関する規定が記されているが、そのうち警固の管轄については、大宝令の注釈書がである古記が引く「別式」によって、八世紀前半の実情をかなりの程度まで知ることができる。すなわち古記は「即諸衛按二検所部及諸門一」という令文に続けて、五衛府の分担を次のように記している（なお大宝令文は「諸衛府」）。

(a)古記云（略）所部。謂、依二別式一、左右衛士府中門、幷御垣廻及大蔵内蔵民部外司喪儀馬寮等、以二衛士一分配防守以レ時検行。（略）左右兵衛府内門諸門按検也。衛門府中門外門按検也。（『令集解』）

ここにいう内門・中門・外門は大宝令の用語で、養老令ではこれが閤門・宮門・宮城門に変わったが（『令集解』宮衛令1宮閤門条）、衛門府に属する門部がいわゆる宮城十二門（外門）を守り、また中門（宮門）の管理を衛門府と衛士府が共に行ったとする宮閤門条古記の記載とも一致しており（『令集解』）、門の守衛についてはさして問題はない。もっともこのいわば三重の門のうち、内門と中門を実際のどの門に比定するかはなかなか厄介な問題ではあるが、(2)そのことはさておき、ここでは、左右衛士府が担当した「御垣廻」以下の記載に考察の力点をおこうと思う。なお参考までに、この箇所に関する『令釈』と『義解』の説を左に掲げておく。

(b)釈云（略）所部。謂依二別式一、左右衛士府中門、幷御垣之繞、及大蔵民部喪儀馬寮等、以二衛士一分配防守、以レ時検行。（『令釈』）

(c)謂（略）所部者、御垣周廻、及大蔵民部廩院等、令衛士守是也。（『義解』）

まず「御垣廻」について。(b)『令釈』、(c)『義解』にも共通するこのミカキは、一般的には宮城の四周のことと受け取られているけれども、[3] 宮城の周囲は京職兵士が守衛に当たったものとみられ（『令集解』宮衛令11宮墻条古記）、また宮城に「御」という敬称を付した例がないこともあって、ただちにはこの考えに従えない。ミカキは、たとえば『令釈』が「閤門」について「御在所内重《うちのへ》門也」（『令集解』職員令62左兵衛府条）と記す〝御在所〟の垣の意であったと思われるので、いわばその〝外郭〟に、すなわち内裏外郭に相当すると考えられるのである。『延喜式』では、「行夜」の区域の一つとして、近衛府は「内裏」（左近衛府式）を、兵衛府は「中隔（なかのへ。中重とも書く）」（左兵衛府式）を対照的にあげるが、この二つが内裏の内郭と外郭に当たる。なお平城宮からは「内隔南方西門籍」[4]と書かれた木簡が出土しているが、この「内隔」（うちのへ）は中隔に対する語として、前者の意味に解してよいだろう。さらに、宮衛令の内門・中門は内裏の内郭・外郭に開く門であったと考えられるから、[5] 以上のことを総合すると、左右衛士府は、中門（宮門）とそれに取り付く垣の周囲の守衛を第一の担当としていたことになる。

次に大蔵・内蔵・民部については、まず、この三つが各々の官司とそれに付属したクラを指すことに留意する必要がある。それは同じく宮衛令（9庫蔵門条）に「庫蔵門及院外四面、恒持杖防守」とある、その「庫蔵」に相当し、『令釈』『義解』はそれを衛士の任務だとしているのである。また同条古記は「衛門与衛士也」と注釈を加えているので、おそらく奈良時代の半ばには、両府の衛士がその任に就いたのだろう。「民部」とあるのも、(c)『義解』のいうように「民部省廩院」のこととみて間違いない。さらに職員令の注釈にも衛士を「兵庫大蔵」に配したことがみえ（『令義解』職員令61左衛士府条）、クラの守衛が衛士の任務であったことは、(a)以外の法制史料によっても確認されるのである。

これに対して、その次にあげられた「外司」に関しては他に用例がなく、さらに喪儀（喪儀司）、馬寮（左右馬寮）についても、なぜこの二つがとくにここで取り上げられるのか、その法的根拠はないようである。したがって、こうした(a)古記の解釈は、当時二つの官司のもった特殊性に由来するものと思われ、またその性格を明らかにすることが、「外司」の意味を知る手がかりにもなるに違いない。とはいえ、その材料となる史料にも乏しく、解明は容易ではないが、この点に関しては、当時の喪儀司のあり方が参考になるかもしれない。

喪儀司は治部省の被管で、その名のごとく、喪礼に与り喪葬具を扱う官司であるが（職員令20喪儀司条）、平城朝の大規模な官司の統合整理策のもとで、大同三年（八〇八）正月二十日に兵部省鼓吹司に併合された（『類聚三代格』巻四、『令集解』職員令20喪儀司条）。したがって平安宮古図にも記載がなく、また先に記したように、古記や『令釈』の説を踏襲した(c)『義解』が喪儀司をあげていないのも、『令義解』の成立年代を考えれば当然のことである。これに対して、平城宮の時代の喪儀司の場合には、西大寺の四至を記した次の史料によって、その位置を確認することができる。

居地参拾壱町。在㆓右京一条三四坊㆒。
東限佐貴路㆓除東北角喪儀寮（ママ）㆒。南限一条南路。西限京極路㆓除山陵八町㆒。北限京極路。[6]

これは宝亀十一年（七八〇）に書かれた「西大寺資財流記帳」の冒頭の一節であるが、ここには「喪儀寮」（寮は司の誤り）が右京一条三坊の東北部にあったことが読み取れる。西大寺の建立が天平神護元年（七六五）であったことよりすると、おそらく、それ以前から喪儀司が同じ場所を占めていたため、寺地はそこを避けて設定されたものとみられるのであり、古記の成立した天平十年ごろにもその位置は変わらなかったと推定される。のちにふれるように、喪儀司がとくに「別式」に取り上げられたのは、一つには、それが一般の官司と異なり、宮城の外に存在したことと関係すると思われるのである。

二　平安時代の外司

律令国家は、内位と外位、畿内と畿外のように、ウチとソトを対にした制度をいくつも採用したが、ただ「外司」ということばは、同時代の史料に見られないようである。しかし時代が降ると、その用例も皆無という訳ではなかった。実は寛政年間に裏松固禅が著した『大内裏図考証』には内蔵寮の「外司」の存在が指摘され、次の『左経記』の文章が紹介されているのである。[7]

七日戊子（略）及二未剋一着レ寮。先例初参之時、着二御倉町一云々。雖レ然焼亡之後、頼光定頼朝臣等皆着二外司一。仍着二外司一。（略）（『左経記』寛仁四年〈一〇二〇〉四月七日条）

この年三月に内蔵頭を兼任した『左経記』の記主右中弁源経頼は（『公卿補任』）、翌四月七日に初めて内蔵寮に参着した。本来なら初参のときは「御倉町」に向かうのだが、それが焼亡したために、（源）頼光、（藤原）定頼の例に倣ってこのときも「外司」に行ったというのである。

さて、その「外司」の内容であるが、その前に、「外司」と対比して記された「御倉町」について少し説明を加えておこう。

御倉町とは、その名が示すとおり倉のある一画（＝町）を意味することばであるが、実際には、有力貴族の邸宅やさらには荘園などに付属する大規模な倉庫群に用いられた。当時のクラは、とくに火災の防止を目的として厳重な管理の下におかれ、倉庫令では、倉を「高燥処」に設け、さらには周囲に溝を設ける一方で、「去レ倉五十丈内」には他の館舎をおくことを禁じていた（倉於高燥処置条）。また宮衛令にも「凡兵庫大蔵院内、皆不レ得二将レ火入一。其守当人、須レ造レ食者、於レ外造。余庫蔵准レ此」（8兵庫大蔵条）としてクラに火を近づけないことを定めていたが、そのクラはここに「院」と書かれたように、周囲を垣で囲まれた一区画を構成するのが一般的であった。奈良時代に〝倉院〟のように呼ばれた倉庫群は、十世紀になると、〝院〟に代わって〝町〟の用例が多くなる。「倉町」「御倉町」がそれで、なかでも摂関家の朱器台盤を納めた東三条殿の御倉町や、「八条殿」あるいは鳥羽離宮の御倉町はしばしばこのころの記録や古図に見られる著名なものである。その詳細は先学の研究に譲るとして、(8)『左経記』の「御倉町」も当時の用例の一つであった。では、それは具体的にはどこにあったのか。

記事によれば、内蔵頭源経頼の前任には二人の人物がいたというが、『公卿補任』によると、藤原定頼が内蔵頭に就任したのは寛仁二年（一〇一八）のことであった。もう一人の源頼光については、就任の時期は判明しないものの、長和三年（一〇一四）四月十八日に初めて「内蔵頭」として史料に見え、このとき内蔵寮使として賀茂祭に参候したことが知られる（『小右記』）。(9)御倉町の焼亡はこの時点からさほど遡らぬ時期のことと推定されるが、ちょうどその前月には「内蔵寮不動倉」が掃部寮とともに全焼し、「累代宝物」のほとんどが焼失していた（『小右記』長和三年三月十二、十三日条、『百錬抄』同日条）。『小右記』の翌日の記事によれば、焼失を免れたのは、「倉三宇」のうちの中倉から取り出した「累代重物十分之一」にすぎなかったというが、ともかくも、『左経記』に記す「焼亡」とはまさにこの事件を指すと考えられるのである。

平安宮古図によれば、内蔵寮は内裏の北西に位置し、その西には掃部寮が隣接していたが（図22）、『左経記』の「御倉町」とは、三宇の不動倉を含む「内蔵寮」官衙そのものということになる。(10)古図に描かれる「内蔵寮」は御物を納めた倉と官人の執務のための舎屋からなっていたのである。

さて、経頼が着した「外司」とは、あるいは「内蔵寮」内の、不動倉とは別の区画に作られた舎屋であるとも考え

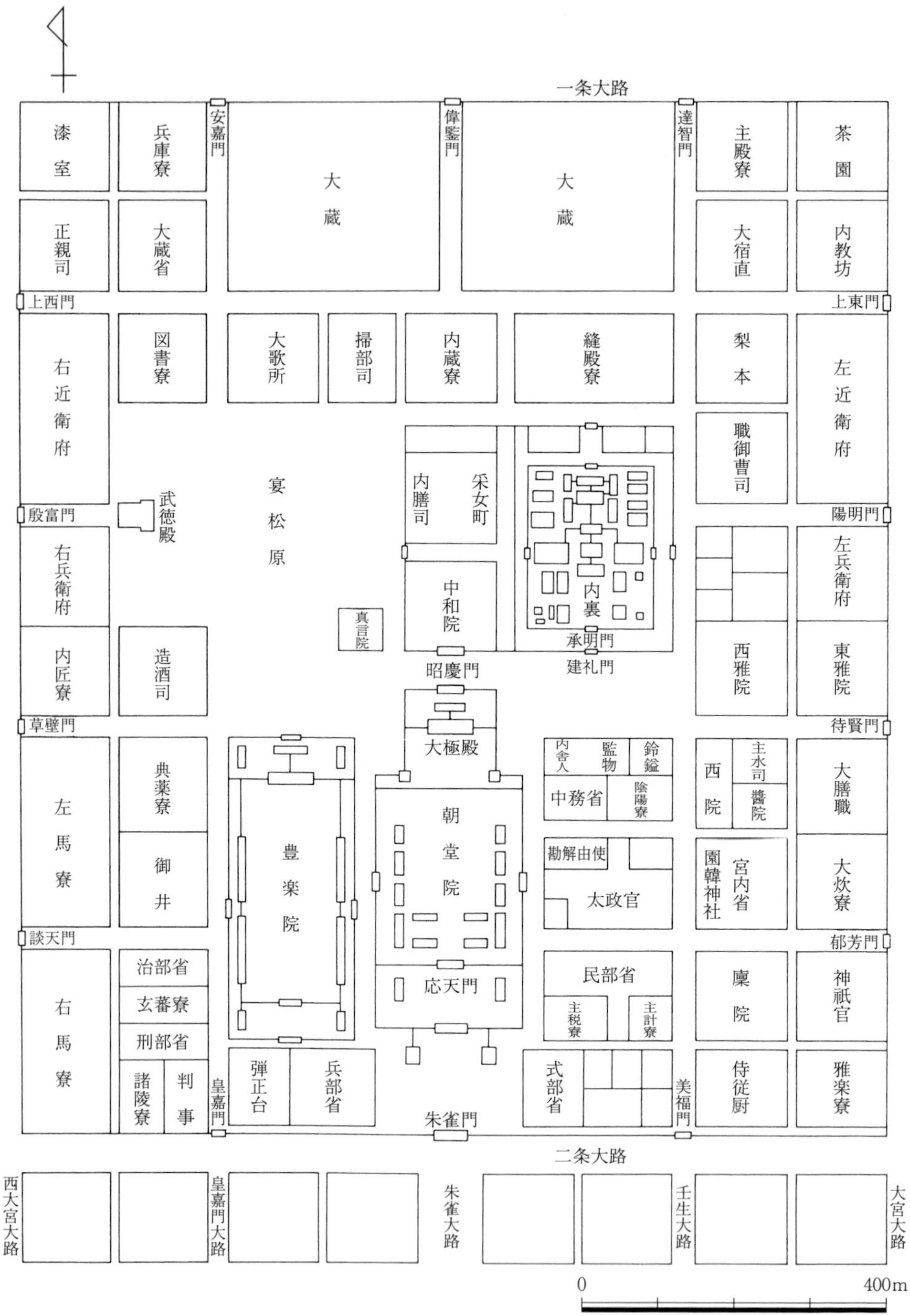

図22　平安宮宮城図（坪井清足編『古代を考える　宮都発掘』より）

られるけれども、長和三年の焼亡の直後に源頼光が同じ「外司」に着したであろうことからすると、やはりその可能性は低いといわざるをえない。平安宮古図には、ほかには内蔵寮に関連するような官衙は見当たらないが、宮城の外に目を転ずると、「内蔵一町」が近衛南・堀河西（左京一条二坊六町）に存在したことが知られる（『拾芥抄』宮城部第十九）。『拾芥抄』はこれを「諸司厨町」の一つとしてあげて曹司とは区別しているが、臨時的な性格の濃い内蔵寮外司の所在地としては、今のところこの地がもっともふさわしいように思われる。

こうして、外司ということばの存在が確認され、宮城内の曹司に対する宮城外の曹司の呼称であったとみられるのであるが、この点を補う史料をもう少しあげよう。

やや時期を遡るが、『日本紀略』天長二年（八二五）二月己丑条には「右大臣（冬嗣）外曹司町北方公地、造二作大納言（緒嗣）休息局一」とあって、京内にあった右大臣藤原冬嗣の宿所「外曹司町」の名が知られ、この場合の「外」も宮城内の舎屋に対する用例である。ちなみに十世紀の有職書によれば、大臣曹司は内裏の「宜陽殿東庇」にあり（『西宮記』巻八所々事）、また六国史には「内裏」（『日本三代実録』貞観十二年二月七日条）、「職院」（職御曹司）（同、元慶五年二月二十一日条）、「侍従局南」（中務省）（同、元慶六年八月二十九日条）などに大臣曹司が設けられていたことがみえる。(11)

ところで、右の「外曹司」については、平城宮南面大垣北雨落溝から出土した土器に、

式部外曹司進(12)

という文字の墨書されたものがあり、その用例は奈良時代にまで遡る。平城宮の東南隅にあったこの遺構からは、考課選叙に関する多数の木簡が出土しており、平安宮と同じく、平城宮でもこの近辺に式部省曹司が存在したと推定されているが（図23）、「式部外曹司」はその〝本司〟と対になる曹司の意味なのであろう。ただし、その場所がどこなのか、「外」がどこを指すのかは詳らかでない。

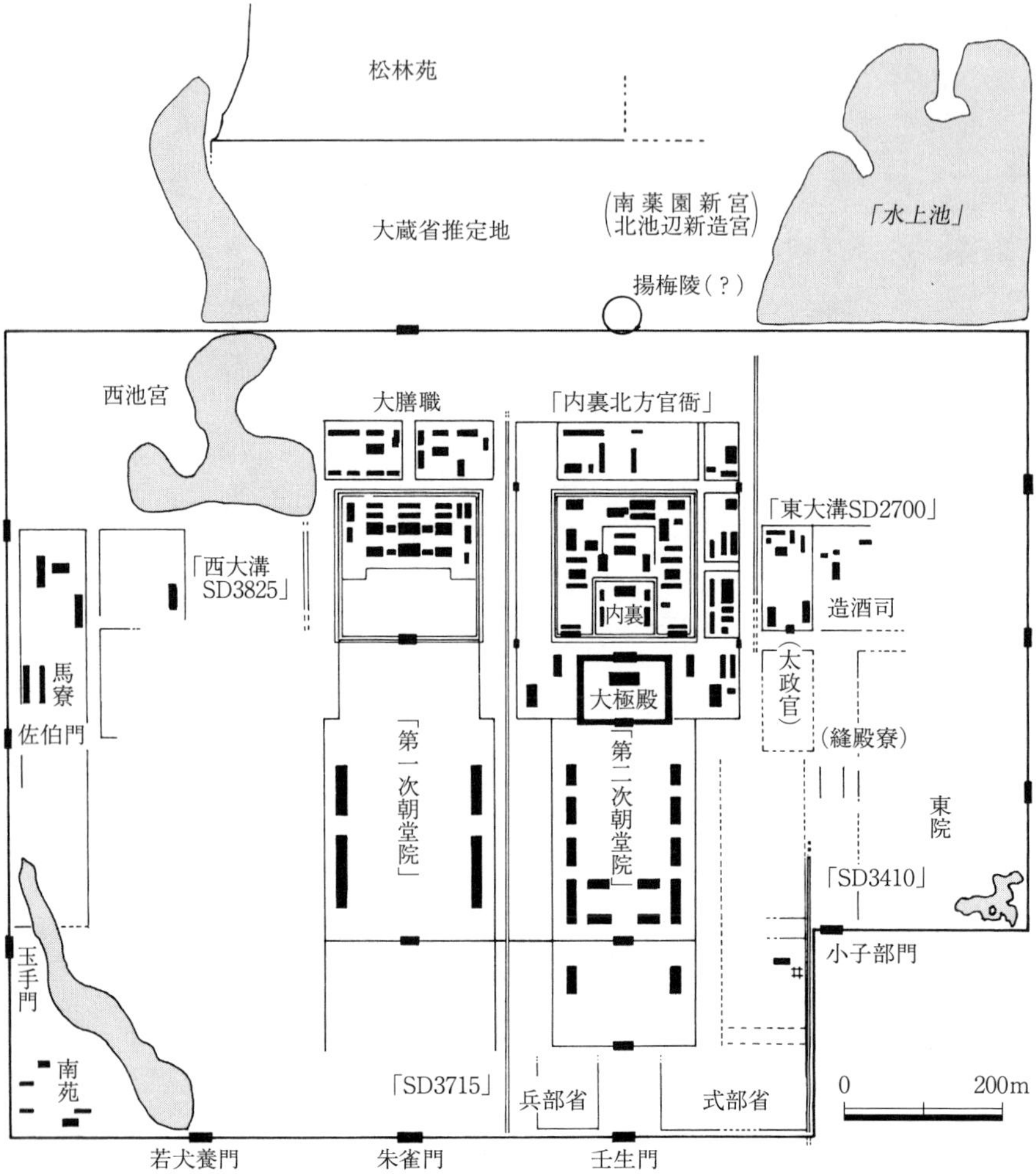

図 23　平城宮復原図（坪井清足編『古代を考える　宮都発掘』より）

平安京では、当初から左右衛門府、大学寮、穀倉院、あるいは織部司などの官衙が、宮城内にではなく京内に設けられていた（平安京古図、『拾芥抄』、六国史）。これらのものも当時「外司」と呼ばれた可能性はあるが、しかしその実例が、内蔵寮に対するその外司、宮城曹司に対する「外曹司町」のように、宮城の内外に併存する官衙の一方を指すように見受けられる点からすると、宮城外にだけ存在した官衙をとくに外司と称することはなかったのではないか。外司の語が史料にきわめて限られたかたちでしか現れないのは、基本的には、そのような官衙のあり方がかなり特殊であったことによるのであろう。

三　平城宮の官衙配置

さて、本章の主題である宮衛令古記の記述「大蔵内蔵民部外司喪儀馬寮等」に話を戻すことにしよう。実は、国史大系本『令集解』にはこの一連の語句に句読点が付けられておらず、その編者も「外司」の解釈に苦慮したことがうかがえるのであるが、これまでの考察よりすれば、いくつかの案を出すことができよう。

その一つは、平城京喪儀司の位置を勘案して「外司の喪儀馬寮等」とみる考えである。ただ「外司」の数少ない用例からすると、ここでは「喪儀馬寮外司等」の語順の方が自然のように思われるので、私はこの考えは採らない(13)。同じころの「式部外曹司」の例を参考とすれば、やはりここはすぐ上の「民部」に続けて読み、民部省の「外司」と解すべきであろう。そしてこの考えは、以下に述べるように当時の実態とも矛盾しないようである。

周知のとおり、中央財政の主たる財源の一つであった庸は、

凡庸布綿者納二大蔵一也。米塩等納二民部一也。

とあるように、庸布などの軽貨は大蔵に、そして庸米などの重貨は民部に収納された（『令集解』賦役令4歳役条古記、『続日本紀』慶雲三年閏正月戊午条）。諸国からの庸米などを保管した民部省のクラは、(c)『義解』にあるように九世紀には「廩院」の名で史料に見えるが、平城京の時代には「民部」とだけあってまだその名は現れない。しかし右の史料からも、八世紀に廩院に相当するクラがあったことは間違いないのであり、「民部外司」とは、(c)『義解』と(a)古記との字句の対応関係よりすれば、その「廩院」を示すことばであったと考えられるのである。

ところで、平安宮古図によれば、民部省廩院は「民部省」の東に位置し、宮城の東南隅の一画に独立した〝倉院〟を構成していた（図22）。貞観十二年（八七〇）、諸司の物資運搬に使用する門を定めたときには「運㆓廩院雑物㆒車馬、聴㆑出㆔入自㆓美福門腋門㆒」とあって、廩院が宮城内の美福門（南面東門、平城宮の壬生門に相当）の近辺に存在したことが確実なので、その位置は平安宮造営当時から変化しなかったと考えられる（『日本三代実録』貞観十二年十二月二十五日条、延喜弾正台式）。

これに対して、平城宮「廩院」については、まだその場所は明確になっていない。ただ、平城宮南面東門（壬生門）の発掘調査によれば、二条大路北側溝から「兵部」「兵部厨」「兵厨」「民厨」の文字を記した墨書土器や式部省関係の木簡が出土しており、さらに平安宮の官衙配置とも共通することから、この付近に兵部省、兵部厨、式部省、民部厨が存在したものと推定されている[14]。

平城宮のこの地域における基本的配置が平安宮に引き継がれていたとすれば、「廩院」もまたこの近辺にあったとみられる。ところが平城宮では、造営初期のころから、すでに朱雀門北の「中央区」の大極殿・朝堂と、壬生門北の「東区」の大極殿・朝堂とが併存したと考えられているので[15]、この一画の〝余剰空間〟は平安宮よりかなり小さかったとみなければならない。平城宮「廩院」はこの区域には存在しなかった可能性が高く、その候補地を宮城外に求めるのもあながち無理な想定ではないのである。民部外司とは、宮城内に――おそらくは「民部厨」の推定地の付近に――存在した民部省曹司に対して、宮城外に存在した民部省のクラ「廩院」を指すものと考えられる。その具体的な位置はまだ特定できないが、平城宮北方の「松林苑」と宮城北面大垣との間に条坊制の約半条分の余地があり、岸俊男氏はここに米を納めた平城宮の倉庫群があったことを推定している。すなわちここには「松林倉廩」(『続日本紀』天平十七年五月乙亥条)、「松原倉」(同、天平神護二年二月丙午条)と呼ばれる穀倉がおかれ、その一画に「廩院」も存在したというのである。(16)この松林倉廩や松原倉がすなわち「廩院」であったことまでは断定できないけれども、氏の推定には従うべき点が多いように思われる。

さて、最後に(a)古記に書かれた他の官司について、本章に関する範囲の説明を補足しておこう。

まず大蔵について。先にもふれたように、平安宮は九世紀後半に半条分北に拡大されたが、ちょうどその部分に平安宮の大蔵や兵庫などの倉庫群が存在した(図22)。位置関係からいえば、平城宮の北にあった松林倉廩などの倉庫群のあった区域に相当するが、平城宮でも宮城外のこの一画に、大蔵省曹司や大蔵が存在したことを、すでに岸俊男氏をはじめとする人々が指摘している。(17)

一方、内蔵寮については、平安宮のそれが内裏の北西に位置したのに対して、平城宮内裏の同じ場所には、「大膳職」あるいは「内裏北方官衙」と呼ばれる官衙の存在したことが発掘調査から明らかになっているので(図23)、その場所を確認することはできないものの、民部省廩院同様、二つの宮城の内蔵寮とそのクラの位置は異なっていたらしい。

これに対して、「馬寮」すなわち左右馬寮は、平安宮と同じく、平城宮においても宮城の西辺部に存在したと考えられている(18)(図22、図23)。左右馬寮は諸国からの貢馬を飼養した官衙であるから、その構造は他の諸司と比べてかなり異なっていたと思われるが、この地区の発掘調査では、中央の広場を囲むように厩と思われる桁行の長い建物が配され、また抹や馬具を収めるクラも存在した。さらにこの地域からは「主馬」「内厩」の文字を墨書した土器が出土している点も注目される。(19)主馬すなわち主馬寮は、宝亀十年（七七九）から天応元年（七八一）の間に左右の馬寮を統合して成立した官司であるから、(20)その位置は令制の左右馬寮を継承したとみられるからである。なお、左右馬寮が「別式」によって衛士の守衛範囲とされたのは、とくに馬寮が軍馬の飼養・管理を行う軍事的性格を備えていたためとも考えられているが、(21)見方を変えれば、馬という一種の収納物を保管した官衙であったがゆえに、クラに准じて衛士が守衛に配されたものといえよう。

最後に喪儀司について。喪儀司が喪具を管掌する官司であることは先にふれたが、喪葬令には身分に応じて葬列のための轜車や鼓笛が支給されたことがみえ（8親王一品条）、同司にはかなりの葬送具が保管されていたことがわかる。喪儀司はのち大同三年（八〇八）に武具としての鼓笛を管掌した兵部省鼓吹司に併合されたが、この鼓吹司は平安宮北西部の、兵庫寮の西（図22の「漆室」に当たる）に位置したらしく、(22)大蔵省などと同じく大規模なクラをともなっていたとみられる。喪儀司にもまた同様のクラが存在したと推定され、衛士が守衛に充てられたというのも、基本的にはそのような保管官司という性格に由来するものと思われるのである。喪儀司が例外的に宮城外におかれたことも、平城宮のクラが宮城外に設けられた場合が多かったことを想起すれば、そうした例の一つとして理解できよう。

ところで、このようにみてくると、(a)古記（別式）のあげる官司が、馬寮を除いて、いずれも宮城外に存在した、あるいは存在した可能性のある官司であったことに気付く。宮衛令24分街条が京内の夜警を規定した条文であったのに対し、同4開閉門条は宮城内の夜警を定めていたから、本来なら、宮城外の諸官司は開閉門条の「即諸衛（府）按二検所部及諸門一」の〝所部〟の一例としてはふさわしくない。しかし、それゆえにこそ「別式」という形で規定されたのではなかったか。

この点に関しては、衛士の守衛担当であった兵庫が「所部」にあげられていないことを参考にすべきかもしれない。武具の保管に当たった左右兵庫寮・内兵庫司は大蔵と並ぶ朝廷の代表的なクラを有し、『令義解』にも、衛士を差配する場所として「兵庫大蔵」が特記されていた（職員令61左衛士府条）。『続日本紀』によると、遷都後間もない和銅四年（七一一）九月には「今宮垣未㆑成」という理由で、とくに軍営を立てて兵庫を禁守せしめており、こうしたことからもその重要性がうかがえるのであるが、同時にこの記事では、兵庫が宮垣の内部に存在したことを前提としている点が注目される。つまり、平安宮兵庫が大蔵省の西に存在したのに対し（図22）、平城宮の兵庫は宮垣すなわち宮城の内部に存在したのである。

養老衛禁律23宮門条には、

凡於㆓宮門外、若宮城門㆒守衛（略）守衛。謂。衛士。

とあって、宮城内の守衛が原則的に衛士の任務であったことが知られるから、宮衛令9庫蔵門条の規定とあわせて、宮城内の曹司やクラの守衛に衛士が充てられたことは間違いなかろう。兵庫もまたその一つであったが、このことからすると、(a)古記（別式）の諸官司は、京内街路の守衛を定めた24分街条にも、また宮城内にも当てはまらない特殊な官司ではなかっただろうか。したがって(a)古記（別式）については、当時の衛士の守衛範囲のすべてではなく、平城宮の官衙配置に基づいた特殊な例であったことに留意する必要がある。

なお、こうした見解が当を得ているとすれば、(a)古記を唯一つの根拠として、「馬寮」もまた宮城外に位置した可能性が考えられる。ただし、宮城西辺部に馬寮が存在したことは動かしえないから、あるいは、これとは別に厩舎や馬場を備えた馬寮が存在したことを想定してもよいのではないか。(a)古記の記述とは時代的に隔たるけれども、天平神護元年（七六五）に成立した内厩寮は、『続日本紀』に「大蔵東長蔵災。内厩寮馬二匹震死」（延暦元年七月甲辰条）——厩につながれた馬が、目近に迫った燃え盛る炎に脅えて痙攣死したということだろう——とあって、大蔵の東すなわち宮城の北方に存在したことがわかるので、宮城外に厩を設けた例も皆無ではなかったことになる。この記事は別に、「馬寮推定地」から出土した「内厩」の文字をもつ墨書土器の評価にも一つの手がかりを与えるものとなろうが、ともあれ、現在のところはこれ以上の見通しもなく、ここでは一つの憶説として付記するにとどめることとする。

おわりに

わずか数行の古記の解釈をめぐって、以上長々と愚説を述べてきたが、結論としては、古記の一節に「大蔵。内蔵。民部外司。喪儀。馬寮等」のように句点を付すべきこと、あるいは〝民部外司〟の存在を確認しえたことがあるにすぎない。論証の過程では平城宮の官衙配置にも言及したが、いずれも本章の目的に即した断片的な考察に終始し、きわめて不十分な考証となってしまった。しかし、古記の解釈については一つの見解を提示できたのではないかと思う。その当否はともかく、こうした考察が平城宮をはじめとする日本古代の都城復原の一材料になれば、これに過ぎる筆者の喜びはない。

註

（1）瀧浪貞子「初期平安京の構造」（『京都市歴史資料館紀要』一、一九八四年）。
（2）平城宮のいわゆる第二次内裏地区から出土した「西宮兵衛伝票」と称する一群の木簡の分析から、内門（閤門）の一郭を内裏を囲む内郭築地回廊に、中門（宮門）の一郭を大極殿を取り込む外郭築地に比定している。なお平安宮では、それぞれ承明門一郭、建礼門一郭に相当するという（奈良国立文化財研究所編『平城宮木簡　一　解説』二七～三九頁、一九六九年）。

（3）松本政春「続日本紀養老二年十一月癸丑条の解釈」（『続日本紀研究』二〇五号、一九七九年）、直木孝次郎「律令的軍制の成立とその意義」（『ヒストリア』二八号、一九六〇年）。

（4）奈良国立文化財研究所編『平城宮発掘調査出土木簡概報』一九（一九八七年）、一五頁。

（5）註（2）に同じ。

（6）『寧楽遺文』三九五頁。

（7）新訂増補故実叢書『大内裏図考証』三、二〇〇頁。

（8）村井康彦「御倉町（諸家厨町）」（同『古代国家解体過程の研究』所収、岩波書店、一九六五年）。

（9）朧谷寿『清和源氏』（教育社、一九八四年）八九頁。

（10）この点はすでに森田悌「平安中期の内蔵寮」（同『平安時代政治史研究』所収、吉川弘文館、一九七八年）に指摘がある。すなわち森田氏は「内蔵寮官衙所在地を御倉町と称すことについては、『中右記』寛治八年十一月三日条参照」（四三七頁）と記すが、ただ『中右記』の記事は大炊殿の御倉町に関する記事なので、その論拠にはならない。

（11）今泉隆雄「八世紀造宮官司考」（奈良国立文化財研究所創立三十周年記念論文集刊行会編『文化財論叢』所収、同朋舎出版、一九八三年）。

（12）奈良国立文化財研究所編『平城宮出土墨書土器集成』Ⅰ（一九八三年）№八〇一。

（13）これとは別に、「外司」を宮城外に存在するすべての官司の意味に解して、「外司の喪儀馬寮等」とみる考えも成り立つかもしれない。しかしのちに述べるように、最初の「大蔵」（および大蔵省曹司）が宮城の北方に位置したことが確実なので、「大蔵」もまたここでの〝外司〟に含まれることとなり、全体の文意が通じがたくなる点に注意する必要がある。〝外司〟を五つの官司のうちの喪儀・馬寮だけに限定する用法は、当時の実態と矛盾するように思う。

（14）奈良国立文化財研究所編『昭和五十五年度平城宮跡発掘調査部発掘調査概報』（一九八一年）三～一〇頁。

（15）今泉隆雄「律令制都城の成立と展開」（歴史学研究会・日本史研究会編『講座 日本歴史』二所収、東京大学出版会、一九八四年）。

（16）岸俊男「難波の大蔵」（『難波宮址の研究 （論考篇）』七、一九八一年）。なお氏は(a)古記についても、すでに「民部外司」として理解しており（同五一頁）、本章の結論自体はなんら目新しいものではない。

(17)　岸俊男「松林苑と年中行事」(同『遺跡・遺物と古代史学』所収、吉川弘文館、一九八〇年)、奈良国立文化財研究所編『平城宮北辺地域発掘調査報告書』(一九八一年)、瀧浪貞子註(1)論文。

(18)　奈良国立文化財研究所編『平城宮発掘調査報告』Ⅻ(馬寮地域の調査、一九八五年)。

(19)　『平城宮出土墨書土器集成』Ⅰ(前掲)No.一〇一一、一〇一三、一〇一八。

(20)　坂本太郎「馬寮監」(同『日本古代史の基礎的研究』下所収、東京大学出版会、一九六四年)。

(21)　佐藤信「馬寮についての史料的検討」(前掲『平城宮発掘調査報告』Ⅻ所収)。

(22)　鼓吹司は九条家本「京程並京宮城内裏諸図」、陽明文庫本宮城図などには見えず、『平安通志』(一八八五年刊)所引「南都所伝宮城図」(残闕)のみに掲載されている(京都市参事会編・角田文衛解説『平安通志』〈新人物往来社、一九七七年〉九〇頁)。

第四部　平安京への展望

第一章　長岡平安遷都の史的背景

はしがき

延暦三年（七八四）十一月、桓武天皇はそれまでの平城京を離れ、新たに長岡京に都を遷した。さらに天皇は同十三年、再び遷都を実行し、平安京にその政権の拠点を据えることになった。この二つの都については、長岡京がわずか一〇年で廃棄されるという異例の事態を示すことから、どちらかといえば、両者の相違点に注目が集まることが多い。しかし周知のように、二つの京は至近の距離にあり、京都盆地の一画を占めていることにおいて、両者に大きな違いはなかった。その点からみれば延暦三年は、都が大和から京都盆地へ移動する画期となった年であった。では、なぜ遷都に当たってこの京都盆地がわざわざ選ばれたのだろうか。本章の目的は、その理由を検討することである。

ところでこのような問題については、喜田貞吉氏以来、多くの研究が重ねられてきた。まず、喜田氏はその著書『帝都』の中で長岡京を取り上げ、基本的な事実を確認したうえで、長岡京造営を主導した藤原種継が祖父に秦朝元をもつことから、山背国葛野郡に本拠をもつ秦氏との関係が想定されることを主張している。(1) 一方、林陸朗『長岡京の謎』では、桓武の母高野新笠につながる百済王氏との関係が強調され、百済王氏の拠点である河内国の交野が長岡京の場所を決定する基準となったとされた。(2)

またこれと同じころに刊行された村井康彦『古京年代記』では、長岡京のすぐれた立地条件が強調されている。長岡京については、『続日本紀』に「朕水陸の便あるを以て都を茲邑に遷す」(延暦六年十月丁亥条)、「水陸の便あって都を長岡に建つ」(同七年九月庚午条)とあって、二度にわたって「水陸の便」があげられているが、村井氏は、このことこそ大河川をもたない平城京との決定的な違いであり、「唯一最大」の遷都の理由であったとされたのである。(3)

これ以外にも、長岡京に関する研究は少なくないが、京都盆地への遷都の理由は、ほぼこの三つの点に尽くされているように思われる。筆者もまたこれらの指摘に対し、特別に異論を唱えるつもりはない。

ただ筆者は以前、都市とは一般的に、社会的諸関係が集約される空間であることを指摘したことがある。すなわち、都城も含めて都市は、社会全体の中で人と人を結びつけ物や情報を集約する場として機能したということである。(4)こうした視点に比べると、これまでの研究は長岡京や平安京の存在を独立したものとして想定し、同時代の社会との関連は、十分に意識されてこなかったように思われるのである。日本列島の社会全体からみたとき、この二つの都城には別の一面がみえてくるのではないだろうか。

一　唐都長安の立地

藤原京や平城京が飛鳥浄御原令・大宝律令の成立と並行して造営されたように、日本の都城は、律令制の成立と密接な関係があった。また、その律令のモデルになったのが唐の永徽律令であったことと対応して、日本の都城には唐で採用された都市プランの原理が大きな影響を与えていた。しかし、都城(左右京)をどのような場所に設定するかということについて、律令そのものに特別な規定はない。大宝・養老の律令には、畿内や畿外についての規定があり、さらに畿内の国々の中では大和を第一とする序列がみられるので、律令は、大和に左右京が設定されることを前提に全体が構想されていると理解できる。ただ、その細かな立地条件などについては、具体的記述は何もみることができないのである。

この点は、日本令の母法となった唐令においても、基本的に変わるところがない。ただ唐の長安については、近年、妹尾達彦『長安の都市計画』がこれまでにない独自の見解を示したことが注目される。(5) 中国の都市といえば、これまでは長安や洛陽などの特定の都市に関心が集中し、また古代日本との関係が意識されたこともあって、議論は平面プランや制度史的側面に偏る傾向が強かった。しかし妹尾氏は中国大陸の自然地理的環境に配慮しながら、唐都長安を中国の都市史全体の中に位置付けることを試みたのである。このような視点は、日本の都城を考えるうえでも有効であるように思われるが、ここではまずその内容を紹介しておきたい。氏の論点はきわめて多岐にわたるが、本章に関わるのは次の二つの点である。

われわれは「中国」というと、漠然と現在の中華人民共和国の領域をイメージし、しかも、古くから地域としての一体性を保っていたように考えがちである。しかし歴史的にみるとそれはごく一時期のことであり、とくに七世紀以降、二つの地域性が明確な形となって現れることが注目される。第一は華北から華南を中心とする漢人文化の拠点となる地域で、氏はそれを内中国（Inner China）と称した。これに対して、その外部には非漢人の居住地が存在する。ツングース族の満州（中国東北部）、モンゴル族のモンゴル、ウイグル族の新疆、チベット族のチベットの四つの地域がそれで、これらは外中国（Outer China）と総称された。一般に中国といわれる領域は、この二つの地域で構成されていたのであるが、歴史的にみると、国家とこの領域とは必ずしも一致していなかった（図24）。

日本の律令国家と関わりの深い隋・唐は、元来、鮮卑系や匈奴の諸部族が中国華北に建国した王朝であったが、そのため、これらは「内中国」「外中国」の両方を含む広い範囲を国家の領域としている。ところが、次の北宋は漢人が建国した王朝であり、その領域も「内中国」に限定された。妹尾氏は「内中国」と「外中国」からなる王朝を〈大中国〉の時代、「内中国」に限定される国家を〈小中国〉の時代と呼ぶが、中国の歴史の中では、非漢人が建国した〈大中国〉（唐・元・清）と漢人の〈小中国〉（宋・明・中華民国）の時代が、交互に訪れることになったのである。中華人民共和国は、歴史的にまさに〈大中国〉の一例ということになる（図25）。

これを第一の論点とすると、もう一つの論点は、この二つの時代の変遷に対応して、中国では首都が一定の法則に従った移動していたことであった。すなわち、〈大中国〉の時代には、長安（唐）、北京（元・清）など、「内中国」の

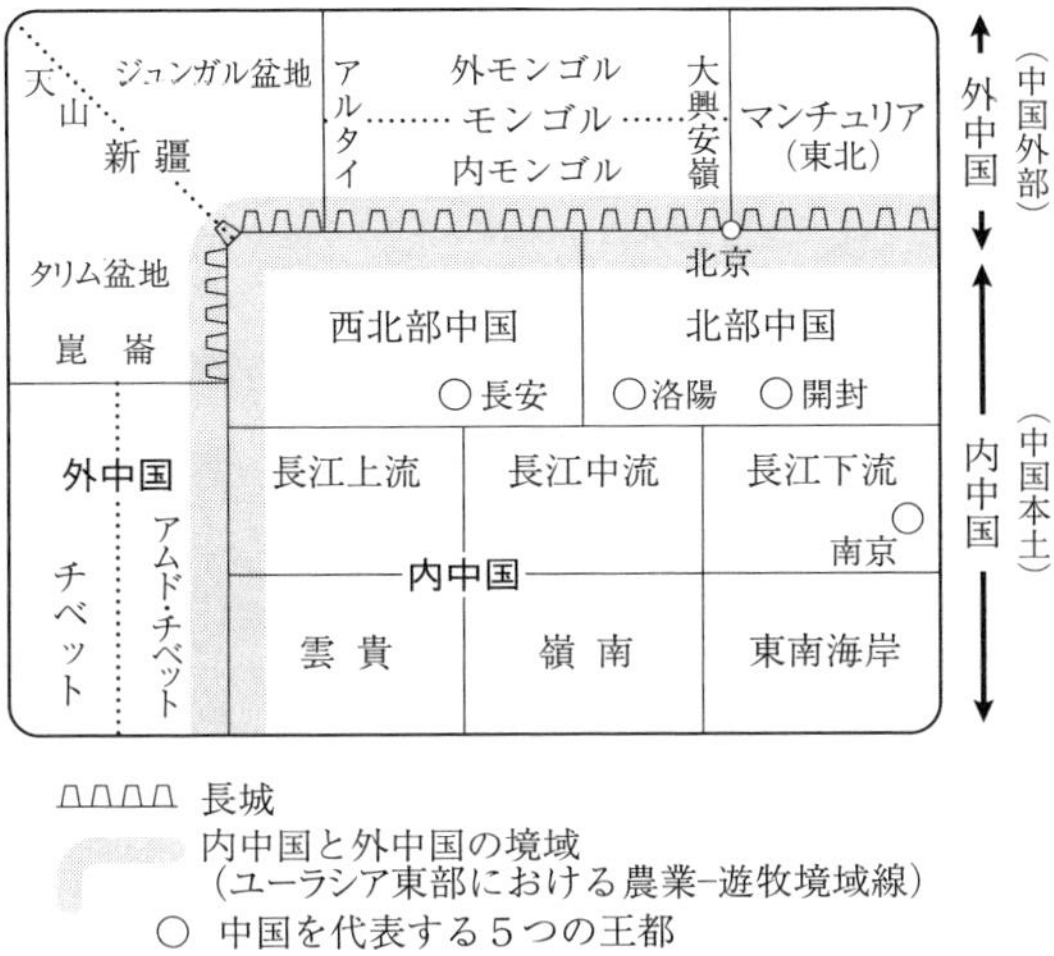

図24　中国の空間構成（妹尾達彦『長安の都市計画』より）

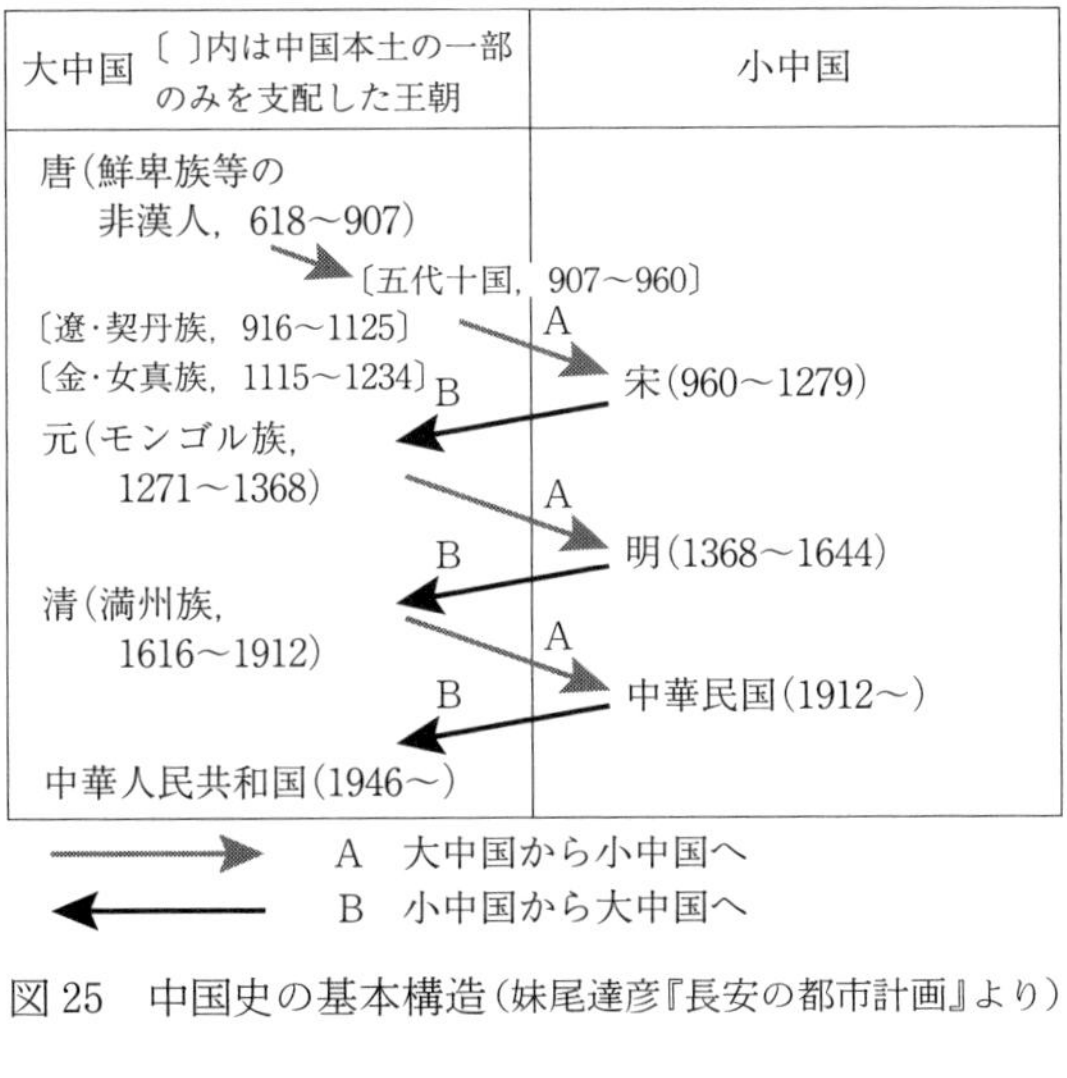

図25　中国史の基本構造（妹尾達彦『長安の都市計画』より）

縁辺部に首都が設けられたのに対し、〈小中国〉の時代には開封（宋）、南京（明）のように、「内中国」の中心部分に首都を定めているからである。平城京と同時代の唐都長安についていえば、その所在地である関中平野は、「内中国」の中心ではなくその西北隅に位置していたのである。このことは一見すると奇妙な印象を与えるが、しかし、「内中国」を権力の基盤として「外中国」を統治するためには、そうした場所が首都としてはふさわしかった。反対に、〈小中国〉の時代には「外中国」との関係は二次的なものとなり、そのため、首都は「内中国」の中心に定められたものと理解できるのである。

長安は「内中国」と「外中国」という異質な社会の接点に位置していた。そして、そこは漢人本来の地域からすれは「辺境」ともいうべき場所に当たっていたが、しかしだからこそ、長安は国家の「中心」になりえたのであるし、同時に、異質な社会的諸関係を集約する機能を果したのである。ここには、視点の転換で中心と辺境が一瞬で入れ替わる興味深い論点が示されている。

二　東国と西国

さて、このような指摘は、これを日本古代にそのまま適用することができるのだろうか。周知のように、八世紀初頭に成立した大宝・養老律令、十世紀前半の編纂にかかる『延喜式』には、五畿七道として知られる行政区画が規定されている。そこにみられる、左右京を中心としてその周りに畿内の国々を配し、さらにその外部に畿外が広がる構造は、いわば同心円的構造ともいうべきもので、都城を中心に文字どおり放射状に交通路が整備されていた。こうした構造をみる限りでは、古代国家の中に異質な二つの地域性を見出すことは難しい。「内中国」と「外中国」のような二つの地域性は、律令制の中ではほとんど姿を現さないのである。

ところが中世史の分野に目を転ずると、この状況は一変する。日本の中世の時代には、東国と西国という二つの地域が大きな意味をもっていたからである。このことを最初に取り上げ、広く知らしめることになったのは、石井進『日本の歴史7　鎌倉幕府』であった(6)。同書の中で石井氏は、関東を拠点とする鎌倉幕府が、とくに遠江・信濃以東の一五ヵ国に鎌倉番役を課し、同地の御家人に一月交代で鎌倉に上番させたこと、さらにこれに三河・越後を加えた地域が「東国」とされて、幕府の直接の権力基盤となっていたことを紹介し、京都における朝廷の影響力の強い「西国」との対照的な姿を明確に示したのである。東国と西国の境界は、太平洋側の愛知県、日本海側の富山県または新潟県を結ぶ線になるが、石井氏は同時にこの境界が国語学上の境界線——いわゆる関東風方言と関西風方言の境界——に一致することも示し、この二つの地域が、政治的次元とは別に、異質な社会であることを強く示唆した。

また、この著作が刊行された約二〇年後の一九八二年には、網野善彦『東と西の語る日本の歴史』が発表され、右の論点をさらに深化させていった(7)。すなわち、東日本と西日本の地域性は、旧石器時代の石器分布や縄文時代早期の土器分布圏などとも一致し、中部地方を境界とする二つの地域圏が、実際は縄文時代から一貫して存在したことが主張されたのである。このことを通じて、網野氏は東日本と西日本が異なる歴史をたどったことを示し、日本が「単一民族」からなるとする固定観念に異議を唱えることになった。

では、縄文時代と中世に挟まれた古代国家の時代にも、二つの地域圏は存在したのだろうか。同書ではそれを前提とする古代国家像が描かれているが、しかしその記述には、いささか歯切れの悪い印象をぬぐうことができない。「古代」の記述は前後の時期と比べて明確な差異がみえにくく、「東と西」の議論が律令国家の歴史像とうまくかみ合っていないのである。

ただし、この二つの地域圏を想定することは、古代の王権所在地についての議論に一つの見通しを与えるのではないだろうか。ヤマト王権が誕生したと考えられるのは三輪山山麓を中心とする奈良盆地であるが、大和は以後奈良時代まで、ほぼ一貫して政権の所在地となった。ここは、二つの地域圏では、西日本のうちの東端の部分に位置することになるが、先の唐都長安の見方を当てはめれば、西日本の中で東日本ともっともアクセスが容易な場所、つまり西国と東国の接点に位置するものと評価できるのである。長岡・平安京がおかれた京都盆地も、奈良からみてほぼ真北の方位に位置するので、やはり同様の評価が可能となろう。

ただ先にも述べたように、律令国家の時代には京・畿内を中心とする同心円的構造が確固として存在し、東西の地域性はほとんど制度に現れない。また、その前史にあたる弥生時代や古墳時代に、東日本と西日本それぞれに統一された権力集団が存在したとはとうてい考えられず、二つの強固な地域圏を想定することは難しい。

他方で、妹尾達彦氏が中国大陸で「内中国」と「外中国」の地域性を見出したとき、その基準となったのは、自然環境や言語などの、もっとも基本的な文化要素であった。両者の間には、種族（「内中国」の漢族と「外中国」の非漢族。以下これと同じ順序で記す）、言語（漢語系と非漢語系）、生活習慣（農業と牧畜）、自然地理（沖積平野・丘陵地と高原・砂漠・ステップ）などの点で、決定的な相違が存在した。(8) これに比べると、日本列島の東西の相違ははるかに小さい。鎌倉時代の東国と西国でさえ、言語や生業（妹尾氏のいう「生活習慣」に当たる）の点で両者に根本的差異がなかったことは、むしろ日本社会の重要な特質といえるのではないだろうか。

このような点を勘案すると、「中国」の地域性の概念をそのまま日本に当てはめることには無理があり、単純に双方を比較することはできないものと思われる。日本列島における東西の相違、西日本と東日本の地域性については、その存在を前提としたうえで、両者を対立する関係で捉えるのでなく、むしろ相互に活発な交流・交易が存在したことに留意すべきかと思う。

三　東西交通のルート

先に述べたように、日本の古代国家では左右京を中心とする交通体系が整備され、またそれを基準として五畿七道の行政区画が形成されていた。大宝元年（七〇一）に成立した大宝令にはすでに、三〇里ごとに一つの駅をおくことが規定され、交通路を維持・管理することが定められている。この規定がそのまま現実化していたのかどうか、詳細はわからないことが多いが、『延喜式』（兵部省）には全国に設置された駅が掲載されているので、大宝令で描かれた構想は、おおむね実現されたとみて間違いない。

発掘成果などによれば、この時期には直線的な道路が各地で整備されたことが知られ、また、美濃と信濃を結ぶ吉蘇路のように、八世紀初頭に新たな道路が作られる事例もあった（『続日本紀』大宝二年十二月壬寅条、和銅六年七月戊申条）。ただ、こうした交通体系はこれ以前にもある程度原型ができていたはずで、部民制を通じて全国に支配を及ぼした六、七世紀はもとより、前方後円墳が東北中部から九州中部に普及する五世紀前後のころには、すでに大和と各地を結ぶ交通体系の基本が成立していたと推定される。その点からみれば、律令制下の交通路は、古墳時代以来の交通体系を土台として完成したのである。

ところで、律令制下の駅制は中央と地方を結ぶ交通路であることを第一の特徴としていた。しかし、あらためて東日本と西日本の地域性に着目するなら、それは日本列島の東と西を結ぶ交通路でもあったはずである。そしてこのような遠隔地間の交通路を想定するさいには、自然条件に制約される場合が多かったことも容易に想像されよう。すなわち、東西に細長く、また平野部が狭小で山地によって分断されがちな日本列島では、東西の交通路もいくつかのルートに限定される傾向が強かったのである。近世あるいは中世のように、海上交通が十分に発達していない古代にあっては、陸上交通の比重が大きかったことも作用して、この傾向はいっそう顕著なものとなったに違いない。(9)

ここではこうしたことを、律令国家の中でとくに重要な地位を占めた太平洋側の地域を例として確認しておくことにしたい。

まず最初に、日本列島を西から東に向かうコースを考えてみたい（以下、図26参照）。西日本のうち、九州から中国・四国地方では、瀬戸内海を利用した水運あるいはその沿岸路が基本的ルートになったと想定されるが、どの場所から出発しても、最終的には、大阪湾沿岸を通過する必要があっただろう。瀬戸内海から大阪湾（難波）に到着すれば、そこからは淀川水系沿いに容易に京都盆地に着くことができ、さらに逢坂山を越えて琵琶湖南岸の大津に至ると、近江・美濃を経由して東日本に入ることができた。このルートは、その大部分が平坦地を通ることができ、障害の少ない、もっとも自然なコースだといえる。

なお、大津からは、琵琶湖を経由して北陸地方に至る交通網が整備されていたことも重要である。『延喜式』（主税上）によると、大津から琵琶湖北岸の塩津までは水上交通が利用でき、さらに陸路で敦賀に至ると、そこからは海路で越後・佐渡にまで達することができたのである。(10)このルートは、東日本の日本海沿岸地域と西日本を結ぶ基本的ルートになったと推定される。

以上が京都盆地を経由するコースだとすれば、西から東へのもう一つのルートとして想定されるのは、紀伊半島の中央部を横断するコースである。すなわち、瀬戸内から大阪平野までは第一のコースと同じであるが、そこからは陸路をたどるか、あるいは小舟に乗り換えて大和川を遡上するかの方法をとって、奈良盆地に入ることができた。古代

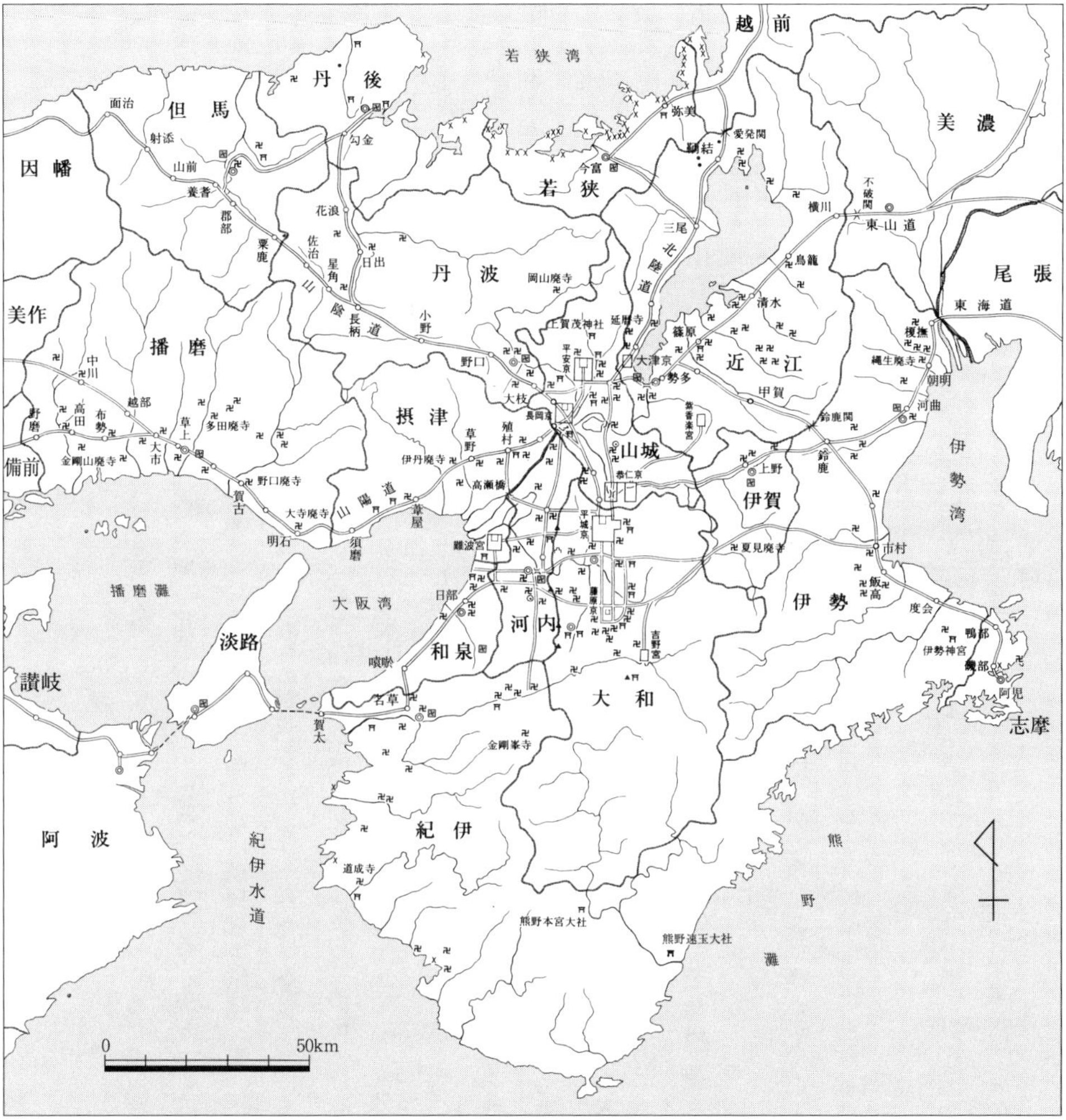

図 26　古代の交通路（近畿）（『新版 古代の日本 6　近畿Ⅱ』より）

における奈良盆地の交通体系については、岸俊男氏がすぐれた研究成果を残されている(11)。それによれば、奈良盆地から河内（大阪平野）へ向かう道としては、金剛山地の北端、二上山の麓に位置する穴虫峠・竹内峠を通る横大路および生駒山地の竜田山を通る竜田道が代表的であった。このうち、横大路は奈良盆地南端を東西に横断し、三輪山の南麓・初瀬を通ってそのまま伊賀、伊勢に通じていた（のちの初瀬街道に当たる）。『日本書紀』にある壬申の乱の記載によれば、天武天皇は吉野で挙兵したのち、宇陀、名張、伊賀、積殖（柘植）を経て、最後に鈴鹿を通って伊勢に入ったというが、この道こそ、奈良盆地から東国に至る基本的なルートであった。これを現在の地名に重ねると、初瀬街道から名張市へ、さらに北上して上野盆地に達したのち伊賀と伊勢の境にある加太峠を越える経路をたどることができる。そして、加太峠の東側には三関の一つである鈴鹿関が設けられ、伊勢平野への出入口となっていたのである。

西日本から大阪平野を経て東日本に行くには、以上の二つが基本的ルートになったと想定される。もちろん可能性としては、これ以外に山間部の道路などを通行することも考えられるが、安定した幹線ルートと呼ぶにふさわしいものは見当たらない。またそのような場合にも地形から判断する限り、京都盆地か奈良盆地のいずれかを通過しなければならない。いうまでもないが、このうちで、京都盆地を通過するルートは平安京を基点とする交通路に一致し、また、奈良盆地を経由するルートは飛鳥や藤原京を基点とする交通路に重なっていた。

さて、これに対して、東から西へ向かうルートにはどのような経路があったのだろうか。ここでもいくつかの可能性が考えられるが、実はこの方向についても、経路はおおむね二つのルートに収束するとみられる。律令制の東海道と東山道に相当するルートである（図27参照）。

このうち前者は、三河・尾張から伊勢湾沿岸を経由して伊勢平野に至るコースである。東国から西へ向かうには、とくに太平洋岸地域の場合、この二国が必須の通過点となった。三河・尾張を起点に陸路で進む場合には、さらに伊

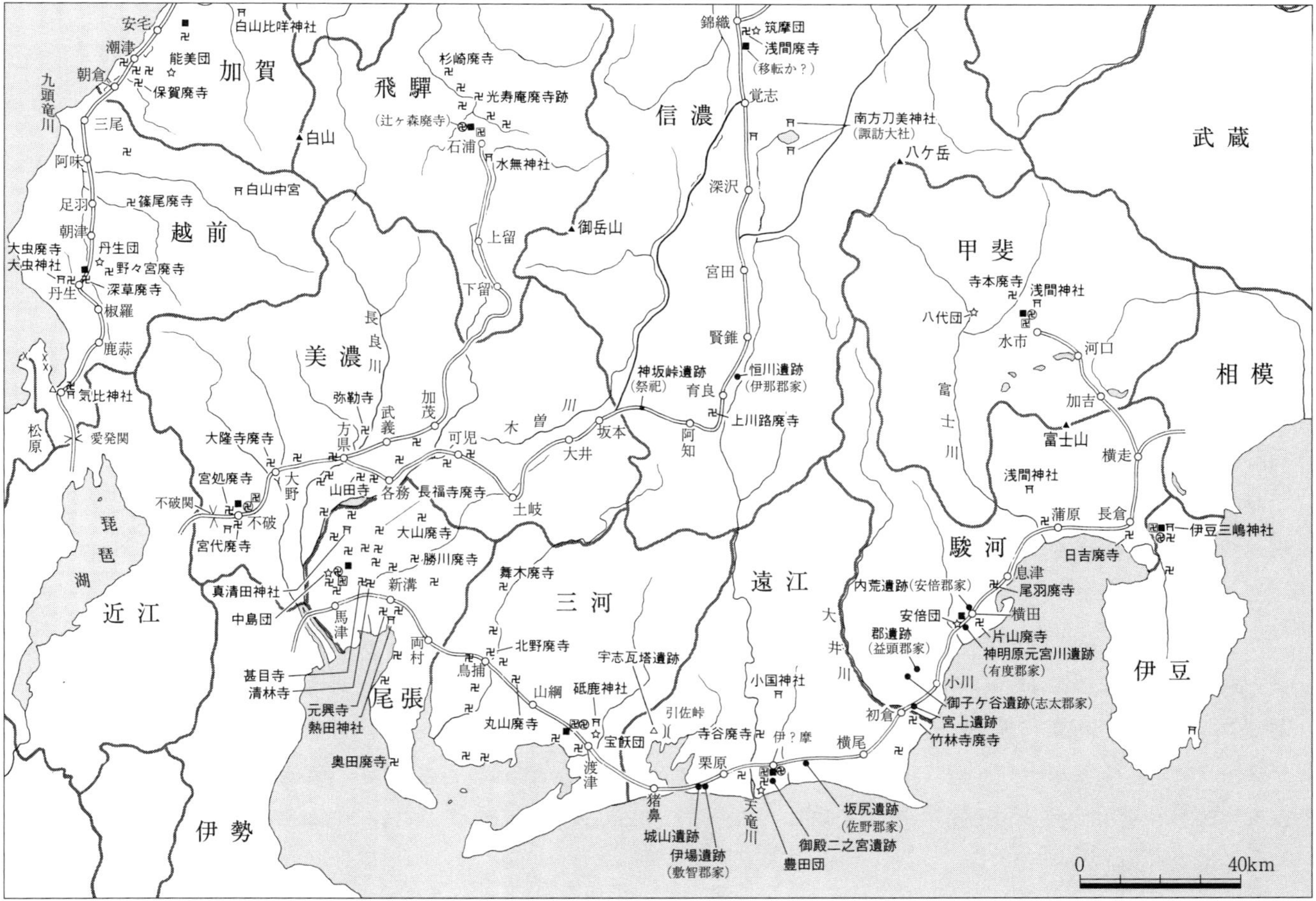

図27　古代の交通路（中部）（『新版 古代の日本 7　中部』より）

勢湾の最奥部を通過しなければならないが、この場所は木曽・長良・揖斐のいわゆる木曽三川が合流する河口部に当たり、古くから交通の難所として知られていた。ここは川の中州が発達した輪中地帯としても有名で、今日の光景からは想像できないが、海面が内陸奥深くまで入り込み、たびたび洪水にも見舞われる不安定な地形であった。江戸時代の東海道（五十三次）でも、宮（熱田）と桑名のこの区間だけは、七里の渡しと呼ばれる舟運を利用するのを基本としていたのである。そして、このような地理的環境は、古代でもさほど変わらなかったと推測される。

この場所は、古代の行政区画ではちょうど伊勢国と尾張国の境界に当たっている。またこの付近の東海道の「駅」として、伊勢国では鈴鹿、河曲、朝明、榎撫などの七つが、尾張国では馬津、新溝、両村の三駅があげられているが（『延喜式』兵部省）、地名辞典などの記述に従うと、両国の駅路は、伊勢の「榎撫」と尾張の「馬津」によって接合していたと考えられる。ただ両者の場所は、木曽三川の東西に位置していることは判明しているものの、具体的な位置は確認されていない(12)。しかしいずれも「つ」（津）を名称に含んでおり、また『日本後紀』には「桑名郡榎撫駅より尾張に達するは既に是れ水路なり」（同弘仁三年五月乙丑条）という文言も見えていて、この二つの駅は舟運によって結ばれていたと判断される。なお尾張国の西端、現愛知県西部に位置するこの一帯は、奈良時代以降、海部郡の名で呼ばれたこともわかっている（『延喜式』『倭名抄』など）。おそらくこの地名は、この水郷地帯を船で往来する海民が存在したことを反映しているのであろう。

このように、伊勢湾の存在は陸路にとって大きな障害になっていたが、同時にこの海がそれを囲む地域を結び付けていたことにも注意しておきたい。伊勢湾は、周辺の地域を一体化する役割をも果たしていたのである。

たとえば、天平二年（七三〇）の「尾張国正税帳」（『大日本古文書』一巻四〇六頁）には、「志摩国伯姓口分田輪租穀弐拾参斛壱斗」とあり、志摩国の口分田が尾張で班給されていたことがわかる。この規定は後世にも継承され、『延喜式』（民部上）には、耕地が狭小な志摩国の口分田を伊勢・尾張両国に班給することを定めているが、志摩国の住人は実際に尾張に出向いて耕作に従事したのである。おそらく両国の間は、海路を通じて比較的簡単に往来することができたのである。

また、伊勢平野の南端に位置する伊勢神宮について、その神戸が三河・尾張・遠江に分布し、九月の神嘗祭で神宮に「荷前」の稲などを貢納していたことも、この二つの地域の密接な関係を物語る事例となろう（『皇太神宮儀式帳』『止由気神宮儀式帳』）。さらに、伊勢神宮に関連して、やはり皇室と関わりの深い熱田神宮が伊勢湾の反対側に位置していることも、単なる偶然とは考えられない。(13) この二つの神社は、海上交通を媒介とすれば、ごく近い場所に位置していたとみることができるからである。(14)

『日本書紀』大化二年三月甲申条には、三河・尾張を舞台とする次のような記事が収められている（一般には三河の表記が通用しているが、古代の史料では「参河」の表記が圧倒的に多い。しかし本章ではすべて「三河」で統一した）。すなわち、当時京に上る百姓は「尾張参河両国の人」に馬を預け、その代価として布や麻を与えているが、それにもかかわらず、京から還ったときに馬を取り戻そうとしても、「参河等」の人があれこれ理由をつけて馬を返却しないことが、しばしば起こったというのである。ここで三河・尾張が登場するのは、東国の人々がここから伊勢湾を渡海して大和や難波に向かったことを示している。そして海路をとるために、東国から引き連れてきた馬を伊勢湾の手前で預けざるをえなかったのである。(15) 海上ルートで荷駄を運べないことは、陸路に比べて重大な欠点になったと推定される。

ところで、この両国のうち三河については、神島・答志島を経て直接志摩半島に渡ったことが想定され、あるいは伊勢神宮（外宮）の外港である大湊、さらに北側の安濃津に直接至ったものと考えられる。もし「東海道」ルートをとるのなら、馬はすべて尾張にとどめられたはずだからである。平城宮から出土した木簡によれば、三河国の佐久島・日間賀島・篠島の三島から大量の海産品が贄として京送されたことが知られているが、おそらくこれらも、尾張経由でなく、三河から直接平城宮に届けられたのであろう。古代には、渥美半島・知多半島と志摩半島・伊勢平野を結ぶ海上の道が、重要な交通路として存在していた(16)。

以上のように、東国から伊勢湾を渡るには、南北二つのコースが想定できる。しかしいったん伊勢平野にたどり着けば、どちらの場合も伊勢の中央部に位置する鈴鹿を通って奈良盆地東南部に抜けるのが、西日本に向かう最短のルートとなった。いうまでもなくこれは、前述した、奈良盆地から東国に抜ける道に一致している。

さて、東から西に向かうもう一つのルートに想定されるのは、律令制の東山道に重なるコースであった。東国から尾張までは東海道ルートと同じであるが、そこから陸路で北上すると、美濃で東山道ルートに合流することができた。いうまでもなく美濃は、信濃以東の地域から西に向かう場合の通過点でもあった。その美濃から西に向かうと、現岐阜県垂井町の美濃国府、関ヶ原町の不破関を通り、ほぼ一直線に琵琶湖の東岸に出ることができた。ここに至れば、平坦路をたどって京都盆地、西日本にまで達することができたのである。

尾張と美濃を結ぶ道は、近世には美濃路と呼ばれ中山道の付属街道となっていたが、現愛知県稲沢市にあった尾張国府もこのルート上に位置しているので、古代にもある程度の交通路が形成されていたことは間違いない。このルートの特徴としては、舟運を利用せずに、陸路だけで西国に向かうことができたことをあげることができよう。

東海道と東山道の二つでは、今日の感覚からすると、平坦部を走る東海道ルートの方が利用しやすいように思われるかもしれない。しかし東海道には木曽三川をはじめとして、大井川、天竜川、安倍川、富士川、関東の多摩川や江戸川などの河川が太平洋に流れ込んでおり、こうした河川の河口部を渡らなければならなかった。このことが交通上の大きな障害となり、それだけ危険度も高くなったのである。そのため古代では、山岳地帯が多いにもかかわらず、東海道よりも東山道の方がより安全な交通路と見なされていた。[17] 関東地方の有力国であった武蔵が、太平洋に面しているにもかかわらず当初より東山道に属していたことは、こうした事情を示す一例である。武蔵国が東海道に編入されたのは、宝亀二年（七七一）のことであった（『続日本紀』同年十月己卯条）。

ところが、延喜十四年（九一四）には、東山道から東海道への「枉道」を禁ずる官符が出されている（『別聚符宣抄』延暦十四年六月十三日太政官符）。これは、本来なら東山道で東国に下向すべき官使が東海道を通ることを禁じた法令であって、このころには東海道の利用度が高まっていたことを示唆している。さらに天禄二年（九七一）には、東山道に属する出羽国司が下向するに当たって、東海道を経由することが認められた（『朝野群載』巻二十二、諸国雑事上）。そのときの史料には、東山道について「頃年の間、水陸自ら変じ、遠行の程には道路嶮多し」とあって、東山道衰退の一端を伝えているが、東海道の交通事情が改善し東山道に対する優位が確立するのは、この十世紀のこととみてよい。

一方で、奈良時代には、東海道に属する国から、東山道の不破関を経由して上京した例を、木簡の記載から知ることができる。

一つは浜松市郊外の伊場遺跡から出土した木簡で、そこには「(表) 美濃関向京（後略）／(裏) □□駅家、宮地駅家、山豆奈駅家、鳥取駅家」（『日本古代木簡選』）の文言が見える。『延喜式』（兵部省）には三河国の駅として「鳥捕、山綱、渡津」の三駅が掲出されているが、裏面の最後の駅家二つがこれに該当することは疑いない。また最初にあげる文字不詳の駅家も、残る渡津駅に相当する可能性が高い。「宮地駅」は『延喜式』に記載がないが、愛知県宝飯郡音羽町に「宮地山」があり、宮地駅はその東、現国道一号線が通る同町赤坂に存在したと考えられている。この木簡は一種の過所木簡と推定されるが、ここに記されているのはいずれも三河の駅家であり、それらを経由し、「美濃関」

すなわち不破関を通って平城京に向かったのである。(18)

同様の例は、平城京出土の木簡にもみることができる。「依私故度不破関往本土〈甲斐□□□、戸口□人□麻呂□〉」(19)（なお、〈 〉内は、原文では細字双行で表記されている）。当木簡は二条条間大路南側溝で発見されたが、宮内から流出したものと考えられ、また併出した木簡から、天平前後のものとみられている。ここには、私的な理由で、甲斐国の住人が不破関を通って本国に帰る様子を知ることができるが、甲斐は東海道に属していたから、この記載は公的な行政区画と食い違っていたことになる。東海道の住人が平城京との間を往還するのに、実際には東山道を使用することがあったのである。(20)

東海道には少なからぬ危険がともない、また伊勢湾を渡海するさいには、馬を同行することのできない欠点が存在した。奈良時代さらにそれ以前の時代には、安定した東山道の方がはるかに利便性が高かったのである。

さて、以上のように、西から東へ、東から西へという二つのルートを検討してきたのであるが、いずれについても、京都盆地か奈良盆地のどちらかに交通路が収束することが確かめられた。自然地形に従いもっとも利用しやすいコースをとろうとすれば、日本列島の東西を結ぶ交通路はこの二つの盆地に集約されていたのである。これとは別に、琵琶湖の北岸や京都盆地の北を通るルートも想定はできるが、太平洋側の地域を基準とするならば、それは日本海側に大きく迂回するコースになったはずで、効率的な最短のコースとはなりえなかったと想像される。

では、東西交通の集約点という観点からみると、二つの盆地はどのような意味をもったのだろうか。

長岡・平安京がおかれた京都盆地は、この場合、淀川水系を遡行するルートと東山道のルートが出会う、まさに東西交通の要衝であった。この場所は、西日本の中で東日本へのアクセスがもっとも容易な位置を占め、またそれを掌握・独占することが、西日本の諸勢力に対する優位を保つ決め手にもなったのである。人や物資の流れを集約し、またそれらを管理できた点で、ここは政権の拠点としてきわめてすぐれた条件を備えていた。

一方の奈良盆地は、これまで繰り返し紹介してきたように、古墳時代に誕生したヤマト王権以来の王権所在地である。奈良盆地を中心とする大和には大きな河川もなく、とくに三輪山から飛鳥の地域は盆地の東南隅に位置しているため、今日からみると、いささか不便な場所のように感じられるのではないだろうか。しかし本章で述べたように、この場所は東西交通のルートのうち、紀伊半島の中央を横断する交通路の集約点でもあった。奈良盆地もまた、京都盆地と同じ性格を備えた、東西交通の要衝の一つであった。

四　遷都の理由

京都・奈良の二つの盆地は、いずれも日本古代の歴史の中では重要な舞台となったが、とりわけ奈良盆地は、古墳時代以来ほぼ一貫して政権の中心地となっていた。しかし八世紀末、桓武天皇が平城京を離れ、新たに京都盆地に長岡京を造営したことにより、両者の地位は逆転した。では、なぜこのときに、大和から山背へと政権の拠点を移動したのだろう。またそれによって、どのような事態が引き起こされたのだろうか。これまでたびたび指摘されるように、遷都事業が、桓武天皇による律令制刷新と権力集中の一環であったことは間違いなかろう。その意味で、遷都の問題は第一に政治史的問題であった。しかしここでは、これまで述べてきた立地条件の視点からこの問題を考えてみたい。なぜこの時期に京都盆地を選んで遷都が実施されたのか、筆者が考える理由は以下の三点である。

第一は、やや抽象的表現であるが、七、八世紀の時代に本格的な律令国家が成立したことである。八世紀初頭、大宝律令が成立したことを画期として、天皇を頂点とする地方民の支配は格段に強化された。定期的に戸籍・計帳が作成され、それに基づいて班田収授や租税徴収がなされて、国家の権力は民衆の間に浸透していく。これと並行して、藤原京や平城京が相次いで造営され、律令国家の拠点としてその体制を支えたが、このことは同時に、大量の人々が一つの空間に集中する機会を作ることになった。調庸を運京するため、衛士や仕丁として中央で仕えるために、あるいは造寺造宮に従事する役丁として、それまでにない大量の人や物資が都城に集まったのである。青木和夫氏は、日本の地方社会に文字が普及することに関して「地方から中央へ、中央から地方へという人々の動きが一挙に著しくなったのは、八世紀初頭からの律令制度によるのであり、これが読み書き普及の大きな機会ともなったのである」(21)と論じている。

平城京の場合にも、その立地条件から判断して、そのような事態にもある程度対処することができたであろう。しかし東国との主要連絡路である東海道ルートでは伊勢湾を渡海しなければならず、大量の物資を安定して運ぶには限界があったのではなかろうか。また、荷駄を使用できない点も、大きな影響を与えたであろう。

そのような場合には、陸路で構成された東山道ルートの方が利用しやすかったのではないだろうか。伊勢湾を横断するルートは、一定の通行量には対応できたものの、律令制下にはしだいに東山道ルートの比重が高まったと推定されるのである。そしてもしそのようなことが現実化すれば、東国との連絡路に直結していた奈良盆地の地位も、相対的に低下していったと考えられる。そのときには新たに、東山道ルートに直結する場所が求められたのではなかっただろうか(22)。

第二の点としては、七、八世紀を通じて、律令政府の支配が東北地方に拡大していったことをあげておきたい。よく知られるように、律令制以前における東北地方の大半は、ヤマト王権にとってほとんど交渉のない地域であったが、大化改新直後に渟足柵・磐舟柵を設置したのを手始めに、以後徐々に支配を拡大した。和銅五年（七一二）には日本海側に出羽国を建国し、太平洋側の陸奥国とともに国郡制の基礎が築かれたが、八世紀前半には多賀城や秋田城を設け、以後それらを拠点として蝦夷の内民化を図っていった。この間、蝦夷との間でたびたび激しい戦闘が繰り返されたが、しかし九世紀初頭になると、坂上田村麻呂や文室綿麻呂らによって戦闘は終息する。こうしてこの時期には、現在の岩手県・秋田県以南の地が律令国家に組み込まれたのである。七世紀から八世紀にかけての百数十年間は、律令国家の支配領域が大きく拡大した時代でもあった。

そしてこのことは、陸奥・出羽が属する東山道ルートの意義を高めることにもなっただろう。ただこのうち出羽国は、越後国出羽郡を基本として建てられた国であり、とくに海路を通じて、越後国をはじめとする北陸道諸国とも密接に関連していた。したがって東山道とともに北陸道も、その存在価値を高めたことが推測される。

東と北に大きく支配権が伸張したとき、政権の所在地としては、それらとアクセスの容易な京都盆地の方がふさわしい。平城京の位置は、全体の領域からみれば南側に偏り過ぎている。大和が古墳時代以来の中心であったのに対し、平安京は、九世紀初頭に確立する「日本」の領域に対応した首都であったといえる。律令国家の東北方面への拡大は、同時に、都をその方向に移動させる圧力となったのではなかったか。このような点においても、京都盆地への遷都は必然的施策であったように思われるのである(23)。

八世紀には、もう一つ、平城京にとって都合の悪い事態が起こりつつあった。難波津が港としての機能を低下させていたのである。

『続日本紀』によると、天平宝字六年（七六二）四月、安芸国で建造した遣唐使船を難波に廻送したところ、一隻が「難波江口」の浅瀬に乗り上げて船尾を損傷する事件があった。史料にはこのことが、「遣唐使の駕る船一隻、安芸国より難波の江口に到るとき、灘に着きて浮ばず。その柂も亦復発ち出づること得ず。浪の為に揺られて、船尾破れ裂けたり」（同、天平宝字六年四月丙寅条）と書かれているが、おそらく土砂の堆積が原因となって、難波津は大型船の停泊に対応できない地形となっていた。[24]このことによって平城京は、瀬戸内海地域との結びつきを失う事態に直面したのである。

難波津一帯の地形は三角州が発達した今日の様相と大きく異なっており、よくわからない点が多い。しかし日下雅義氏によれば、およそ次のようなものであったと考えられる[25]（図28）。

大阪湾には淀川や旧大和川が注ぎ込み、広大な三角州を形成していたが、まだ今日ほどには発達しておらず、海水面は遠く生駒山地の麓付近にまで達していた。一方、平野部西端には上町台地があり、そこからさらにこの水面をふさぐようにして、長大な砂州が北に向かって伸びていた（天満砂州）。このためその内側（東側）には広い入り江が形成されたが、五世紀には天満砂州に難波堀江が開削され、また砂州で囲まれた水域（ラグーン）を利用して、堀江の一画に難波津が造られた。遣唐使船が座礁した難波の江口とは、難波堀江が大阪湾に注ぎ込むまさにその地点に当たっていた。

遣唐使船の事件以降、難波津がどのような歴史をたどったのかはあまりよくわからない。ただ、長岡京時代に当たる延暦四年（七八五）正月には、摂津の神下・梓江・鯵生野の三ヵ所を開削し、淀川からの分流を作って「三国川」に通じさせている（『続日本紀』同年正月庚戌条）。この流路は、現吹田市で淀川から分流したのち尼崎市で大阪湾に達する、現在の神崎川に相当する。これにより、瀬戸内海から平安京に向かう船は、難波に立ち寄ることなく、神崎川河口から淀川に入って直接淀・山崎に行くことができた（『延喜式』民部上）。[26]したがって、この時点で難波津の機能はほとんど停止していたとみてよい。

またこれに関しては、長岡京が造営されるのと時を同じくして、難波宮が廃止されていることも注目される。難波宮は、その役割とともに地理的にも難波津と一体的な存在であったが、宮が廃止されたことは、難波津の衰退と表裏の関係にあったと考えられるからである。八世紀後半以降、難波津の機能は急速に低下していったのである。

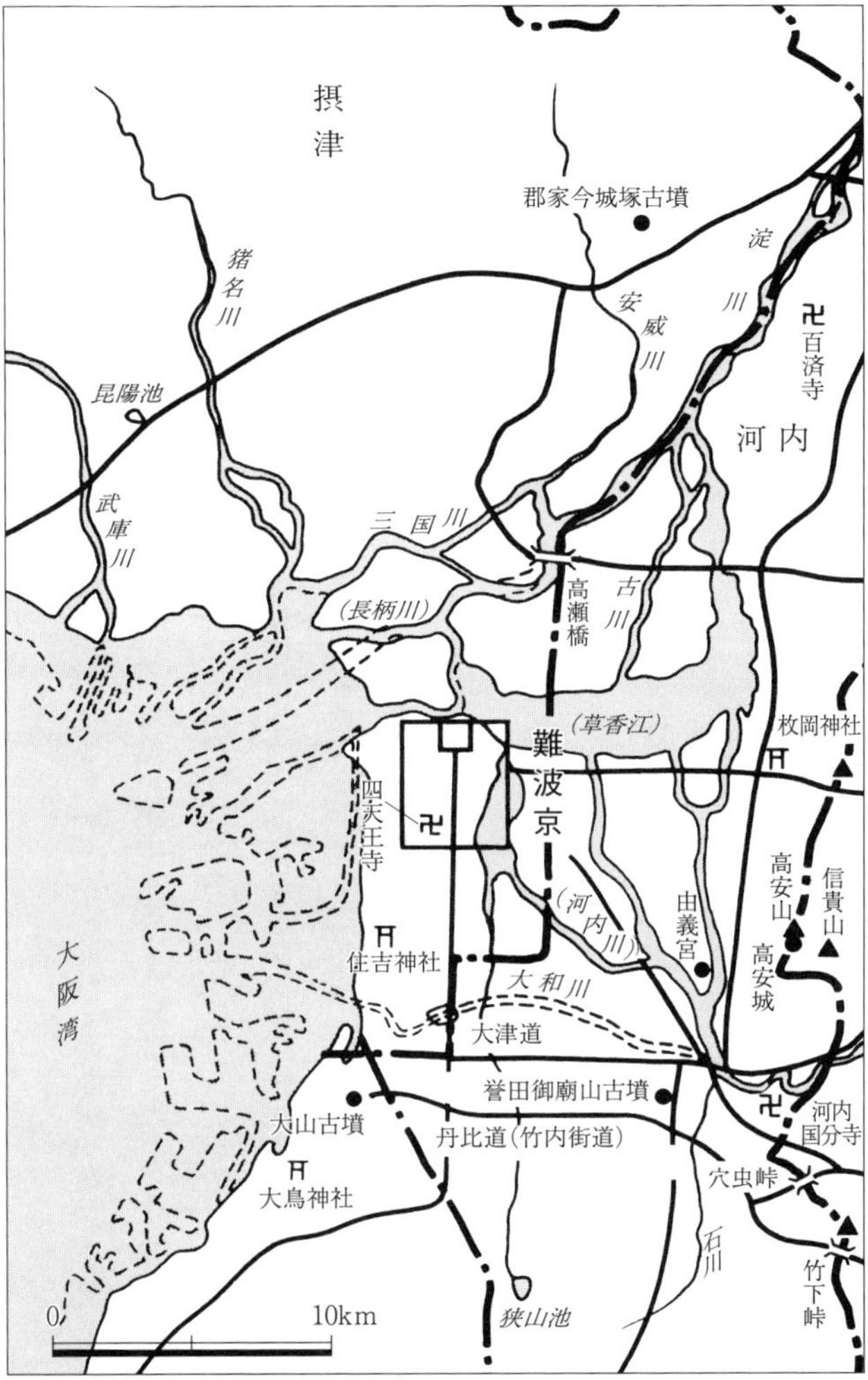

図28　古代の河内平野（『岩波日本史辞典』より）

おわりに

以上、長岡・平安遷都に関わる問題を検討してきたが、本章ではその歴史的背景として次の三点をあげた。

①律令国家の成立によって大量の人や物資が移動・集中するようになったが、伊勢湾を渡海する東海道ルートとの関係が密接な平城京は、そうした状況に十分に対応できる立地条件を欠いていたこと。

②七、八世紀を通じて律令国家の支配領域は東北方面に拡大したが、平城京のある大和は、古墳時代以来の王権所在地であったため、そうした事態に対応できなかったこと。

③難波の港湾としての機能が低下したため、平城京が本州西部との接点を喪失する事態に直面していたこと。

このうち最初の①②は、いわば律令国家の発展によってもたらされた結果にほかならない。律令国家は藤原京や平城京を作りそこを拠点として支配を展開したが、皮肉にもそのことが、平城京の、あるいは大和の地位の低下を招いたのである。

これに対して、③の項目は、一種の自然現象と理解できるかもしれない。ただしこのことについても、律令国家の存在は無関係ではなかったと考えられている。すなわち、淀川上流域での山林伐採が森林の荒廃と土砂の流出を生み、それが、河口部での土砂の堆積を加速することになったのである。藤原宮を造営するための材木が、琵琶湖南岸の「田上山」で伐採されたことはよく知られているし（『万葉集』巻1、二〇番）、東大寺の建設に当たっても、田上、甲賀、高嶋の三ヵ所が「山作所」として設定され、料材を産出する拠点となっていた。このうち、田上山の荒廃はなかなか回復せず、そこに復旧の手が加えられたのは、近世以降のことであったという(27)。

さて、このようにして平城京はさまざまな面で「限界」に達していたのであって、こうした点に着目するなら、平城からの遷都が「限界」を打開するための必然的施策であったことが理解できよう。遷都は、もし仮に桓武天皇が断行しなくとも、いずれ誰かの手によって実行されていたのではないだろうか。逆の見方をすれば、桓武の決定は、当時の状況によく対応していたものと評価できるのである。

一方で、桓武天皇は長岡京を選んだ理由として「水陸の便」を強調していた。長岡京は淀川に直接面しているなど、平城京に比べると、中央と地方を結ぶ交通路は格段に利便性が高かった。しかし同時に、それが京都盆地のもつ特異な性格の一面であったことにも留意する必要がある。京都盆地には東西からの交通路が集約され、日本列島の東西交通の要衝として（また日本海側と太平洋側をつなぐ要衝としても）、人や物の流れを集約するにふさわしい立地条件を備えていたのである。その意味で、長岡・平安遷都はそのような条件を備えた場所に首都を移したというのが実情であって、都がおかれたために交通路が発達したわけではないことも、また重要な事実である。

ただし、一口で京都盆地といってもかなりの広さがあり、いざ具体的に都城を設定するとなれば、その候補地はいくつも存在したはずである。淀川や東山道ルートのアクセスを考慮し、また「四神相応」の地相を求めるにしても、場所を一つに絞ることは難しかったであろう。しかしそのときこそ、百済王氏の交野との関係、あるいは秦氏の本拠地であった葛野郡の存在が考慮されたのではなかったか。桓武天皇の姻戚関係が京の占地に影響を与えたとすれば、それはちょうどこの段階のことであったと考えられるのである。

桓武朝に成立した平安京は、以後も長期にわたって存続し、「京都」として日本の代表的都市の一つとなった。その理由として一般的に想定されているのは、京都が朝廷の所在地となっていた事実であろう。確かに、京都は天皇や公家の存在と不可分の関係にあった。しかし天皇の権威が低下した中世以降にも高い地位を保ったのは、その基本に、京都という町の立地条件が大きな要因となったのではなかったか。またそれゆえに、京都の地位は、陸上交通の比重が小さくなるとともに低下していったと推定される。海上交通が発展し、日本列島で新たな交通体系が再編されたときには、京都は「中心」としての地位を江戸や大坂に譲りわたすことになったのである。

では、そもそも大和に王権が生まれたことは、どのように理解できるのだろうか。一般的には、まず三輪山山麓に王権の中心人物が出現し、そこを起点として外部に向けて勢力を拡大していく、というのが基本的なイメージになろうか。まず中心があり、それが拡大していくという図式である。しかし本章では、二つの「地域」の接点にこそ都市が設けられるという中国王朝の事例を紹介してきた。もし日本列島に二つの地域集団が存在したと仮定すれば、大和にもこの見方を当てはめることができるのではなかろうか。すなわち、一つは瀬戸内海と淀川・大和川水系で結ばれる集団（吉備から大和にかけての地域になる）、もう一つは伊勢湾を媒介として結びついた東海地方の集団で、こうした存在を想定できるとすれば、奈良盆地、とりわけ三輪山の一帯はまさに両者の接点に位置するからである。大和は西側の地域集団に属しながら、同時に伊勢湾地域とのアクセスがもっとも容易な場所であった。王権がどこで誕生したかという議論は別として、大和は王権の拠点をおくにふさわしい要素を備えていたのである(28)。そして乱暴な言い方をすれば、このような勢力を基盤として、西は九州や出雲に、東は関東や北陸に勢力を広げていったのが、ヤマト王権の基本的な姿だったのではないだろうか。

もしこのような見方がある程度成立するとすれば、大和は古墳時代以来の伝統と結びついた空間であったことになるし、王権の性格もそれと無関係ではなかったと想定される。律令国家によって藤原京・平城京が作られても依然として王権が奈良盆地を離れることがなかったのは、たとえば天皇のあり方や祭祀と一体化した支配構造に象徴されるように(29)、律令国家自体が古墳時代以来の権力構造を継承していたためと考えられるのである。

これに対して、大和を離れ京都盆地に新たな都を定めたことは、古墳時代以来の「伝統」が基本的に消滅したことを反映するものと考えられる。藤原・平城京の時代を通じて実現した律令制の展開は、現代日本につながる統治領域と統一性を実現したが、その一方で、古墳時代以来の権力構造を内部から変質させていったのではなかったか。長岡・平安京の時代とはおそらく、その結果として出現した時代でもあったのである。

註

（1）喜田貞吉『帝都』（日本学術普及会、一九一五年、のち『喜田貞吉著作集』第五巻〈平凡社、一九七九年〉に収録）。
（2）林陸朗『長岡京の謎』（新人物往来社、一九七二年）。
（3）村井康彦『古京年代記』（角川書店、一九七三年）。
（4）拙稿「日本都市史研究ノート―古代都市論と中世都市論―」（『山形大学史学論集』一九号、一九九九年。改題して、本書第四部第二章に収録）。
（5）妹尾達彦『長安の都市計画』（講談社、二〇〇一年）。
（6）石井進『日本の歴史7　鎌倉幕府』（中央公論社、一九六五年、のち一九七四年に中公文庫の一冊として刊行され、二〇〇四年には五味文彦氏の解説を付して復刊された）。
（7）網野善彦『東と西の語る日本の歴史』（そしえて、一九八二年、のち一九九八年に講談社学術文庫の一冊として復刊された）。
（8）妹尾達彦『長安の都市計画』（前掲）六二頁。
（9）大石慎三郎氏は、江戸時代の、東日本を中心とする「金経済圏」と西日本を中心とする「銀経済圏」の成立に関して、次のように述べている（同『徳川吉宗とその時代』〈中央公論社、一九八九年〉八七頁）。すなわち、「なぜこのようなことになったかというと、当時の交通（物資輸送）は主として船を利用した水上交通に頼っていたが、その船は海流と風を利用する無動力船であった。この無動力船にとっては、津軽海峡と熊野灘とは交通ができなかったので、自然とこの線で自由な交通が阻止されて前記二大経済圏になったわけである」とあるのがそれである。ここでは、海上交通の難所として二つの海域があげられているが、そのうちの「熊野灘」は、いうまでもなく紀伊半島東方の広い海域を指している。海上航路が発達した江戸時代にあってもなお、紀伊半島を海路で迂回していくことは困難をともなったのであって、もしこの指摘が正確であるとすると、古代には（さらには中世にも）、紀伊半島から日本海側の若狭湾にかけての地域は、陸路を経由せざるをえなかったものと考えられる。

(10) 吉川真司「平安京」（同編『日本の時代史5　平安京』所収、吉川弘文館、二〇〇二年）。

(11) 岸俊男「大和の古道」「古道の歴史」（ともに同『日本古代宮都の研究』所収、岩波書店、一九八八年）。

(12) 前者の榎撫は『倭名抄』の桑名郡尾津郷に当たる三重県多度町（現、桑名市）に、後者の馬津は、愛知県津島市に比定されている（藤岡謙二郎編『古代日本の交通路Ⅰ』大明堂、一九七八年）。

(13) 熱田神宮の場所も、現在は海岸線から遠く離れているが、古代にあっては海が間近に迫っており、いわば海に面して作られた神社であった（赤松次郎「段夫山古墳と伊勢の海」〈梅村喬編『伊勢湾と古代の東海　古代王権と交流4』所収、名著出版、一九九六年〉）。

(14) 延暦二十年「多度神宮寺伽藍縁起資財帳」（『平安遺文』二〇号）によると、この神宮寺の造営にあたっては、天応元年（七八一）二月、沙弥法教が「伊勢・美濃・尾張・志摩」の四ヵ国の道俗知識を引導して法堂その他を造立したという。多度神社は、『延喜式』（神祇）に、伊勢国桑名郡の名神大社の一つにあげられ、天平宝字七年（七六三）には、満願禅師の手によってその近傍に神宮寺が建立された。伊勢平野北端の三重県多度町（桑名市）に所在し、前掲の「榎撫駅」も、その付近に位置していた。したがってこの場所は、伊勢と美濃の境界に当たるが、それに加えて尾張や志摩が造営に参加していることは、この地域の一体性を物語っている。なお、この資財帳が、元来は延暦七年に作成されたものであることなどは、吉田一彦「多度神宮寺と神仏習合」（梅村喬編『伊勢湾と古代の東海　古代王権と交流4』所収〈前掲〉）に詳しい。

(15) 舘野和己「道と川をめぐる国家と社会」（同『日本古代の交通と社会』所収、塙書房、一九九八年）。

(16) ここで、三河から上京するのに伊勢湾を横断したルートを用いたとすると、「尾張」を経過した百姓としては、美濃・信濃以東の人々が多く含まれていた可能性が高い。

(17) 田名網宏『古代の交通』（吉川弘文館、一九六六年）、小山靖憲「古代末期の東国と西国」（『岩波講座　日本歴史4』古代4、一九七六年）。また、以下の東海・東山両道の関係の記述も、この二つの研究に依拠している。

(18) 三鬼清一郎編『愛知県の歴史』（山川出版社、二〇〇一年）。

(19)『木簡研究』一〇号、『日本古代木簡選』(岩波書店、二〇〇三年)。
(20)舘野和己「関津道路における交通検察」(同『日本古代の交通と社会』所収〈前掲〉)。
(21)青木和夫「天平文化論」(『岩波講座 日本通史4』古代3、岩波書店、一九九四年)。
(22)なお、藤原京から平城京への遷都にも、これと同じことが当てはまるのではなかろうか。これまであまり注意されていないが、遷都の理由としては、東山道ルートとの連絡の良さが意識されたのではなかったか。藤原京と異なり、平城京は奈良盆地の最北端に位置するが、難波との位置関係が藤原京とさほど変わらないのに対して、尾張や東山道の美濃などに対しては、大和の中でもっとも連絡が便利な場所だからである。
(23)周知のように、明治維新直後にも首都をめぐる議論が政府内に起こったが、大坂を主張する大久保利通に対し、明治元年(一八六八)三月には、旧幕臣の前島密が江戸遷都論を大久保に建言している。その根拠として彼は、大坂に比べて江戸は港湾や市街地の規模の点ですぐれていること、幕府時代の藩邸や武家屋敷をそのまま新政府の施設に利用できることなど、あわせて五点をあげているが、その中に次の一点があった。すなわち、首都は日本列島の中心に位置するべきだが、蝦夷地(北海道)開拓を視野に入れた場合には大坂は離れすぎており、「中央」としては江戸の方がふさわしい、というものである(大石学『首都江戸の誕生――大江戸はいかにして造られたのか』〈角川書店、二〇〇二年〉二三八頁)。明治政府の首都は最終的に江戸(東京)で決着したが、東北地方に支配権を拡大した八世紀末にも、これと共通する構想が生まれていたのではないだろうか。
(24)瀧川政次郎「革命思想と長岡遷都」(同『京制並に都城制の研究』所収、角川書店、一九六六年)、林陸朗『長岡京の謎』(前掲)。なお、瀧川氏は、「大和平野」周辺の開発による山林伐採のために大和川の水運が円滑を欠くようになり、それが平城京廃都の最大の原因になったとされている。
(25)日下雅義「河内平野の変化をたどる」(石井進編『歴史の読み方2 都市と景観の読み方』(週刊朝日百科 日本の歴史別冊)(朝日新聞社、一九八八年)。
(26)吉川真司「平安京」(前掲)、櫛木謙周「平安京への道」(水本邦彦編『街道の日本史32 京都と京街道』所収、吉川弘文館、二〇〇二年)。
(27)筒井迪夫『山と木と日本人 林業事始』(朝日新聞社、一九八二年)。

（28）このような政治集団の存在は、あくまでも仮説の域を出ない。こうした問題に関して、山尾幸久氏は、日本列島の地域政権として一世紀代に「ツクシ政権」が出現したこと、二世紀代には、山陰の「イヅモ政権」、中部瀬戸内海沿岸の「キビ政権」、近畿中部の「ヤマト政権」、伊勢湾沿岸・東海西部の「ヲワリ政権」が存在したことを主張しているが、本章で仮定した集団は、これらのうちの「キビ政権」「ヤマト政権」「ヲワリ政権」に相当することになろうか（山尾幸久『古代王権の原像』〈学生社、二〇〇三年〉八六頁）。また、吉備から東海地方までを包含する地域圏は、その存在を実証することも容易ではなく、考古学による検証が必要となろう。ただこの範囲は、弥生時代後期にみられる、いわゆる銅鐸分布圏の範囲と一致している。

（29）こうした点については、大津透『古代の天皇制』（岩波書店、一九九九年）に詳しい。

第二章　都市史における古代と中世

はしがき

日本史研究の中で、近年とくに注目を集めている分野の一つに、都市研究をあげることができる。たとえば筆者が関わってきた日本古代史の範囲でも、一九六〇年以降になって平城宮や平安宮などの発掘調査が進展し、都城や地方国府に関連する知見は飛躍的に増加してきた。また長く農村の領主制研究や荘園に基礎をおいた中世史の分野にあっても、近年では鎌倉や京都さらには戦国城下町の調査例が増大するとともに、のちに紹介するような「都市論」が重要な論点として取り上げられるようになっている。近世・近代史にあっても都市に関連する著書が相次いで公刊されており、このような、都市という場からそれぞれの時代を読み直そうとする試みは、日本史全体に共通する顕著な傾向であるとみて大過ないだろう。おそらくそれは、われわれが都市に住み、都市化された社会に暮らしていることの自覚がますます強まってきたことと無関係ではないはずである。

しかしその一方で、その研究はそれぞれの時代の枠内に収まり、相互の関連は必ずしも十分に意識されていないのではなかろうか。城下町の研究には平城京に関する知識はほとんど役立たないし、近代都市東京の研究には、せいぜいその母体となった江戸のことを知るだけで十分である。そのような中で、とりわけ問題を抱えているようにみえるのは、古代と中世にわたる都市論の関係である。二つの時期はたがいに連続しているにもかかわらず、都市を論じるのにも、議論そのものが成り立たないのが現状であるように思われるからである。

もとより筆者には二つの時期にわたる都市史全体を見通す準備もないが、しかしこのようなある種のすれ違いをそのままにしておくことも、けっして良好な状態とは思われない。本章ではこうした研究の流れがなぜ生じてきたのか、その問題を研究史をたどることで整理し、あわせてその問題点のいくつかを指摘しておきたい。

一　日本の中世都市論

周知のように、日本の都市研究を長くリードしてきたのは中世都市の研究であった。多少乱暴に要約するなら、そこでは西欧の自治都市が典型的な都市の姿として理解され、日本の歴史の中にそれと重なる存在が求められていったのである。したがって日本の中の「都市」としては、第一に自治が発達し、商工業が発展していることが指標とされる。こうした認識のもとで都市研究の対象とされる都市は、戦国時代に発展した堺や博多などの港町、あるいは寺内町などに、おのずと集約されていったのである。もちろんこのような研究は中世・近世社会を理解するうえで重要な素材を提供することになったが、しかしそれと同時に、それ以外の都市に対する関心を相対的に低下させることにもつながっていった。いわば都市研究が特定の時代に孤立しかねない可能性もはらんでいたのである。

さて、このような中世都市研究の流れに新たな問題を提起したのが、網野善彦氏の一連の業績であった。今さら繰り返すまでもないが、網野氏は東寺領荘園の詳細な研究を手がけたのち、一九七〇年代になって供御人・神人に編成された京内外の商工業者や芸能民、さらには山野河海を生業の場とする山民・海民の活動に関する研究を相次いで発表していく。これらの業績はのちに『日本中世の非農業民と天皇』（岩波書店、一九八四年）として上梓されたが、そこでは非農業民、すなわち稲作に従事する農民以外の人々が、中世にあっては旺盛な活動を繰り広げた点が強調され、日本社会の基本を稲作農民と捉えてきたこれまでの「常識」に、強く再考を迫ることになった。

網野氏の代表的な都市論の業績は、こうした成果に基づいたものであった。その業績とは一九七六年の「中世都市論」(『岩波講座 日本歴史7』中世3所収、岩波書店、のち同『日本中世都市の世界』〈筑摩書房、一九九六年〉に収録)、一九七八年の『無縁・公界・楽』(平凡社。なお増補版が一九八七年に刊行されている)の二つである。このうち後者については、その題名のとおり、日本中世には特定の領主・政治権力に属さない空間、すなわち公界・楽とも称された「無縁の場」が広範囲に存在したこと、また同様の性格をもつ人々が天皇に直属することを主張することによって、私的支配から自立したいわば自由な身分を獲得していた姿が、豊富な史料によって提示されている。これに対して前者の「中世都市論」は、多彩な論点を含むとはいえ、基本的に中世都市形成の過程を、非農業民・諸国遍歴の民による「無縁」の地への定着として捉え直し、その中で自治が形成されていく道筋を明らかにした論考であった。

こうして網野氏は、日本の中世社会ひいては日本史全体に対して、新たな歴史像を提供してきたのである。それは広汎な非農業民の存在、特定の権力に属さない無縁の場の展開、そして両者が絡み合って形成された都市論、これらの三つの要素を基本に据えた中世社会論であったといえる。これはまた、それまでの農村を基礎とした日本史像に対して、都市の存在に力点をおいた社会論であったとも評価できよう。

氏のこのような一連の業績については、石井進氏や桜井英治氏によってすぐれた紹介と批評がなされており(1)、現在の筆者にはあらためて付け加えることも見当たらない。ただ、日本古代史を専門とするものの目からみると、批判とはいえないまでも、やや違和感を覚える点もないわけではない。以下では、網野氏の都市論に対するいわば部外者の素朴な疑問点を、思いつくままに記しておきたい。

二　都市と農村

まず疑問点の一つめは、網野氏の都市論に、都市と農村とを一対のものとして捉える理解が自明のこととして存在する点である。氏が「都市民」として考察の対象としたのは、金融業者である借上・土倉を営んだ神人、鋳物師・灯炉供御人のほか、白拍子・傀儡などの芸能民、漁業に携わる海民や杣人とも称された山民までもが、その中に含まれていた。このうち海民・山民については、漁村・山村として、むしろムラのイメージで捉える方が常識的かと思われるが、それはともかく、氏の「都市民」概念は、農業以外の生業に従事するきわめて広い範囲の人々を指しているのである。それは一面で農村を基準とする見方であり、農村以外の場を広く「都市」という語句で表現したものとみることもできる。もちろん、都市と農村とを二項対立の枠組みで捉えるこうした理解は、網野氏独特の概念ではなく、むしろそれ以前の都市研究の理解を忠実に踏襲したものでもあった。

「都市と農村」という表現が今なお広く用いられているように、こうした理解は現在でも当然のことと見なされている。しかしこれは、はたしてそれほど普遍性を備えた理解なのであろうか。いささか唐突ではあるが、この点を、農耕以前の時代、すなわち縄文時代の集落のあり方から検証してみたい。

たとえば一九九〇年代に話題になった遺跡に青森県三内丸山遺跡があるが、同遺跡は今から四、五千年前の時期に約一〇〇〇年にわたって存続したといわれている。当初調査がなされたのは約五㌶ほどの面積であるが、遺跡のある丘陵全体に集落が広がっていたとすると、約三五㌶にも及び、おそらく中世の寺内町にも匹敵する規模であったはずである。また遺構としては、大量の竪穴式住居や巨木を使用した大型建築のほか、倉庫とみられる掘立柱建物や大量の墓も発見されている。さらに周囲には人工的にクリが栽培されていたといわれ、倉庫や死者の埋葬地を備えた、きわめて安定した集落を形成していたことが明らかになったのである。縄文時代の居住形態については、かつては採集の民として転々と住居を移動したものと考えられてきたが、三内丸山遺跡の調査は、縄文時代中期にすでに、定住性の高い永続的な集落が形成されていたことを、目に見える形で示すことになった。

もっともこのような理解は、考古学者の間では同遺跡が発見される以前から予見されていた。たとえば佐々木高明氏は人類学者ルイス・ビンフォードの研究成果を援用して、狩猟採集民の居住形態には⑴集団成員全体が食料を求めてベースキャンプを移動させるフォレジャー型、⑵貯蔵庫をともなう一定のベースキャンプを築き、必要に応じて成員の一部を食料獲得地へ派遣するコレクター型、の二種類があることを紹介し、アメリカ大陸インディアンやアイヌ、そして縄文時代の人々が、後者のタイプに属することを指摘している。さらに氏は、人工的な二次林を集落の周囲に確保し、半栽培植物の利用が可能になるなどの条件を備えた、年間を通じて集落を固定化した「定住村落型」のタイプが、縄文時代前期以降広く日本列島に成立するようになったと考えている。こうした縄文時代の様相を、佐々木氏は「成熟した豊かな食料採集民社会」と表現しているが、その豊かさは、稲作が普及した弥生時代と比べても、けっして劣るものではなかったと考えられるのである[2]。

このような「農村」の存在しない時期の集落を想定するならば、農村の中から都市が生まれてきたとする通念が、特定の時期にしか当てはまらないことが明らかになるのではなかろうか。「都市と農村」は一見したところもっともな図式であるが、しかし農村との対比でみる限り、縄文の「定住型村落」の存在はいわば宙に浮いてしまうのである。あるいはそれらについては、すべて「都市」の範疇外とすることも可能かもしれないが、しかし中世の寺内町に匹敵する規模の恒常的な集落を、都市史の中で把握することはそれほど不当なことだろうか。むしろ現在では、農業の存在・不在とは別次元の、新たな都市概念が求められているように思われるのである。

三　古代都市論の立場から

網野氏の都市論に対するもう一つの疑問点は、氏が検討の対象とした都市の性格についてである。前掲「中世都市論」にみられるように、網野氏は多様な場を都市の概念で理解しているが、その中でとくに重視されたのは、十楽の津と呼ばれた桑名、伊勢神宮の外宮に位置した大湊、あるいは有名な戦国期の自治都市である堺・博多などの港町であった。また『無縁・公界・楽』にあっては、私的な支配に属さない「無縁の場」を都市の本質と捉える観点から、そこで取り上げられたのは、縁切寺をはじめとする特定の寺院のほか、河口部や河原・中州などに形成された都市的集落であった。さらに一九九六年刊行の『日本中世都市の世界』(筑摩書房)には個別都市に関する論考が収録されているが、その中心は「伊勢国桑名」をはじめとして、琵琶湖舟運の拠点となった「近江国堅田」「近江国舟木北浜」、芦田川の中州に発達した「備後国草戸千軒」などである。これらは上記のような網野氏の都市論が、さらに具体化されたものと受けとめてよいであろう。

ところで、いわゆる周縁の場に都市らしい都市を見出すこのような見解は、一方で、古代史研究の立場からすると、ある種の戸惑いを覚えることも否定できない。今このような都市論を古代史研究に馴染み深い平安京あるいは京都に当てはめてみると、網野氏の「都市」に該当するのは、平安京の周縁部に発達した鴨川の河原や、喪葬の地として京都の人々から特殊な信仰を集めた東山界隈ということになろう。また網野氏は「西の京と北野」(前掲『日本中世都市の世界』所収、初出は一九九一年)において、十世紀末には衰退した西の京すなわち平安京の右京に相当する地域が、洛中に対する周縁の場としての性格をもったことを指摘するので、中世には「洛中」の東西がいずれも都市的様相を呈したことになる。しかし逆に、古代の都城研究ではもっとも都市らしい都市である条坊施行部分が、網野氏の都市論では、都市の対極に位置することになるのである。

網野氏のこのような都市論は、また中世の「無縁の場」以外の都市、すなわち鎌倉や京都などの、時の権力集団の拠点となった場や戦国時代の城下町などの存在を軽視することにもつながっていく。しかしこうした「政治都市」と無縁の場の橋渡しをする役割を担ったのが、氏独自の「地の論理」という理解であった。それは前掲「中世都市論」やこれと同じ年に公表された「鎌倉の『地』と地奉行」(前掲『日本中世都市の世界』所収、初出は一九七六年)の中ですでに詳述されているが、京・六波羅・鎌倉・博多では、寸尺制の採用、地口銭・地子の課税などが独自にみられ、農村とは異なって、「都市」には時の権力によって「地」に対する支配が確立し、私的領主の支配権を排除する論理が働いていたものとされたのである。それは天皇や鎌倉幕府、大宰府などによる「統治権的支配」の表現であり、天皇への直属を主張することで私的領主からの「自由」を得ていた無縁の人々と、同一の原理が作用しているものと理解されていた。京・鎌倉は、本来河原や中州などに発達した無縁の地と、同じ性格の場であったというのである。

しかしこのような理解は、筆者にはなお説得力を欠くように思われる。たとえば京都の場合でいえば、もしそれが天皇の統治権的支配の場であったとするなら、そこには人々の集落が形成される範囲に、緩やかな都市域が広がっていたはずである。しかし実際には、平安京左京域が「洛中」と称され、その東西の鴨川の河原や「西の京」と明確に区別されていたことは、網野氏自身が論証された点であった。この点だけをみても、氏の「地の論理」は必ずしも十分でないように思われるが、そのせいか、中世史研究の中でも京・鎌倉や国府・守護所などには「政治都市」という語が使用され、「無縁の場」との相違がむしろ強く意識されているようである。(3) 今のところ、両者に共通する原理は十分に論証・展開されているとはいいがたいが、(4) おそらくそのことが、古代と中世における都市論の「すれ違い」の大きな原因にもなっているのであろう。

では、古代・中世の都市史研究にあっては、接点がないまま両者は平行線をたどることになるのであろうか。筆者には必ずしもそのように思えないのであるが、そうした一種の混乱がなぜ生じてきたのか、その原因を「境界」という概念を手がかりとしながら解きほぐしてみたい。

四　境界と中心

網野氏は、無縁の場として都市が出現する代表的な場として、中州、河原、浜をあげたが、それと同じ性格をもつ場の一つに「国境」を加えている（「都市のできる場」、『増補　無縁・公界・楽』所収）。中世の著名な自治都市である堺が和泉と摂津の国境に位置し、また伊勢湾の水運の拠点となった鳥羽が志摩と伊勢の国境に位置したように、都市はしばしば特定の地域の境界に発展した。さらに河川そのものが境界線を構成し、あるいは浜が居住空間である陸地と海との境界になっていたことを想起するならば、「中州・河原・浜」が、一方で境界として意識されていた場合は、実際に地名として残っている以上に多かったと想定される。中世にはこのような場に商人が集まり、活発な交易活動が繰り広げられたが、網野氏は「無縁の論理」こそが、そうした活動を支えたものとされた（『増補　無縁・公界・楽』一二三頁）。

ただし近年、境界領域と交易との関係は、無縁の論理とは別に、いわば経済の論理の面からも考察が深められている。たとえば岩井克人氏は次のように記し、利潤を求める交易活動は、異なる「共同体」の間で初めて成立することを、きわめて明快に論じた。

利潤とは、価値体系と価値体系との間にある差異から生み出される。利潤とは、すなわち差異から生まれる。たとえば、遠隔地交易に代表される「ノアの洪水以前から」の商業資本主義とは、地域的に離れた二つの共同体の間の価値体系の差異を媒介して利潤を生み出す方法であり……(5)

交易ないし商業がこのような性格をともなう行為であったとすれば、それはまず、異なる「共同体」の接点、すなわち境界において発生した。もっとも人々は一つの場に固定して生活するわけではなく、移動の自由と可能性を身につけているから、実際に共同体の接点になるのは、平面的な広がりとしての境界だけでなく、多くは交通の要衝となる場所であったに違いない。とくに移動の条件が自然条件に左右される度合いの強い時代にあっては、条件にすぐれた特定の港や宿がそのような場所としておのずと固定していったであろう。そのような意味では、境界領域は「共同体」の周縁の地であると同時に、さまざまな人間関係の接点・集約点となる場でもあったことになる。

ところで、このような交易の場を古代の都城の中に求めるとすれば、第一に左右京に設けられた東西市をあげなければならない。しかし周知のように、平城京の東西市は左右京の八条に、平安京のそれは七条に存在したから、宮城から一定の距離はあるものの、京とその外部との境界に位置しているわけではない。むしろ都城という、律令国家の中心部において機能した市であった。

けれども、視野を日本列島全体に広げることで、そこには別の一面を見ることができる。すなわち律令国家は、都城を拠点として「地方」における籍帳などの情報を掌握し、またそれを通じて、社会の富を多くは租税という形で都城に集中した。さらに都城には、「地方」から中央官僚の一員に組み込まれる者も少なくなかったし、毎年大量の農民が衛士・仕丁・雇役民として上京している。こうした意味において、都城はさまざまな「地方」が、岩井克人氏の表現にならえば異なる「共同体」が接する場であった。そして逆に「共同体」の立場に立てば、都城は外部との接点となる「境界」の一つにほかならなかったのである。都城は日本の古代社会の中心であったが、だからこそ一面で周縁の場になっていた。

さて、これまで述べてきたように、「境界」は交易の発生しやすい場となったが、しかしそのような「共同体」の接点は、モノの移動や交換だけを契機にして形成されたわけではなかった。むしろ社会の営みの中で、人為的に人間関係の集約点が形成されることも多かったはずである。そのような人間関係を集約する契機としては、第一に政治権力があげられるであろうし、あるいは寺社などの宗教的権威も人間関係の中心になりえたはずである。今それらに都市の名を与えるとすれば、これらは政治都市、宗教都市、経済都市として分類されるのであろうが、しかし現実の姿は、それらの要素が複雑に絡み合っていたというのが実情ではなかっただろうか。

たとえば都城にしても、その存在は天皇や天皇が担った宗教的権威と不可分の関係にあったし、またそのような社会の求心力が存在する場には、租税・労役というかたちで、大量のモノや人の移動がともなったからである。中世の鎌倉や平泉は武家政権の拠点であったが、同時に鶴岡八幡宮や中尊寺などの多数の寺院が建立され、一見したところ、宗教都市の様相さえ示している。それはこのような施設を建立することが、武士たちを統合するための重要な手段ともなっていたためにほかなるまい。中世にはまた奈良や比叡山の山麓でも町場が形成されるが、東大寺や興福寺、延暦寺が中核となったその集落には、同時に荘園領主として集めた貢納物が集積され消費された。さらに中世の市にあっては、市姫が祀られ、交易活動そのものが神仏の信仰と密接な関係があったことも、すでに網野氏などが指摘するところである。

都城と、中州や河原に発達した無縁の場とでは、その住民の性格や生活形態はまったく異なっていたが、しかし社会の中の人間関係の集約点であるということについては、基本的に変わるところはない。そしてこうした場を都市と理解するなら（さらに、そこには永続的な集落という条件を付け加えなければならないだろうが）、都城も無縁の場も、どちらも都市の一つの「形」であったことになる。違うのは、それらを支えた社会の性格や「共同体」の規模・範囲とその内容だけである。

思うに、都城にせよ、中世の無縁の場にせよ、これまでの都市研究は都市を孤立した社会として理解し、その内部の構造や住民の生活・居住形態、経済基盤などが都市史固有の検討対象とされてきたのではなかったか。たとえば「都市とは何か」という問いかけを発する場合にも、暗黙の前提として、われわれはそれを個別の存在と捉え、その物理的な側面に目を奪われるとともに、実態を明確にすることに関心を集中してきた(6)。いわば無意識に都市の「絵」を描こうとしてきたのである。しかし都市の重要な特徴の一つは、社会の中で、さまざまな人間関係が集約される点にも存在した。あるいは極端に表現するなら、都市の存在とは「関係」そのものでもあったのである。

「都市と農村」という表現にしても、たしかに両者は個別の空間を形成したが、しかし山村・漁村などといわれるムラでも林業や漁業だけを行ったわけではなく、実際には小規模ながら畑や棚田を作り自給自足の生活を原則としてきた。農村にあっても必要最小限の手工業や商業が、当然のことながら存在している。にもかかわらずそれらが農村・漁村として認識されたのは、そうした地域が「都市」に農産物や海産物を供給するものとして、社会の中で位置付けられているからである(7)。その意味で、農村もまた一面で社会の関係性の中で生まれてきたのであり、都市は農村から出現したのではなく、両者は同時に誕生したことになる。

おわりに

本章は網野善彦氏の都市論を手がかりとして、都市の存在を、社会的関係の中で理解することの必要性を主張した小文にすぎない。もとよりそれは中世都市研究を批判することが目的であったわけではなく、古代都市史との「接点」を求めんとする試みにほかならない。

ところで、このような都市の理解は、けっして筆者の創見などではなく、あるいは当然のこととして広く受容されているのかもしれない。たとえばイスラム世界の都市研究の中では、「都市と農村」「自治と自治不在」という二分法が批判され、都市を「社会的ネットワークの結節点」として捉える見方が、一九六〇年代末にはすでに定着していたという(8)。また西洋都市研究の第一人者であるルイス・マンフォードも、その著書『都市と文化』の冒頭に、次のように書き記している(9)。

都市とは、歴史を見ると分かるように、コミュニティの権力と文化の最大の集中点である。それは生活のもろもろの発散光線が、社会的な影響と重要性の両者の利点をもって、焦点に集まる場所なのである。都市は総合化された社会的関係の形式と象徴でもあり、いわば寺院、市、裁判所、学問のアカデミーの置かれる座である。ここ都市では文明の財宝が幾層倍にも増え、多様化され、ここにこそ人間の体験が生ける表象、象徴、行動のパターン、秩序の体系などに移し入れられるところなのだ。

正直なところ筆者は、都市や都市化という現象に対して、ここまで肯定的な感情をもつことはできないのであるが、ただこれらと比べると、日本の都市史研究が画一的な、いわばかたくなな見方を取っているように思えてならないのである。たしかに都市社会がもつ個別の様相を追究することは、古代・中世などのそれぞれの時代を理解するための貴重な手段となるが、しかし同時に、歴史の中で人々がどのような「社会的ネットワークの結節点」を作り上げていったのか、あるいはそのような場を形成することで人々のあり方がどのような変化を遂げたのか、そうした具体像を追跡することも、日本史の中の重要な課題の一つとなるのではなかろうか。農耕以前に展開した縄文時代の「都市」を日本都市史の中で記述することも、このような視点を設定することによって、初めて可能になるように思われるのである。

註

（1）石井進「社会史の課題」（『岩波講座　日本通史』別巻1、岩波書店、一九九五年）、桜井英治「書評　網野善彦著『日本中世都市の世界』」（『日本史研究』四一八号、一九九七年）。
（2）佐々木高明『日本の歴史①　日本史誕生』（集英社、一九九一年）。
（3）たとえば国史学会創立八十周年記念シンポジウムとして「前近代における政治都市の形成」が開催されているが、その副題には「国府・府中・守護所・城下町」があげられる（『国史学』一四三号、一九九一年）。
（4）ただしこの点については、石井進氏が遠江国府「見付」に関連して、「公的機能を持つ地方政治都市と、自由都市、都市自治とは決して対立するものではなく、むしろ見付は公的機能をもつが故に自由都市でありえたのではないか」との見通しを示されている（同「一の谷中世墳墓群の背景としての遠江国府」〈『国立歴史民俗博物館研究報告』五〇集、一九九三年〉、同「地方都市としての国府」〈『中世都市研究2　古代から中世へ』所収、一九九五年〉）。
（5）岩井克人『ヴェニスの商人の資本論』（筑摩書房、一九九五年）五〇頁。
（6）都市概念の定義をめぐっては、石井進「地方都市としての国府」（前掲）が、鬼頭清明氏、中井信彦氏、さらには柳田国男の諸説などを紹介し、近年の動向を簡明に整理されている。石井氏自身は必ずしも明確な主張をされているわけではないが、これをみる限りでは、やはり個別の様相のみが注目される傾向が強いようである。
（7）藤田弘夫『都市と権力—飢餓と飽食の歴史社会学—』（創文社、一九九一年）。なお、本書もまた、後述のような社会の中における都市の存在意義に着目した、代表的な著作の一つである。

（8）三浦徹「報告要旨　イスラームの都市世界：ダマスクスを中心に」（『都市史研究』三一・三二号、一九九八年）。

（9）ルイス・マンフォード（生田勉訳）『都市の文化』（鹿島出版会、一九七四年）三頁。

あとがき

飛鳥時代、奈良時代という言葉があるように、奈良や飛鳥は日本の古代史と関わりの深い土地である。ところが実際に奈良市や明日香村を訪れても、特定の史跡を除けば、そこには全国のどこにでもあるような地方都市が、あるいはのどかな田園風景が目に映るだけである。しかし、この奈良盆地にはかつて直線道路が一定の規格で設定され、それを基準として、宮殿を構成するさまざまな建築や瓦葺きの伽藍が建ち並んでいた。現在ではその多くが水田や畑となり道路の跡さえ見ることができないが、遺された地割や地名、さらには発掘成果がそれらのことを証明している。

大学に入学した直後、のちに指導教官になる笹山晴生先生からこのことを授業で教えていただいたとき、筆者にはそれがとても意外なことのように思えた。なぜなら、古代の社会といえば、万葉集にうたわれたように素朴な、人間味にあふれた時代であると想像していたのに、実際には、後世の江戸にも匹敵する規模の都城が作られ、しかもそれらがきわめて高い精度で完成していたからである。偶然に立地していると思われた有名な史跡が、実は当時の幹線道路に沿って分布していることも知ったが、そうした知見は、本格的な研究がどういうものであるかを理解するのに十分なものだった。このときの印象は強烈で、それ以降、日本古代史の勉強をするにあたって、都城の存在がいつも頭から離れないようになった。そのような研究は、とらえどころのない日本の古代国家を、あたかも簡明に図解したようにさえ感じられたのである。

さて、本書は、筆者がこれまで発表してきた研究論文のうち、平城京を中心とする論考をまとめてできあがったものである。まず、それらの発表年次や収録誌などを紹介しておくことにしたい。

序章　古代都市史研究の特質（原題「研究動向　古代都市史」『年報 都市史研究』四号、一九九六年）

第一部　都城の前史

第一章　政治空間としての飛鳥（原題「飛鳥の政治空間」『続 明日香村史』上巻、明日香村教育委員会、二〇〇六年）

第二章　記紀に見える宮号について（原題「記紀に見える日本古代の宮号」『山形大学歴史・地理・人類学論集』四号、二〇〇三年）

第三章　藤原京と平城京（加藤稔先生還暦記念会編『東北文化論のための先史学歴史学論集』一九九二年）

第二部　平城京の成立

第一章　京戸について―都市としての平城京―（『史学雑誌』九三編六号、一九八四年）

第二章　わが国における都城の成立とその意義（『比較都市史研究』四巻二号、一九八五年）

第三章　日唐都城比較制度試論（池田温編『中国礼法と日本律令制』東方書店、一九九二年）

第四章　条坊の論理（原題「条坊の論理―日本古代都市論覚書」笹山晴生先生還暦記念会編『日本律令制論集』上巻、吉川弘文館、一九九三年）

付論　京の和訓―「みやこ」と「みさと」―（原題「窓となることば　みやこ」『日本歴史』七〇四号、二〇〇七年）

第三部　国家と社会

第一章　首都論と日本古代の都城（原題「首都論と日本古代の都城―律令国家と都城―」『日本史研究』四七六号、二〇〇二年）

第二章　古代の都市問題（『歴史と地理』五五五号、二〇〇二年）
第三章　首都の治安と防備―礼制と都城―（原題「首都の治安と防備―平城京の都市支配―」『歴史と地理』六三五号、二〇一〇年）
第四章　平城宮の「外司」（原題「平城宮の「外司」―令集解宮衛令開閉門条古記をめぐって―」『山形大学史学論集』八号、一九八八年）
第四部　平安京への展望
第一章　長岡平安遷都の史的背景（原題「長岡平安遷都の史的背景――首都立地論の試み」『国立歴史民俗博物館研究報告』一三四集、二〇〇七年）
第二章　都市史における古代と中世（原題「日本古代都市論ノート――古代都市論と中世都市論」『山形大学史学論集』一九号、一九九九年）

あとがき

以上のように、ここには一五本の論考を収めたが、すべて既発表の論文で構成されている。ただ、本書にまとめるにあたっては、表題の一部を変更し、また誤字誤植の類を訂正するとともに、全体的な表記などを統一するため、いくつかの箇所で文章表現を変更した。しかし、基本的にできる限りもとの体裁を保つこととし、論旨には手を加えなかった。ただその中には、発表後の発掘調査の成果やその後の研究により、論旨自体を訂正する必要のある箇所もあって、それをどうするのか、ずいぶん悩まなければならなかった。いっそのこと一部の論文全体をすべて削除することも考えたが、結局、本文はもとのままとし、「補記」を記すことで現時点の筆者の理解を示すこととしている。

さて、本書の多数の論考は、作成年次もさまざまであり、内容や論点も多岐にわたっている。それらを一冊の書籍として発表することなど執筆当時は考えもしなかったが、そのために、こうして書物としてまとめるには少々苦労することになった。一応、時代順に論文を配置し、全体的にバランスがとれたものとするよう努力はしたが、しかし、テーマが重複していたり、同じ史料が繰り返し登場したりして、一書としてのまとまりを欠いてしまうことになったのである。ただ、いずれの論考も、平城京とは何か、あるいは、なぜ平城京という都市が作られたのかという問題を意識して書いた文章であることは間違いがない。そして、そうした問題を考えているときには、常に「都市とは何か」という問題を意識するようになった。多少なりとも、ここにある多様な論考はいずれもそれに対する自分なりの解答のつもりである。その問いかけに対してどれだけ明晰な解答を導くことができたのか、筆者としては不安な気持ちでいっぱいであるが、今はその判断を読者に委ねることしかできない。

ところで、本書に収めた論文は、もっとも古いものは一九八四年に、新しいものは二〇一〇年に発表されている。私事で恐縮であるが、筆者は二十代の後半に山形大学人文学部に赴任し、その後二〇〇二年に青山学院大学文学部に赴任したが、大半は山形で勤務した時期の論考である。東北の地方都市で勉強を続けることは、東京とはずいぶん勝手が違ったが、しかし拙い講義を聴いてもらったたくさんの学生や、同僚となったさまざまな専門分野の先生にずいぶんとお世話になった。良きにつけ悪しきにつけ、もしあのときの経験と出会いがなければ、おそらくこのような形の書物ができることはなかったものと確信する。勤務地が東京に変わってからも多くの方のお世話になったが、新米教師のころに多くの刺激を与えていただいた人たちのことが、とりわけ有り難く感じられる。そのうちの何人かはすでに冥界に旅立たれ、また若くして大病を患われた方もいるが、こうして本書を読み直してみると、あらためてそのころのことが懐かしく思い起こされる。

このような未熟な本書ではあるが、その過程で吉川弘文館の石津輝真氏に温かい励ましの言葉をいただいた。また本書作成の実務にあたっては、同社の並木隆氏及び有限会社「歴史の森」の関昌弘氏に、たいへんお世話になった。三人の助力と助言がなければ、仕事の遅い筆者がこのような業績を世に問うことはできなかったにちがいない。こうした機会を与えていただいた関係者の方々、そして勉強を続けることに理解を示して下さったさまざまな方々に、この場を借りて深く感謝したい。

二〇一三年九月一四日

北村優季

索　　引

あ　行

か　行

さ　行

た 行

な　行

は　行

ま　行

や　行

ら　行

わ　行

著者略歴

一九五六年　三重県に生まれる

一九八五年　東京大学大学院人文科学研究科博士課程中退

現在　青山学院大学教授・博士（文学）（東京大学）

〔主要著書〕

『平安京―その歴史と構造―』（吉川弘文館、一九九五年）

『歴史文化ライブラリー　平安京の災害史』（吉川弘文館、二〇一二年）

平城京成立史論

二〇一三年（平成二十五）十一月二十日　第一刷発行

著　者　北《きた》村《むら》優《まさ》季《き》

発行者　前田求恭

発行所　株式会社　吉川弘文館

郵便番号一一三―〇〇三三

東京都文京区本郷七丁目二番八号

電話〇三―三八一三―九一五一（代）

振替口座〇〇一〇〇―五―二四四番

http://www.yoshikawa-k.co.jp/

印刷＝株式会社 理想社

製本＝誠製本株式会社

装幀＝山崎　登

ISBN978-4-642-04610-7